LEXICOGRAPHICA Series Maior

LEXICOGRAPHICA

Series Maior

Supplementary Volumes to the International Annual for Lexicography
Suppléments à la Revue Internationale de Lexicographie
Supplementbände zum Internationalen Jahrbuch für Lexikographie

Edited by
Sture Allén, Pierre Corbin, Reinhard R. K. Hartmann,
Franz Josef Hausmann, Hans-Peder Kromann, Oskar Reichmann,
Ladislav Zgusta

10

Published in cooperation with the Dictionary Society of North America (DSNA) and the European Association for Lexicography (EURALEX).

Immo Wegner

Frame-Theorie in der Lexikographie

Untersuchungen zur theoretischen Fundierung und computergestützten Anwendung kontextueller Rahmenstrukturen für die lexikographische Repräsentation von Substantiven

Max Niemeyer Verlag
Tübingen 1985

CIP-Kurztitelaufnahme der Deutschen Bibliothek

Wegner, Immo:
Frame-Theorie in der Lexikographie : Unters. zur theoret. Fundierung u. computergestützten Anwendung kontextueller Rahmenstrukturen für d. lexikograph. Repräsentation von Substantiven / Immo Wegner. - Tübingen : Niemeyer, 1985.
(Lexicographica / Series maior ; 10)
NE: Lexicographica / Series maior

ISBN 3-484-30910-5 ISSN 0175-9264

Printed in Germany. Druck: Weihert-Druck GmbH, Darmstadt.

INHALTSVERZEICHNIS

0. VORWORT

Ich möchte an dieser Stelle zunächst die persönlichen Umstände skizzieren, die zu der Entstehung der vorliegenden Arbeit geführt haben.

Schon am Anfang meines Studiums an der Ruhr-Universität Bochum begann ich mich auf die Linguistik sowohl in Anglistik als auch in Germanistik zu spezialisieren. Rückblickend, kann ich sagen, daß ich besonders in den Lehrveranstaltungen und Kolloquien meiner beiden Lehrer und späteren Gutachter Prof. Dr. Horst Singer und Prof. Dr. Walter A. Koch die theoretischen Fundamente, die Motivation und das Feedback erhielt, um diese Untersuchung durchführen zu können. Prof. Dr. Thomas T Ballmer verdanke ich die erste Begegnung mit der Frame-Theorie. Als er 1976 nach seinem Forschungsaufenthalt in Berkeley bei Charles Fillmore an das Sprachwissenschaftliche Institut zu Prof. Dr. Helmut Schnelle zurückkehrte, vertrat er in seinen Lehrveranstaltungen eine neue Theorie, die unsere bisherigen Auffassungen von Sprachtheorie radikal in Frage stellte. Hatten wir, d.h. Dr. Gernoth Grunst, M.A., Friedrich Janshoff,M.A. und ich, gerade das Chomsky-Paradigma verlassen, und uns der Montague-Grammatik zugewandt, so vertraten Thomas und seine Gattin, Frau Dr. Waltraud Brennenstuhl, eine Position, die zunächst sehr kontrovers diskutiert wurde, die aber versprach, viele bislang vernachlässigte Faktoren zu erfassen.

Ich schrieb als Pilot-Untersuchung meine Magisterarbeit "Frame-Theorie und Lexikalische Semantik", um die Grundlagen der Frame-Theorie zu klären und um sie erstmalig praktisch in der Lexikographie einzusetzen. Die Magisterarbeit zeigte mir sehr deutlich die Leistungsfähigkeit der Frame-Theorie, d.h. natürlich auch, daß die theoretische Fundierung vertieft und die Anwendung erweitert werden konnte. Eine Erweiterung der Anwendung wiederum erforderte den Einsatz des Computers als heuristisches Hilfsmittel für die Lexikographie. Dies geschieht in der vorliegenden Arbeit, die im Rahmen meiner Tätigkeit als Wissenschaftlicher Mitarbeiter für Germanistische Linguistik am Lehrstuhl von Prof. Dr. Gerhard Augst an der Universität -GH-Siegen entstand. Ohne dessen freundliche Unterstützung und ohne die großzügige Unterstützung des Hochschulrechenzentrums Siegen HRZ hätte ich diese Arbeit nicht fertigstellen können.

Danken möchte ich an dieser Stelle auch Prof. Dr. Siegfried Grosse, Bochum, der meine Arbeit stets freundlich förderte.

Prof. Dr. Herbert-Ernst Wiegand möchte ich dafür danken, daß meine Arbeit auch im Paradigma der germanistischen Lexikographie Beachtung finden kann, dadurch daß sie in der Reihe Lexicographica Series Maior bei Niemeyer erscheint. Prof. Dr. Oskar Reichmann danke ich für seine Tätigkeit als Herausgeber und seine konstruktive Kritik.

Ich möchte diese Danksagung mit einem Wort des Dankes an meine Familie beenden: Hier fand ich stets die Zuwendung und das Verständnis, ohne das ich nicht arbeiten könnte.

Die vorliegende Arbeit ist bis auf geringfügige Korrekturen und eine Straffung der Darstellung des Datenmaterials identisch mit der Dissertation gleichen Titels, die im Sommer 1984 von der Abteilung für Philologie der Ruhr-Universität Bochum angenommen wurde.

Siegen, im Juli 1985

1. INHALTSÜBERSICHT UND ZUSAMMENFASSUNG

Die vorliegende Arbeit beschreibt, wie konzeptuelle Makrostrukturen aus Ansätzen der Frame-Theorie nach einer Präzisierung und Klärung der theoretischen Grundlagen zur Bedeutungsrepräsentation von Substantiven des Deutschen unter Anwendung eines eigenen Systems von Computerprogrammen eingesetzt werden.

Zunächst wird in kritischer Auseinandersetzung mit dem Bedeutungsexplikat der Modelltheorie und der Stereotypenkonzeption von Bedeutungen dargelegt, welche Desiderata ein Bedeutungsexplikat für die lexikalische Sematik zu erfüllen hat.

Der modelltheoretische Bedeutungsbegriff erweist sich als material unterbestimmt, während bei Putnam das Format der Stereotypen nicht hinreichend geklärt wird. Aus seiner Darstellung wird jedoch die Forderung übernommen, daß der Gehalt von Bedeutungen durch soziale Strukturen und Prozesse sowie die daraus resultiereden interaktionellen Erfahrungen bestimmt wird, und daß eine klare Grenze zwischen Sprach- und Weltwissen prinzipiell nicht gezogen werden kann.

Die Bedeutungsrepräsentation ist ein Formatproblem, d.h. welche Ausdrücke in welcher Kombination zur Erklärung eines anderen Ausdrucks zu verwenden sind, ein Materialproblem, wie umfangreiche Datenmengen zu systematisieren sind, und schließlich ein heuristisches Problem, wie das introspektiv schwer zugängliche tacit knowledge von Bedeutungen zugänglich gemacht werden kann.

Um die Notwendigkeit, die Bedeutungsrepräsentation auf einer neuen theoretischen Basis vorzunehmen, einschätzen zu können, werden metalexikographische Darstellungen von Verfahren und Theorien der lexikographischen Praxis der Bedeutungsrepräsentation untersucht.

Die Wortfeldtheorie stellt heuristische Hilfen bereit, die in einer partiellen Steuerung der Analyse bestehen, so daß bei hinreichender Differenzierung die inhaltliche Charakterisierung beendbar ist. Über die inhaltliche Charakterisierung selbst werden im Rahmen der Wortfeldtheorie keine weitergehenden Aussagen gemacht, während die Komponentialanalyse verschiedene Mengen von Beschreibungselementen für Wortfelder vorschlägt, deren empirischer und theoretischer Status jedoch problematisch ist.

Die Wortfeldtheorie als Theorie paradigmatischer Strukturen ist aus psycholinguistischen Gründen als Hintergrund für die Erklärung von Lexemen abzulehnen, weil sie nicht die systematische Bezugnahme auf Kontiguitäten vorsieht, die in der sozialen Realität auftreten.

Lexikalische Hierarchien sind ebenfalls zumeist von problematischer Erklärungskraft bzw. von zweifelhafter Natürlichkeit.

Der Einsatz von Corpora hat lediglich eine begrenzte heuristische Funktion, da weder die Repräsentativität von Corpora noch deren Auswertung zur methodischen Konstruktion von Bedeutungsrepräsentationen geklärt sind.

Die lexikographische Definition weist die Schwächen der traditionellen Wesensdefinition auf, nämlich problematische philosophische und pragmatische Grundannahmen, die zu einer unnatürlichen Normiertheit führen.

Alle vorgestellten Verfahren und Theorien sind unzureichend, weil sie keine umfassende Steuerung der Heuristik nahelegen, teilweise nur ex-post anwendbar sind, oder auf problematischen psycholinguistischen Grundannahmen basieren.

Nach der Frame-Theorie, einer holistischen Theorie kontextueller Strukturen aus der Artificial-Intelligence-Forschung, ist die menschliche Informationsverarbeitung modular, d.h. jeweils auf bestimmte Wissensbereiche beschränkt, die in Einheiten, sog. Frames organisiert sind, die stereotypischen Situationsabläufen, -komponenten und Gegenstandsstrukturen entsprechen. Frames besitzen inhaltliche Dimensionen, die das semantische Wissen, das mit lexikalischen Items verbunden ist, differenziert repräsentieren.

Durch die Verwendung der Dimensionen wird eine inhaltliche Bestimmung, durch ihre Anzahl und Struktur eine Formatbestimmung der Repräsentation vorgenommen.

Der Einsatz des Framekonzepts erfordert zunächst eine Vereinheitlichung, Ergänzung und Generalisierung verschiedener vorgeschlagener Framevarianten und eine Begründung des empirischen Gehalts des theoretischen Terms Frame durch psycholinguistische Forschungen. Im Gegensatz zu Wortfeldern stellen Frames primär syntagmatische Strukturen dar, die wegen ihrer interaktionellen und kognitiven Fundierung natürlicher sind als lexikalische Felder. Die Verwendung der Frame-Dimensionen ermöglicht eine nicht ex-post vorgehende Systematisierung, indem die Dimensionen die Zuweisung relevant einem Frame zuzuordnender Elemente steuern.

Ein weiterer Fortschritt der Heuristik wird dadurch erzielt, daß ein eigenes System von Computerprogrammen zur Frame-Extraktion aus einer umfangreichen Wortmenge zur top-down-Zuordnung, die von einem Frame ausgeht, und zur bottom-up-Zuordnung, bei der Lexeme einem Frame zugeordnet werden, entworfen und eingesetzt wird.

Eine Diskussion der Resultate, die Hinweise auf weitere Entwicklungen der lexikalischen Frame-Theorie enthält, sowie weitere Anwendungsmöglichkeiten des Programmsystems beenden die Darstellung.

2. BEDEUTUNGSEXPLIKATIONEN

2.0.1. Vorbemerkung

Da der Gegenstand der vorliegenden Arbeit die Bedeutungsrepräsentation ist, [1] werden zunächst zwei gegensätzliche Antworten auf die Frage "Was ist die Bedeutung eines Wortes?" diskutiert.

2.1. Die Bedeutungsexplikation der modelltheoretischen Semantik

In "General Semantics" [2] beantwortet Lewis als typischer Vertreter einer micro-linguistic semantics [3] diese Frage, indem er die Leistung von Bedeutungen bestimmt und sodann eine Entität einführt, die diese Leistung beschreibt. [4]

Die Bedeutung eines Gattungsnamens ist etwas, das determiniert, auf welche möglichen oder aktual existierenden Gegenstände dieses Substantiv in verschiedenen, durch eine Parameterfolge erfaßten, Gebrauchskontexten zutrifft.

Als Explikat von "Bedeutung" schlägt Lewis den mengentheoretischen Funktionsbegriff vor.

Eine Funktion läßt sich beschreiben als eine eindeutige Zuordnung von den Elementen einer Menge zu den Elementen einer anderen Menge derart, daß jedem Element der ersten Menge ein (und nicht mehr als ein) Element der zweiten Menge zugeordnet wird.

Die Bedeutung von Murmeltier legt in einem bestimmten Gebrauchskontext die Menge der Gegenstände fest, von denen wahr ist, daß sie ein Murmeltier sind; die Bedeutung von Murmeltier ist die durch Funktion bezeichnete Art der Determination. [5]

Die Erklärung von Bedeutung durch die Intension genannte Funktion beinhaltet keine Festlegung der "internen Struktur" der Intension, d.h. wie die Intension, die der Wortbedeutung korrespondiert, zu der Extension, im obigen Fall zu der Klasse der Gegenstände, führt.

Die Kriterien, welche die Anwendung erlären könnten, werden nicht beschrieben. Diese Einwände würden durch Vertreter der Modelltheorie zurückgewiesen, Fragen der Sprachverwendung und Verifikation wären als pragmatische Fragen nicht mehr Gegenstand ihrer Theorie. [6] Außerdem müßten auch elementarere Kriterien des Wortgebrauchs letztlich, wie in der Modelltheorie expliziert, auf die Gegenstände zutreffen.

Man könnte die Auseinanderstzung mit der Modelltheorie an dieser Stelle mit der Feststellung abbrechen, sie mache keine materialen, sondern lediglich formale Aussagen über Bedeutung.

Sie ist aber auch aus empirischen Gründen abzulehnen. Sie rekonstruiert die natürliche Sprache als ein kalkülähnliches System, dessen tatsächliche Verwendung ausschließlich durch die Einführung einiger weniger - im Sinne der Theorie relevanter - Kontexteigenschaften berücksichtigt wird. [7] Ebenso wie bei Chomsky beschreibt die Grammatik die Kompetenz, [8] so daß zu kritisieren ist, daß kognitive Strukturen und Prozesse des sprachverstehenden und -produzierenden Subjekts vernachlässigt werden, daß z.B. anstelle von einigen, den Kontext beschreibenden Koordinaten, Situationstypen verwendet werden sollten, deren Kenntnis zu dem Sprachwissen gehört.

Diesen Situationstypen wiederum entsprechen bestimmte konzeptuelle Strukturen, die sie bei den Sprachteilnehmern aktivieren können, so daß der Kontext nicht allein als extensionsdeterminierend, sondern als lexikalische Strukturen aktivierend anzusehen ist. [9]

Wie sind linguistische Einheiten wie Bedeutungen zu beschreiben, so daß ihr Gehalt und dessen Abhängigkeit von sozialen Strukturen wie Situationen und Interaktionsverläufen wiedergegeben wird?

2.2. Bedeutung als Stereotyp

Putnam gewinnt sein Forschungsprogramm einer soziolinguistischen Makrosemantik, indem er die Bedeutungskonzeptionen anderer theoretischer Ansätze kritisiert.

Die traditionelle Bedeutungsbeschreibung stellt eine Bedeutung als eine Menge von notwendigen und in ihrer Gesamtheit hinreichenden Bedingungen dar. [10]

Die Bedingungen werden zu analytisch-wahren Allsätzen verknüpft, und die prädikative Verwendung eines Lexems führt demnach zu einer wahren Aussage, wenn der Gegenstand, auf den das Lexem angewandt wird, die Gesamtheit der Bedingungen erfüllt. Nach Putnam ist diese Auffassung, ebenso wie ihre modernen, formalen Rekonstruktionen, aus mehreren Gründen falsch.

Das semantische Wissen der Sprachteilnehmer reicht häufig nicht aus, um ein Urteil über das Zutreffen des Lexems fällen zu können. [11] Die Sprachteilnehmer können zwar mitreden, wenn es um Gold geht, aber nicht stets gelbfarbene, schwere Metalle voneinander unterscheiden.

Außerdem weisen die Gegenstände eine derart große Variation auf, daß z.B. im Falle eines nicht-gestreiften Tigers das Wort Tiger nicht verwandt werden dürfte.

Da aber auch nicht-gestreifte Tiger als Tiger bezeichnet werden, kann die Bedeutung nicht als analytischer Allsatz der beschriebenen Form repräsentiert werden. [12] Daß solche Lexeme nicht durch analytisch-wahre Sätze beschrieben werden können, die in jeder möglichen Welt wahr sind, folgt auch daraus, daß neue Entdeckungen, z.B. über Stoffe, nicht auszuschließen sind, wodurch die ursprünglichen, vermeintlich immer bestehenden, Wahrheiten zu revidieren wären. [13]

Putnam überträgt Kripkes Theorie der Namen als starre Bezeichnungen aus "Meaning and Necessity" auf die Beschreibung von natural kind terms wie Gold, Wasser u.ä. [14]

Für sog. one-criterion-words wie bachelor könnte nach Putnams Auffassung die traditionelle Analyse ausreichen, [15] für Artefaktbezeichnungen nicht mehr. [16] "Ein-Kriterium-Wörter" sind Lexeme, deren Verwendung ausschließlich auf Kriterien beruht, welche die Sprachgemeinschaft selbst einführt, und die auch infolge zukünftiger Entdeckungen nicht revidiert zu werden brauchen.

Bezeichnungen können also verwandt werden, obwohl die Sprecher ihre Bedeutung nicht vollständig kennen, oder obwohl sie nicht vollständig zutreffen.

Dies ist nur dann zu erklären, wenn man als Paradigma der Analyse nicht das Urteil nach traditioneller Auffassung, sondern die Referenz im Sinne der Sprechakttheorie wählt.

Für die Referenz gelten weniger strenge Standards als für die Prädikation. So ist die Bezugnahme auf Gegenstände in Situationen mit Ausdrücken möglich, die auf die Gegenstände nicht völlig oder überhaupt nicht zutreffen. [17]

Die Möglichkeit, mit einem falschen oder teilweise zutreffenden Ausdruck erfolgreich auf einen Gegenstand zu referieren, beruht darauf, daß der Kontext die erforderlichen Individuierungshilfen bereitstellt. Tatsachen des Sprachgebrauchs können also ebenso wie sprachliche Tatsachen die Referenz begründen.

In komplexen Gesellschaften findet infolge der Arbeitsteilung ein Prozeß der Bedeutungsdifferenzierung statt, der dazu führt, daß Sprecher Lexeme lediglich innerhalb der Bereiche anwenden können, in denen sie an Interaktionen teilnehmen.

Dieser Sachverhalt, von Putnam "linguistische Arbeitsteilung" genannt, [18] zeigt sich z.B. darin, daß ein Lexem wie Gold lediglich von einer kleinen Gruppe der "Experten" in dem Fall korrekt angewandt werden kann, wenn zwei Stücke schweren, gelben Metalls voneinander zu unterscheiden sind.

Der Mehrheit der Sprecher steht lediglich ein Stereotyp zur Verfügung, der das für ihre interaktiven Bedürfnisse erforderliche Wissen enthält. Ob etwas aus Gold besteht, kann durch die Sprachgemeinschaft beurteilt werden, allerdings nicht durch beliebige Sprachteilnehmer.

Als vorläufige Bedeutungsbeschreibung eines Lexems wird von Putnam folgende "normal form description" vorgeschlagen, die syntaktische, semantische und stereotypische Merkmale, sowie eine Beschreibung der Extension enthält.

Die "normal form description" für water [19]

1.syntactic markers	2.semantic markers	3.stereotype	4.extension
mass noun, concrete	natural kind, liquid	colourless, transparent, tasteless, thirst-quenching, etc.	H_2O (give or take impurities)

Implizites Wissen der unter 1 - 3 aufgelisteten Komponenten besitzen alle Sprecher. Die Anwendung von water im Sinne von "H_2O" ist dagegen nur bestimmten Fachleuten möglich.

Wird Bedeutung als Menge von notwendigen und hinreichenden Bedingungen beschrieben, wäre mit der Erklärung der Prädikation das Problem des Bezugs auf - wenn auch nur ideale - Gegenstände erklärt. [20]

Wird Bedeutung dagegen als Stereotyp dargestellt, ist es erforderlich zu erklären, wie die aus der Aufgabe des Präzisionsanspruchs resultierende Unvollständigkeit kompensiert wird. Die These der linguistischen Arbeitsteilung wird ergänzt durch die Postulierung von "linguistic obligations", [21] die für Sprachteilnehmer rollenspezifische Präzisionsnormen beinhalten. Die linguistische Arbeitsteilung umfaßt aber nicht nur die Festlegung bestimmter rollenspezifischer Bedeutungsgehalte, sondern sichert durch strukturierte Kooperationsbeziehungen zwischen den Sprachteilnehmergruppen die sozial erforderliche Eindeutigkeit.

Nicht mehr das Individuum, sondern die Sprachgemeinschaft verfügt über die Bedeutung. [22] Da außerdem die Stereotypen der Laien intersubjektiv sind, [23] benötigen die Sprachteilnehmer Strategien, andere Sprachteilnehmer einzuschätzen. [24]

Dieses Programm einer soziolinguistischen Makrosemantik legt nahe, wie Bedeutungen von allgemeinen Strukturen und Funktionen interaktiver Prozesse abhängen.

Für die lexikalische Semantik ist außerdem wichtig, daß es keine, für alle Bedeutungsrepräsentationen zu verwendenden Beschreibungskomponenten gibt, sondern daß, abgesehen von einigen vermutlich nicht zu revidierenden, auch generelle Tatsachen als sog. core facts Bestandteile einer Bedeutungsrepräsentation sind. [25]

Auf den Inhalt einer Bedeutungsrepräsentation haben jedoch, so könnte man Putnams Programm fortsetzen, nicht allein soziale Faktoren Einfluß, also wie wir leben, sondern auch kognitive Faktoren, wie unser Sprach- und Weltwissen mental organisiert ist. [26]

Sollten Bedeutungsrepräsentationen, die realistisch in Putnams Sinne sind, diesem Umstand nicht Rechnung tragen? Da er annimmt, daß durch die Mitteilung von Stereotypen auch die Verwendung eines Lexems gelernt werden kann, [27] wäre die Untersuchung der Feinstruktur von Stereotypen, die Aussagen über besonders naheliegende Bedeutungskomponenten einschließt, erforderlich.

2.3. Zusammenfassende Kritik der dargestellten Bedeutungsexplikationen

Während Lewis keine Aussagen über den materialen Gehalt von Wortbedeutungsrepräsentationen macht, ist bei Putnam zu kritisieren, daß das Format der Bedeutungsrepräsentation nicht hinreichend differenziert ist - obwohl die unter "stereotype" aufgezählten Merkmale semantischen Kategorien wie "Aussehen", "Geschmack", "Funktion" zuzuordnen wären - und daß in seiner Darstellung das Sprachwissen lediglich in abstrakter Form den Einfluß sozialer Strukturen widerspiegelt.

Nimmt man jedoch an, daß Bedeutungen von sozialen Strukturen und Funktionen sowie von Eigenschaften der Kognition der Sprachteilnehmer abhängen, ist zu fordern, daß Bedeutungsrepräsentationen Erwartbares in Interaktionen, d.h. normale, typische Situationsabläufe sowie typische Erscheinungsweisen von

Gegenständen und typische Gebrauchsweisen wiedergeben, kurz, daß Stereotypen in differenzierter Form die Normalitätserwartungen der Sprachteilnehmer darstellen.

3. KONZEPTE UND VERFAHREN ZUR LEXIKOGRAPHISCHEN BEDEUTUNGSREPRÄSENTATION

3.0.1. Vorbemerkung

Allgemein betrachtet, ist bei der Bedeutungsbeschreibung das Problem zu lösen, welche Ausdrücke in welcher Kombination für einen anderen Ausdruck stehen könnten.

Werden kunstsprachliche Konstrukte zur Repräsentation verwandt, ist deren Interpretation und die ihrer Verknüpfung zu explizieren. [28] Da in der Lexikographie generell die Ausdrücke natürlicher Sprachen - mitunter bestimmter Teilmengen von besonders elementaren Ausdrücken - unter Verwendung ihrer syntaktischen Regeln eingesetzt werden, stellen sich diese Interpretationsprobleme nicht.

Auch für lexikographische Bedeutungsrepräsentationen stellt sich jedoch die Frage, welche Prinzipien begründen können, daß die Repräsentation durch eine endliche Menge von Ausdrücken erfolgen kann.

Ein weiteres Problem der Konstruktion von Bedeutungsrepräsentationen liegt darin, daß semantisches Wissen introspektiv nur sehr schwer zugänglich - nahezu sealed-off ist - [29] und daß dieses heuristische Problem in der Lexikographie bei den umfangreichen zu systematisierenden Datenemnengen hunderttausendfach auftritt. [30]

Die Bedeutungsbeschreibung ist also ein Formatproblem, ein Materialproblem und ein heuristisches Problem.

Es soll daher untersucht werden, welche Theorien, Verfahren und heuristischen Strategien in der Lexikographie eingesetzt werden, bzw. metalexikographischen Studien zufolge die Resultate der Lexikographie erklären können. [31]

3.1. Lexikalische Felder

Eine holistische semantische Theorie mit langer Tradition, [32] die Wortfeldtheorie, wird auch noch in der Gegenwart angewandt, um die Bedeutung inhaltsverwandter Wörter differentiell zu bestimmen. [33]

Die Wortfeldtheorie wurde zur Untersuchung diachroner Veränderungen von Wortschatzstrukturen entwickelt. [34] Ihr Untersuchungsziel könnte durch folgende Fragestellung charakterisiert werden: Was bedeuten die Lexeme, die zu einem Bereich inhaltlich verwandter Einheiten gehören - bei Jost Trier war dies der "Sinnbezirk des Verstandes" - und wie verändert sich die Bedeutung der Einheiten infolge des Ausscheidens von Lexemen aus dem Sinnbezirk bzw. aus der Sprache oder durch das Eindringen von Lexemen in das den Sinnbezirk sprachlich gliedernde Wortfeld?

Eine Beschreibung der Bedeutungsveränderung setzt eine Beschreibung der statischen Beziehungen zwischen den Lexembedeutungen voraus, so daß die Wortfeldtheorie auch zur Beschreibung synchroner Sprachzustände eingesetzt werden kann.

Die Bedeutungsbeschreibung erfolgt im Rahmen der Wortfeldtheorie unter der zentralen theoretischen Annahme, daß die Lexembedeutungen eines Wortfeldes voneinander abhängen und so das Wortfeld aufteilen.

Diese Annahme bildet auch den Hintergrund für wortfeldtheoretische Beschreibungen, indem zunächst die Elemente eines Wortfeldes zusammengestellt und dann durch Beschreibungen inhaltlich charakterisiert und differenziert werden. Ein einfaches Beispiel aus der großen Menge der Felddarstellungen soll dies veranschaulichen. [35]

	(relevante) Seme				
Signifikant Lexem	Zum Sitzen	Auf Füßen	Für 1 Person	Mit Rückenlehne	Mit Armlehnen
Kanapee	+	+	-	(+)	(+)
Sessel	+	+	+	+	+
Stuhl	+	+	+	+	-
Hocker	+	+	+	-	-

Sessel wird z.B. durch die Merkmale beschrieben, unter denen in derselben Zeile ein + -Zeichen steht.

Das Wortfeld legt ein Abbruchkriterium für die semantische Beschreibung nahe. Sobald nämlich die intuitiv als bedeutungsverschieden eingeschätzten Lexeme voneinander durch Beschreibungen unterschieden worden sind, kann die Analyse abgebrochen werden. 36)

Daraus folgt andererseits, daß die Bestimmung der "Feldgröße" durch die Bestimmung der feldkonstituierenden Lexeme einen wichtigen Stellenwert besitzt, weil von dieser die Analysetiefe, der Gehalt der Charakterisierung, abhängt.

Und betrachtet man die Merkmalskombination im Beispiel zur Beschreibung von Kanapee, so stellt man fest, daß diese auch auf Bank zuträfe. Schließlich liegt auch die Frage nahe, welche weiteren Merkmale zur Repräsentation von Schemel erforderlich wären.

Vollständigkeit eines Feldes und vollständige Differenzierung reichen jedoch bisweilen auch nicht aus, wie das folgende Wortfeld zeigt: 37)

Wortfeld 'Verstoß' (Weisgerber)

Verstoß gegen die Norm	ohne Wissen u. ohne Wollen	Wissen möglich	Verpflichtung zu Wissen	Ansatz des Wissens	Aufhören des Nichtwollens	mit Wissen u. Wollen	aus Anlage
unzweckmäßig:	Versehen	(Bock Lapsus)	Gedankenlosigkeit	Unbedachtheit	Unüberlegtheit	Sinnlosigkeit	Torheit
ungehörig:	Fehler	Schnitzer	Ungeschicklichkeit	Ungehörigkeit	Unfug	Böswilligkeit	Tölpelei
unvernünftig:	Irrtum	Fehlgriff	Dummheit	Unbesonnenheit	Unvernunft	Verrücktheit	Narrheit
ungebührlich:	Entgleisung	Mißgriff	Unziemlichkeit	Ungebührlichkeit	Unverschämtheit	Gemeinheit	Flegelei, Lümmelei
nicht satzungsgemäß:	Verletzung	Zuwiderhandlung	Überschreitung	Übertretung	Widersetzlichkeit	Vergehen	(Rebellion)
gegen das, was recht ist:	Verfehlung	Fehltritt	Übergriff	Übeltat	Missetat	Verbrechen	Schurkerei Schuftigkeit
unsittlich:	Verirrung	Untat	Schandtat	Ruchlosigkeit	Frevel	Sünde	Teufelei

Daß ein ungebührlicher Verstoß gegen die Norm bei Ansatz des Wissens eine Ungebührlichkeit ist, dürfte nicht zu dem semantischen Wissen aller Sprachteilnehmer gehören.

Das Beispiel zeigt, daß die Differenzierung der Einheiten allein nicht ausreicht. Außerdem kann eine Orientierung an Wortfeldern zu Bedeutungsbeschreibungen führen, die zu umfangreich sind, weil die Wortfelder der Sprachteilnehmer weniger Lexeme enthalten, oder die irreführend sind, weil die Wortfelder der Sprachteilnehmer unterschiedlich strukturiert sind. [38)]

Semantisches Wissen in der Gestalt von Wortfeldern ist introspektiv nicht ohne weiteres aktivierbar. Kriterien für die Konstruktion eines Wortfeldes sind in einer neueren Untersuchung:"... die eigene Kompetenz, eine Informantenbefragung, eine Prüfung der Begriffswörterbücher, eine Berücksichtigung der Gebrauchswörterbücher und eine Ergänzung durch Textuntersuchungen", [39)] wobei besonders die Aufnahme oder Zurückweisung von weniger fokalen Feldelementen nicht methodisch gelenkt ist.

Die Verwendung eines so konstruierten Wortfeldes führt, wie oben bereits gezeigt, zu einer globalen Steuerung der Heuristik, die darin besteht, daß eine begründete Beendigung der Analyse nahegelegt wird. Welche Elemente zur Bedeutungsbeschreibung - abgesehen von der Feldbezeichnung - zu verwenden sind, wird durch die Wortfeldtherie nicht näher festgelegt, da diese lediglich paradigmatische Strukturen beschreibt. [40)]

Von Vertretern der strukturalen Semantik wird dieser metasprachliche Ansatz mit folgendem Argument begründet:

> So wäre man wegen der Kenntnis der Sachen höchstwahrscheinlich dazu geneigt, "Schnee" oder "Regen" mit "Wasser" in Zusammenhang zu bringen und sie "semantisch" als Arten von Wasser zu definieren. In der deutschen Sprache hingegen hängen vielleicht "Schnee" und "Regen" gar nicht mit "Wasser", sondern eher mit "Hagel", "Nebel", "Dunst", "Schönwetter" usw. zusammen. Der Regen ist zwar als Sache normalerweise Wasser, nicht aber als Bedeutung: Er könnte in der Tat z.B. auch Blut oder Sekt sein, und dies würde uns wahrscheinlich wundern, wir würden aber nicht sagen, daß es deshalb kein Regen ist. (41)

Abgesehen von der Formulierung, die nicht zwischen Objekt- und Metasprache unterscheidet, ist dem letzten Teil des Zitats insoweit zuzustimmen wie es nahelegt, daß es keine unrevidierbaren Bedeutungskomponenten gibt.

Die Lexeme eines Sinnbezirks zusammenzustellen und ihre Unterscheidung nahezulegen, ist sicherlich eine wichtige Funktion sprachlicher Felder für die Sprachbeschreibung.

Zu fragen ist jedoch, ob die Trennung Sprache/Sachen tatsächlich vorgenommen werden kann, da die sprachliche Formulierung sachlicher Zusammenhänge diese zu sprachlichen Zusammenhängen werden läßt. [42)]

Außerdem entspricht die Dichotomie Coserius der Sprache / Welt- bzw. der philosophischen analytisch/synthetisch-Dichotomie, die ebensowenig haltbar sind.

Zudem ist kritisch zu fragen, welche psychische Realität für den Sprachgebrauch solche, der Metaebene der Sprachforschung entstammenden Strukturen besitzen, und ob sie daher die geeignete theoretische Basis für Bedeutungsbeschreibungen sind, die pragmatisch betrachtet als Erklärungen fungieren können. Ist nicht die Auffassung richtiger, daß Sprache und Welt nicht voneinander unabhängig sind, sondern daß Weltstrukturen sprachliche Strukturen determinieren, wie das folgende Zitat nahelegt?

Die andere wichtige Voraussetzung ist unsere Erfahrung, daß wir die Dinge unserer Welt oder Welten zwar deutlich unterscheiden können, diese uns aber nicht als isolierte begegnen. Wir können eine Steckdose deutlich von einem Stecker unterscheiden, den Zweck einer Steckdose jedoch schwerlich ohne Hinweis auf den Stecker erklären. Beide gehören im Gebrauch zusammen. Wir wissen das. Denn wir haben einschlägige Erfahrungen gemacht. Daher sind für uns auch die Wörter "Steckdose" und "Stecker" zwar deutlich zu unterscheiden, aber sie gehören zusammen, sind semantisch miteinander verwandt. Viele Dinge, Zustände, Ereignisse, Tätigkeiten etc. gehören zusammen, relativ zu diesem Handlungszusammenhang und Erfahrungsbereich so, relativ zu anderen anders. (43)

Gibt man die empirisch unhaltbare Annahme auf, sprachliche Strukturen hätten allein die Funktion, die Wirklichkeit zu gliedern, sondern nimmt die kognitionspsychologische bzw. -biologische Position ein, [44)] nach der sprachliche Strukturen durch und zum Zwecke des Austauschs von Informationen über Gegenstände und Handlungen in der Welt entstehen, so gelangt man zu semantischen Strukturen, die verhaltensnäher sind und die nicht nur - psychologisch betrachtet - Verhaltensalternativen, sondern Verhaltens- und Wahrnehmungszusammenhänge repräsentieren.

Evolutionär frühe Prozesse gliedern die Welt in Zusammenhänge, [45] deren mentale Repräsentationen wiederum durch sprachliche Einheiten aktiviert werden können, die aber nicht nur punktuelle, sondern weiterreichende verhaltensleitende Funktion besitzen.

Wie das obige Zitat aus Wiegands Darstellung andeutet, sollen erfahrungsnähere konzeptuelle Strukturen das theoretische Fundament der Semantik sein.

Legt man eine kognitionspsychologische bzw. -biologische Sicht zugrunde, ist Sprache ein System kognitiver Strukturen und Prozesse, das der Verhaltenssteuerung in der Umwelt dient. Daraus folgt die ökologische Implikation, daß konzeptuelle Strukturen und Weltstrukturen aufeinander bezogen sind. Weil Bedeutungsstrukturen durch Regularitäten in der Welt entstehen, sind diese Regularitäten bei der Bedeutungsrepräsentation zu berücksichtigen. [46]

Anschaulich gesprochen, heißt dies, daß die Grundlage von Bedeutungsrepräsentationen die systematische Erfassung von Standardsituationen, deren Beteiligten, darin auftretender Gegegenstände und Begleitumstände ist.

3.2. Komponentialanalyse

Neben den Ansatz der Wortfeldtheorie tritt in vielen Untersuchungen die mit dem Terminus "componential analysis" bezeichnete Methode, die Wortbedeutung näher zu bestimmen. [47]

Wortfeldtheorie und Komponentialanalyse sind voneinander theoretisch unabhängig, [48] letztere wird jedoch zur Stützung bzw. Explizierung der Ergebnisse ersterer angewandt.

Welche Funktion besitzt dieses Verfahren für die Konstruktion von Bedeutungsrepräsentationen?

Das Vorgehen der Komponentialanalyse besteht darin, auf die Lexeme eines Wortfeldes eine Menge von Prädikaten anzuwenden. Treffen auf zwei Lexeme dieselben Prädikate zu, gelten sie als bedeutungsgleich relativ zu den die Kriterienmenge bildenden Prädikaten.

Die Frage nach der Bedeutung eines Wortes wird also gestellt als "Was ist die Bedeutung von x_1 relativ zu $x_2 \ldots x_n$ und der gegebenen Menge von Analyseprädikaten P?" 49)

Gegen Bedeutungsrepräsentationen, die auf diese Weise konstruiert werden, können verschiedene Argumente vorgebracht werden.

Gehören die Analyseprädikate einer theoretischen Beschreibungssprache an, so stellt sich die Frage, wie die theoretischen Terme durch Ausdrücke der natürlichen Sprache zu interpretieren sind.

Wird postuliert, daß die Menge der Analyseprädikate endlich ist, oder daß eine Teilmenge von ihnen wegen ihrer Generalität besonders zentral, der Rest eher peripher ist, - dies ist die Unterscheidung von Katz/Fodor zwischen "marker" und "distinguisher" - kann eingewandt werden, 50) daß diese Unterscheidung der analytisch-synthetisch-Unterscheidung analog ist, und daß die gleichen Argumente zu deren Widerlegung auch hier gelten.

Es ist nicht auszuschließen, daß Bedeutungen durch die Aufnahme anderer Lexeme zu revidieren sind. Außerdem kann ein Merkmal bisweilen zentral, bisweilen peripher sein.51)

Welche Merkmale in eine Bedeutungsrepräsentation aufzunehmen sind, hängt auch hier von der Größe des Feldes ab, so daß die Schwierigkeiten der Bestimmung von Wortfeldern auch in die Resultate von Komponentialanalysen eingehen. 52)

Hörmann wendet sich mit folgenden Bedenken gegen eine Komponentialanalyse: Sie sei keine Entdeckungs- sondern allenfalls eine subjektive Rechtfertigungsprozedur. 53 Die Art und Anzahl der ein Wort kennzeichnenden Marker sei nicht eindeutig feststellbar. 54)

Der zweite Teil dieses Einwandes ist aus den oben dargestellten Gründen zu akzeptieren, weil die Feldstruktur die Charakterisierung der Lexeme auch in ihrer Tiefe beeinflußt.

Der erste Vorwurf beruht jedoch auf einem überzogenen Anspruch an die Leistungsfähigkeit von Theorien, dessen Einlösung durch die Wissenschaftstheorie als unmöglich bewiesen wurde. 55) Er ist in dieser Form zurückzuweisen, denn werden Bedeutungsbeschreibungen als Hypothesen über für die Wortverwendung relevante Situationskomponenten aufgefaßt, so gilt auch hier, daß ebensowenig wie es ein allgemeines Induktionsprinzip gibt, das bestimmt, welche Komponenten einer Situation für eine physikalische Hypothese relevant sind, 56) es eine mechanische Bedeutungsanalyseprozedur geben kann, die Hörmann offensichtlich für möglich hält. 57)

Mechanisch handhabbare Anleitungen über die Aufnahme einzelner Bedeutungskomponenten in eine Bedeutungsrepräsentation sind also prinzipiell nicht zu erwarten.

Aus der Widerlegung seiner Einwände und der Argumente gegen die Komponentialanalyse ist die Folgerung zu ziehen, daß, wenn die Bestimmung einer Menge von Anaylseprädikaten und ihrer Verwendung nicht möglich ist, die Repräsentation von einer höheren konzeptuellen Ebene zu steuern ist, indem nicht Merkmale, sondern Merkmalsdimensionen ermittelt und verwandt werden.

Rein kombinatorisch betrachtet, sind Situationen durch unterschiedliches In-Beziehung-Setzen ihrer Komponenten auf beliebig viele Arten strukturierbar. [58] Durch Sprachteilnehmer in Situationen wird jedoch stets nur eine begrenzte Menge von Situationsbestandteilen durch kognitive bzw. diesen korrespondierende konzeptuelle Strukturen gebündelt, [59] so daß die Bedeutungsrepräsentation durch die Ermittlung solcher, die Erwartungs- und Wahrnehmungsrahmen strukturierenden Relevanzdimensionen erfolgen kann.

3.3. Lexikalische Hierarchien

Ein anderes Verfahren zur Bedeutungsrepräsentation besteht in der Verwendung lexikalischer Hierarchien. Bei diesem werden nicht allein die Elemente einer paradigmatischen Ebene zueinander in Beziehung gesetzt, sondern es werden zudem Sinnrelationen wie u.a. die Hyponymie, die Hyperonymie und auch die Antonymie berücksichtigt. [60]

Es werden auch lexikalische Hierarchien von Substantiven konstruiert, die durch die Teil-Ganzes-Relation und die Klasseninklusion strukturiert werden. [61]

Ähnlich wie Wortfelder können derartige Strukturen eine gewisse Steuerung der Bedeutungsrepräsentation ermöglichen, indem voneinander zu unterscheidende bzw. aufeinander zu beziehende Lexeme zusammengestellt werden. [62]

Auch dieses Verfahren leitet die Konstruktion von Bedeutungsrepräsentationen nur im weitesten Sinne. Denn legt man die Begriffshierarchie zugrunde, die Jacobs / Rosenbaum zur Bedeutungsrepräsentation körperteilbezeichnender Substantive verwenden, so sieht man, daß die Teil-von- bzw. Ist-ein-Relation bestimmte "Anknüpfungspunkte" nahelegen, so daß für die Inhalte möglicher Bedeutungsrepräsentationen bestenfalls partielle Hinweise gegeben werden. [63]

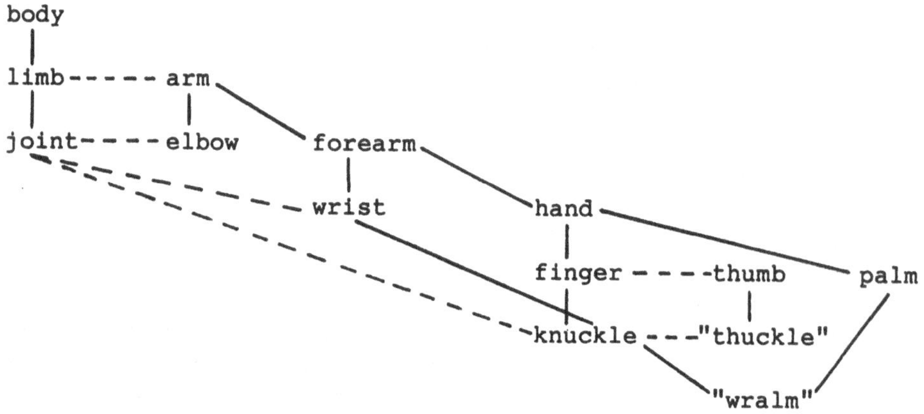

Für die körperteilbezeichnenden Substantive mag die Begriffshierachie zum semantischen Wissen der Sprachteilnehmer gehören.

Gilt dies aber auch für die Begriffe anderer Bereiche? Ist, wie Riedl behauptet, die "Ordnung des Lebendigen" selbst hierarchisch aufgebaut?"[64]

Die Annahme, "...daß eine hierarchische Ordnung das ganze System der Klassenbegriffe, von der Alltagssprache bis in die wissenschaftliche Theorienbildung, beherrscht", [65] wird durch die Ergebnisse psycholinguistischer Forschung in Frage gestellt.

Denn die Struktur von Begriffshierarchien ließ sich - und das ist hier besonders aufschlußreich - in Experimenten nicht bestätigen, in denen auch einfache biologische Taxonomien untersucht wurden. [66]

In Begriffshierarchien unmittelbar übergeordnete Begriffe sind nicht schneller aktivierbar, übergeordnete Begriffe höherer Stufe sind dagegen schneller aktivierbar, wie sog. Verifikationsexperimente zeigen.

So wird z.B. "Ein Löwe ist ein Tier" entgegen den Dominanzbeziehungen in der Begriffshierarchie schneller verarbeitet als "Ein Löwe ist ein Säugetier".

Ob die Sprachteilnehmer über lexikalische Strukturen wie Begriffshierarchien verfügen, wird auch fragwürdig, wenn man die Resultate aus Experimenten betrachtet, in denen Versuchspersonen tierbezeichnende Lexeme anordnen sollten. Die entstandenen Strukturen machen deutlich, daß die Kriterien der Strukturierung weniger fachliche als vielmehr solche wie Größe und

Wildheit, sowie ökologische, d.h. Auftreten an einem gemeinsamen Ort, z.B. auf einem Bauernhof, sind. [67]

In diese Richtung weisen auch Strukturen, die durch die Ähnlichkeitsbeurteilungen von Versuchspersonen entstanden. [68]

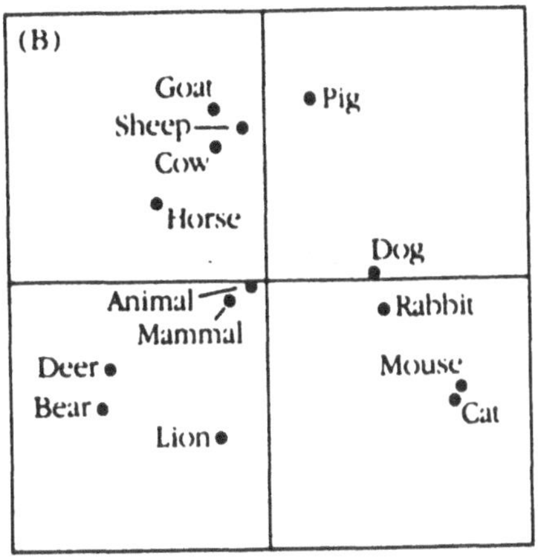

Auch hier sind "Farmtiere", "Wildtiere" und "Haustiere" zu unterscheiden. Bemerkenswert ist, wie sehr auch diese Strukturierung ökologisch ist, d.h. im Falle von <u>cat</u> und <u>mouse</u> werden Jäger und Beutetier einander zugeordnet.

Riedls Aussagen sind mit Koch als metagenetischer Fehlschluß zu bezeichnen. [69] Unreflektiert wird eine evolutionär sehr späte, hochspezialisierte konzeptuelle Struktur auf die introspektiv schwer zugängliche Ebene der Organisation des semantischen Wissens projiziert.

Die Konstruktion lexikalischer Hierarchien ist ebenso problematisch wie die von paradigmatischen Wortfeldern, die eindeutig der Ebene der theoretischen Sprachreflexion zuzuordnen sind. Sie systematisieren daher fachsprachliche lexikalische Strukturen in einer Weise, die nicht den Strukturen des semantischen Wissens der Sprachteilnehmer entspricht. Für diese ist die Ökonomie der Repräsentation offensichtlich weniger wichtig als die Ökologie der Zusammenstellung, die erfahrungsnäher und damit situationsbezogen effizienter verwendbar ist.

3.4. Zur Verwendung von Corpora

In der lexikographischen Praxis und auch in metalexikographischen Arbeiten werden Corpora zur Konstruktion von Bedeutungsrepräsentationen eingesetzt. 70)

Die Corpora sind Sammlungen schriftlicher und Aufzeichnungen mündlicher Texte, auf die, sofern sie maschinenlesbar sind, durch Computerprogramme zugegriffen werden und der sprachliche Kontext einer bestimmten Einheit in allen ihren Vorkommen in der Datensammlung ausgegeben werden kann.

Welche Funktion besitzen Corpora für die Konstruktion von Bedeutungsrepräsentationen?

Sie stellen sozusagen eine Menge protokollierter Verwendungen der zu repräsentierenden Einheit dar. Wie von diesen Verwendungen zu einer Repräsentation zu gelangen ist, wird methodisch nicht weiter geklärt. 71) Sicherlich ist auch hier kein Induktionsverfahren angebbar, das die Ableitung von Hypothesen aus den Daten erlaubt. Die Verwendungen des zu erklärenden Lexems in dem Corpus können lediglich bestimmte Hypothesenformulierungen nahelegen, die dann wiederum an weiteren Verwendungen aus dem Corpus darauf überprüft werden müssen, ob sie auch für diese zutreffen. In gewissem Sinn erschließen also die Verwendungen in einem Corpus Aspekte der Bedeutung, die introspektiv nicht ohne weiteres zugänglich sind. Dies gilt sicherlich für Homonyme, Polyseme und fachsprachliche Verwendungen. Die einzelnen Verwendungen sind aber meist zu speziell, als daß sie eine generelle Beschreibung nahelegen könnten. Die Arbeit mit einem Corpus wird auch dadurch noch erschwert, daß entweder eine zu große Anzahl von Belegen zu einem Wort vorhanden ist - dann existiert kein Kriterium für den Abbruch der Belegstellenanalyse - oder, daß die Datenbasis nicht ausreicht, d.h. also zu wenige oder überhaupt keine Belege im Corpus enthalten sind, dies deswegen, weil die Repräsentativität von Corpora noch nicht geklärt ist, 72) und schließlich, daß sich Belegstellen widersprechen können. 73)

Zusammengefaßt, erfordert ein Corpus noch eine Steuerung der Auswertung und kann nicht in jedem Falle materiale Beschreibungskomponenten für Bedeutungsrepräsentationen nahelegen.

Diese beiden Aspekte legen die grundsätzliche Frage nahe, ob die Bedeutungsrepräsentation nicht statt als ex-post-Systematisierung stattzufinden, produktiv vorgenommen werden könnte, indem man allgemeine Beschreibungsdimensionen ermittelt, die der Wortverwendung allgemein und daher auch im Corpus zugrundeliegen, und in diesem heuristisch begrenzten Problemraum die Beschreibung vornimmt?

Diese Dimensionen würden den Bereich des zu einem Lexem relevant Thematiserbaren erfassen und könnten so, wie sie den Sprecher bei der Sprachproduktion, den Lexikographen generell bei der Repräsentation semantischen Wissens leiten.

3.5. Die lexikographische Definition

Die Bedeutungsbeschreibung ist seit langem ein schwieriges Problem für den Lexikographen, nämlich "... eine Pflicht, deren Erfüllung mir bei dem ganzen Werke die meiste Mühe verursachte." 74)

Stellt die traditionelle Definitionslehre vielleicht "eine methodisch gesicherte Anleitung" 75) zur Konstruktion von Bedeutungsrepräsentationen dar?

Die Regeln der Definitionslehre, die ursprünglich lediglich als Formulierungshilfen verstanden wurden, und die im Laufe der Zeit immer mehr Autorität gewannen, 76) sollen daher dargestellt werden. 77)

1. Eine Definition muß das Wesen des Gegenstandes angeben, der zu definieren ist. 78)

Diese Regel zeigt, daß die Definitionsregeln für Realdefinitionen formuliert sind. 79)

2. Eine Definition muß per genus et differentiam sive differentias erfolgen.

Robinson lehnt diese Regel ab, weil sie nicht uneingeschränkt gilt, denn sie schließt z.B. genetische Definitionen aus. 80) Sie beruht darauf, daß Aristoteles biologisches Klassifizieren auf die Metaphysik übertrug. 81)

3. Das Definiens muß äquivalent sein mit dem Definiendum. 82)

Diese Regel schließt viele Verfahren aus, die zu korrekten Definitionen führen können.[83]

4. Eine Definition darf nicht zirkulär sein.

Auf den ersten Blick erscheint diese Regel als wenig problematisch. Da jedoch in der Lexikographie die natürliche Sprache als Erklärungssprache eingesetzt wird, kann lediglich gefordert werden, daß der "Durchmesser des Zirkels" hinreichend groß ist.[84]

5. Eine Definition darf nicht negativ sein, wenn sie positiv sein könnte.

Diese Regel, die nicht von Aristoteles stammt, [85] gilt nicht generell, da es korrekte negative Definitionen gibt. [86] Vermutlich soll sie lediglich verhindern, daß unter Verwendung der Negation partielle Definitionen gegeben werden, die möglicherweise gegen Regel 1 oder 4 verstoßen.

6. Eine Definition sollte nicht in obskurer oder figurativer Sprache formuliert sein. [87]

Diese Regel dürfte allgemein akzeptiert werden, da ihre Beachtung verhindert, daß Ausdrücke verwandt werden, deren intersubjektive Auflösung problematisch ist.

Die Darstellung zeigt, daß Kutscheras Kritik an der Definitionslehre berechtigt ist: "Sie ist aber 1. weder präzise genug, noch 2. weit genug, um alle korrekten Definitionen zu erfassen, noch 3. auch eng genug, um alle unkorrekten Definitionen auszuschließen." [88]

Außerdem geht sie von der für die natürliche Sprache problematischen Grundannahme aus, daß genus und differentia generell vorgegeben sind. Dies gilt lediglich für fachsprachliche Begriffshierarchien. [89] In der natürlichen Sprache sind genus und differentia diskursrelativ. [90]

Die Definitionslehre ist außerdem problematisch, weil sie einem Werk entstammt, "... which is concerned not with teaching and learning and the spread of knowledge, but with competitive disputation and the achievement of victory in argument." [91]

Definitionen haben in Argumentationen primär die Funktion, die Immunisierung von Argumenten dadurch zu verhindern, daß sie die Gesprächspartner zu einem bestimmten Wortgebrauch verpflichten. [92]

Die Definitionslehre ist also keine methodische Anleitung

zur Konstruktion von Bedeutungsrepräsentationen, sondern lediglich eine Menge partiell gültiger ex-post-Evaluationshilfen für vorgeschlagene Bedeutungshypothesen.

Zwei Arten der Anerkennung dieses Sachverhalts sind in der Lexikographie bzw. Metalexikographie zu finden, die sich in den Formulierungen "Kunst der Definition" bzw. des "Definierers" oder "Kunst des Paraphrasierens" ausdrücken. [93)]

Da die Hypotheseninduktion nicht algorithmierbar ist, kann letztlich nichts anderes erwartet werden. Untersuchungen der Erklärungsmethoden, die Sprachteilnehmer in Alltagssituationen anwenden, [94)] um einander unbekannte Lexeme zu erklären, und die eine der pragmatischen Grundvoraussetzungen der Lexikographie sind, [95)] könnten, wenn sie in größerem Umfang durchgeführt würden, die Konstruktion natürlicher Bedeutungsrepräsentationen nahelegen. Bisher liegen lediglich Einzelbeispiele vor.

Aus der Beschreibung der Struktur der Wörterbuchbenutzungssituation [96)] könnten "Maximen der Lexikographie" im Sinne von Grice abgeleitet werden, die allerdings den gleichen Abstraktionsgrad wie die Griceschen Maximen aufweisen und somit ebenfalls lediglich eine globale Steuerung der Repräsentation ermöglichen würden.

3.6. Einschätzung der lexikographischen Verfahren

Die dargestellten Verfahren und theoretischen Ansätze, die in der Lexikographie zur Bedeutungsrepräsentation verwendet werden, sind in einer Weise unterbestimmt, daß von einer Methode nicht gesprochen werden kann. Aufgrund der Tatsache, daß Bedeutungsrepräsentationen Hypothesen sind, kann allerdings auch keine mechanisch handhabbare Ableitungsprozedur konstruiert werden.

Die theoretischen Ansätze, die in der Lexikographie berücksichtigt werden, sind, wie oben dargelegt, auch deshalb von geringem heuristischem Wert, weil sie auf problematischen psychologischen bzw. pragmatischen Grundannahmen beruhen. Deshalb soll nun geprüft werden, ob durch einen neuen theoretischen Ansatz und ein neues Verfahren die oben dargestellten prinzipiellen Probleme der Bedeutungsrepräsentation besser lösbar sind und somit eine theoretisch adäquate Basis für die Bedeutungsrepräsentation gefunden werden kann, deren theoretische Terme zudem durch ein Computersystem in einer Weise anwendbar sind, daß umfangreiche Datenmengen systematisiert werden können.

4. BEDEUTUNGSREPRÄSENTATION DURCH FRAMES

4.1. Einleitung

Zunächst soll eine frühe Charakterisierung von "Frame" das Verständnis der folgenden Darstellung erleichtern: "Ein Frame ist eine Datenstruktur, die eine stereotypische Situation wie die Innenansicht eines bestimmten Wohnzimmertyps oder den Besuch einer Kindergeburtstagsfeier repräsentiert." [97)]

Auch in der Lexikographie wird die Bedeutungsrepräsentation als psychologische Frage nach den Strukturen des Langzeitgedächtnisses gestellt:

> Lexical meaning - the meaning of the lexemes that get put togehter - is quite simply a component of long-term memory. There is nothing structurally very complex about it, nor anything very surprising - other than the staggering fact that human beings have inside their heads an organ that enables them to carry about with them a model of the world constructed out of representations of their experience of it, on the basis of which they can make predictions about what is likely to happen in the future. Words are simply labels for experiences. (98)

Es ist erstaunlich, wie weitgehend diese Formulierung eines Lexikographen mit Formulierungen Minskys über die Funktion von Framesystemen konvergiert.

Frames sind Module semantischen Wissens, das verhaltensnah im Sinne von Putnams Stereotypen organisiert ist. Frames stellen die epistemischen Strukturen für natürlich-sprachliche Bedeutungsrepräsentationen dar, die, durch ein Computerprogrammsystem unterstützt, sowohl das Format- als auch das Materialproblem sowie das Problem der begrenzten introspektiven Zugänglichkeit semantischen Wissens lösen.

Im folgenden wird die Entstehung der Frame-Theorie, die Struktur und kognitive Funktion von Frames in der Artificial Intelligence, die theoretische Funktion von Frames in der Linguistik sowie die Begründung und Realisierung ihrer Anwendung dargestellt.

4.2. Der Hintergrund der Frame-Theorie

Die Frame-Theorie wurde in der Artificial Intelligence, einer der Informatik zuordenbaren Teildisziplin entwickelt. [99] Gegenstand der AI-Forschung ist die rekonstruktive Erklärung kognitiver Prozesse durch Computersimulation.

So werden Programmsysteme entworfen, die sprachliche Ausdrucke bzw. Ausdrücke produzieren und sprachliche Eingaben verstehen, wobei sie z.B. Fragen über Texte beantworten, Texte zusammenfassen oder das Thema von Texten bestimmen. Neuere Systeme können sogar Dialoge über bestimmte Situationen führen.

Frühe, sprachlichen Input verarbeitende Systeme verwandten die sog. key-word-analysis. Bei dieser wird der Input nach bestimmten Schlüsselwörtern durchsucht, die die Basis für die weitere Verarbeitung des Input durch das System bilden.

STUDENT, ein System zur Lösung mathematischer Textaufgaben, durchsuchte den Input nach Wörtern, die mathematische Operationen und Größen bezeichnen, und erzeugte sodann die Lösung. [100]

BASEBALL, ein Dialogsystem, beantwortete Fragen über die amerikanische Basballiga, und akzeptierte Fragen mit Schlüsselwörtern wie "player", "team" u.a. [101]

ELIZA, ein System das Weizenbaum entwarf, simuliert einen Psychotherapeuten (Weizenbaum verwendet "parodiert"), [102] indem wiederum bestimmte Schlüsselwörter im Input des menschlichen Dialogpartners gesucht und sodann die transformierte Eingabe ausgegeben wird. Die Gesprächssituation "non directive psychotherapy" - eine Art Gesprächstherapie - ist insofern günstig gewählt, weil bei dieser das Programm dem Gesprächspartner lediglich aus seinen Äußerungen folgende Impulse zum Gespräch gibt. [103]

Ähnlich arbeitet PARRY, ein System, das Paranoia simuliert. [104] Diese psychische Störung führt zu einer Art der Informationsverarbeitung, die vergleichsweise leicht durch ein Programmsystem zu simulieren ist, weil der Patient den Input auf Feindseliges, Erniedrigendes und auf Hinweise durchsucht, die auf seinen Verfolgungskomplex beziehbar sind. PARRY wurde in seiner ersten Entwicklungsstufe von der Mafia verfolgt; PARRY II reagiert, als wenn er von den Hell"s Angels verfolgt würde. [105]

Die key-word-Methode kann erstaunlich erfolgreich sein; die menschlichen Dialogpartner merken häufig nicht, wie wenig tief ihr Input verstanden wird. [106]

Die Schwächen von PARRY und ELIZA zeigen sich jedoch besonders deutlich, wenn sie miteinander kommunizieren, denn dann werden die ungenügenden Gesprächsstrategien und syntaktischen Analysefähigkeiten augenfällig. [107]

Die frühen sprachverarbeitenden Systeme funktionierten allein, indem eine ad-hoc-Restriktion des verarbeitbaren Input vorgenommen wurde. Andererseits kann man sich fragen, ob nicht ein sprachverarbeitendes System mit hinreichend großem Speicher für das semantische Wissen ebenfalls die Fähigkeit haben muß, den für die Verarbeitung z.B. zu durchsuchenden Speicherbereich zu reduzieren, wenn die Verarbeitung möglichst schnell erfolgen soll?

Bei dieser Betrachtungsweise verbirgt sich hinter der ad-hoc-Restriktion ein wesentlicher Aspekt kognitiver Prozesse, den man als "Modularität" bezeichnen könnte.

4.3. Die Leistung von Frames in der Artificial Intelligence

4.3.1. Frames der visuellen Wahrnehmung

Soll ein Computer Gegenstände visuell wahrnehmen können, so benötigt er u.a. interne Repräsentationen von Zusammenhängen der Helligkeitswerte, die den wahrzunehmenden Gegenständen entsprechen, Informationen über die Position des eigenen Fernsehauges, um Variationen der Erscheinung einberechnen zu können, sowie Kenntnis der Lichtverhältnisse, die einen weiteren Variationsfaktor darstellen. Außerdem sind perzeptuelle Strategien erforderlich, die Wissen über Bildkomponenten mit besonders großer prädiktiver Kraft anwenden. [108] Für die hinreichend schnelle Erkennung unterschiedlicher Gegenstandstypen - idealiter in real time - wäre es von Nutzen, das System mit Erwartungen über das simultane bzw. sequentielle Auftreten bestimmter Gegenstände operieren zu lassen.

Das folgende Beispiel soll die Funktion von Frames der visuellen Wahrnehmung veranschaulichen: [109]

0. Erwartung oder Mißerfolg mit anderem Frame führt zur Frame-Selektion.
1. Ziel: Ausschließlich Form erkennen.
2. Ist der Frame anwendbar? Wenn ja, wahrgenommenes Objekt mit 'default assignments' komparieren.
3. Das Objekt ist II ähnlicher als es I, III und IV ist.
4. Erfordert die Differenz D einen anderen Frame?
5. Wenn nein, ist das Objekt ein Gegenstand vom Typ II.

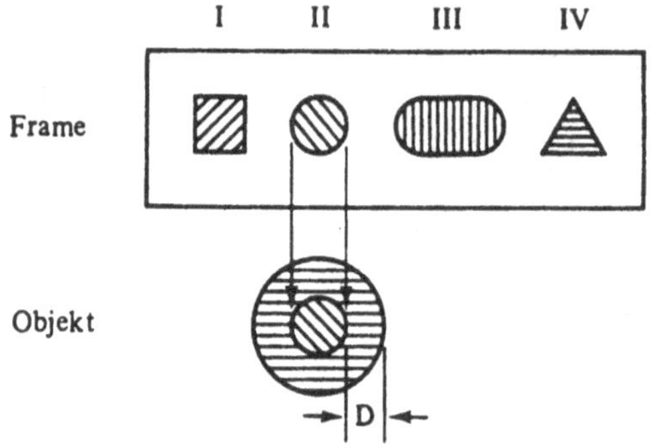

("Default assignments" sind Standarderwartungen aufgrund früherer Frameanwendungen.)

4.3.2. Frames für die Sprachverarbeitung

Bedenkt man die große Anzahl möglicher Sätze und die Größe des Wortschatzes einer natürlichen Sprache, so wird deutlich, warum die Verwendung von Frames auch für die Sprachverarbeitung durch Computer notwendig ist, da die Verarbeitung aller formal möglichen Strukturierungen rasch zur combinatorial explosion [110] führt.

SAM, der script-applier-mechanism Schanks, verarbeitet einfache Texte über einen Restaurantbesuch. Das System kann Fragen über einen solchen Text beantworten, den Text zusammenfassen oder elaborierte Zusammenfassungen konstruieren. Input, den SAM verarbeitet: [111]

John went to a restaurant. The hostess seated John. The hostess gave John a menu. The waiter came to the table. John ordered lobster. John was served quickly. John left a large tip. John left the restaurant.

Fragen und Antworten: [112)]

Q: What did John eat?
A: LOBSTER
Q: Who gave John the menu?
A: THE HOSTESS.
Q: Who gave John the lobster?
A: PROBABLY THE WAITER.
Q: Who paid the check?
A: PROBABLY JOHN.
Q: What happened when John went to the table?
A: THE HOSTESS GAVE HIM A MENU AND JOHN SAT DOWN.
Q: Why did John get a menu?
A: SO HE COULD ORDER.
Q: Why did John give the waiter a large tip?
A: BECAUSE HE WAS SERVED QUICKLY.

Bemerkenswert ist, daß einige Fragen nicht im Input enthaltene Sachverhalte thematisieren und dennoch beantwortet werden können.

Auch die folgende Paraphrase geht über den Input hinaus. Sie enthält allerdings auch wörtliche Wiedergaben von Teilen des Input, erwähnt jedoch Ereignisse, die mit der Geschichte thematisch verbunden sind: [113)]

JOHN DECIDED HE WAS GOING TO GO TO A RESTAURANT. JOHN WENT TO A RESTAURANT. JOHN INDICATED TO THE HOST HE WOULD LIKE TO BE AT A TABLE. THE HOST INDICATED TO JOHN HE COULD GO TO A TABLE. JOHN WENT TO THE TABLE. THE HOST WENT TO THE TABLE. JOHN SAT DOWN IN THE CHAIR. JOHN GOT THE MENU FROM THE HOST. JOHN READ THE MENU. THE WAITER SAW JOHN WAS AT THE TABLE. THE WAITER WENT TO THE TABLE. JOHN ORDERED LOBSTER. THE CHEF PREPARED THE LOBSTER. THE WAITER GOT THE LOBSTER FROM THE CHEF. THE WAITER SERVED JOHN THE LOBSTER. JOHN ATE THE LOBSTER. JOHN INDICATED TO THE WAITER HE WOULD LIKE TO GET A CHECK FROM HIM. JOHN GOT THE CHECK FROM

THE WAITER. JOHN LEFT THE WAITER A LARGE TIP. JOHN PAID THE CHECK. JOHN LEFT THE RESTAURANT.

Summary:

JOHN WENT TO A RESTAURANT AND ATE LOBSTER.

Auch diese Zusammenfassung ist nicht lediglich die Wiedergabe eines zentralen Satzes aus der Geschichte, sondern sie enthält den ersten Satz, dem wiederum etwas nicht wörtlich in der Geschichte Erwähntes folgt, das jedoch für diese Geschichte ein Erwähnenswertes Detail ist.

Diese Leistungen der Sprachverarbeitung sind nach Schank nur möglich, weil sein System über scripts wie das folgende verfügt, die Weltwissen repräsentieren.[114)]

script: restaurant
roles: customer, waitress, chef, cashier
reason: to get food so as to go up in pleasure and down in hunger
scene 1: entering
PTRANS self into restaurant
ATTEND eyes to where empty tables are
MBUILD where to sit
PTRANS self to table
MOVE sit down
scene 2: ordering
ATRANS receive menu
MTRANS read menu
MBUILD decide what self wants
MTRANS order to waitress
scene 3: eating
ATRANS receive food
INGEST food
scene 4: exiting
MTRANS ask for check
ATRANS receive check
ATRANS tip to waitress
PTRANS self to cashier
ATRANS money to cashier
PTRANS self out of restaurant

Scripts sind spezielle Frames. [115] Deshalb werde ich im folgenden stets nur den Terminus "Frame" verwenden, auch wenn ich unten über schemata, settings, gestalts und scenarios spreche, und stattdessen Frametypen unterscheiden.

Wie Minskys Frames sind scripts Repräsentationen alltäglicher Situationen, die hier durch eine Sequenz von Ereignissen, den zugehörigen Beteiligten und Gründen erfolgt.

Das Beispiel zeigt auch, daß Frames in mehrere Ebenen gegliedert sind. Die unterste Ebene der terminals sollte aus früheren Frameanwendungen oder aufgrund von Erwartungen bestimmte Werte, die default assignments aufweisen, die bei der Frameanwendung teilweise modifiziert werden können. Nach Schank gibt es eine sehr große Anzahl von scripts: "Scripts are extremely numerous. There is a restaurant script, a birthday party script, and a classroom script, and so on." [116]

Wie der Output von SAM zeigt, bilden Frames den Hintergrund für das Verstehen. Ist ein Frame ausgewählt worden, reduziert er beim Empfänger den Bereich des Erwartbaren, indem wie in dem Beispiel Bezeichnungen für die Beteiligten aktiviert werden, und indem aufeinanderfolgende, erwartbare Handlungen zusammengestellt werden.

Ebenso wie durch Lexeme wie "Restaurantbesuch" der Frame aktiviert werden kann, kann dieser auch durch das Auftreten bestimmter Lexeme aus diesem Frame wie "Kellner", "Speisekarte" u.ä. aktiviert werden, der dann wiederum bestimmte Framekomponenten als Erwartbarkeiten enthält, deren Auftreten zur Weiterverwendung des Frames, deren Nichtauftreten zur Selektion eines anderen Frames führt.

Da das in Frames repräsentierte Wissen, abgesehen von individuellen default assignments, intersubjektiv ist, können Frames den Informationsaustausch effizient gestalten. Der Sprecher braucht nämlich beim Hörer lediglich den relevanten Wissensbereich zu aktivieren und kann sich sodann auf mitteilenswerte, nicht zum im Frame repräsentierten stereotypischen Wissen gehörende, Abweichungen beschränken. Deshalb würde vermutlich auch die Zusammenfassung eines menschlichen Sprechers den Sachverhalt erwähnen, daß John Languste aß. [117]

Werden Fragen über einen Text, der einen Restaurantbesuch beschreibt, gestellt, so bildet der Frame auch die Basis für Folgerungsprozeduren, so daß auch nicht im Text Erwähntes, aber aus diesem und dem Weltwissen Erschließbares, in eine Antwort eingehen kann.

Auch bei der Simulation von Sprecherrollen ist es erforderlich, das System mit bestimmten Wissensstrukturen zur effizienten Informationsverarbeitung operieren zu lassen.

GUS simuliert die Buchungsaktivitäten eines Flughafenangestellten. Er verfügt über Frames wie den folgenden für "Reise": [118]

```
(Travel UNIT Abstract
      <SELF (an Event)>
      <mode (OR Plane Auto Bus)>
      <destination (a City)>)
```

Der Frame gibt wieder, daß für GUS eine Reise ein Ereignis ist, das als Reiseziel eine Stadt hat, und das mittels Flugzeug, Auto oder Bus stattfindet. Auch für "Person" beschränkt sich die Verarbeitung auf für die Buchung relevante Daten. [119]

```
(Person UNIT Basic
     <SELF
     <firstName (a String)>
     <lastname  (a String)>
     <age       (an Integer)>
     <hometown ((a city) Palo Alto; DEFAULT)>
     <streetAddress (an Address)>)
```

Aber nicht nur Personenbezeichnungen oder Episodenbezeichnungen können Wissen aktivieren. Lehnert macht Vorschläge für die Repräsentation von Gegenständen: [120]

```
(Washing Machine
     (a SETTING with
     <scripts=$Washing MACHINE >
     <Settings=Home, Laundromat>))
```

```
(Dining Car
    (a SETTING with
    <scripts=$Restaurant, $Preparefood >
    <Settings=Passenger Train>))
```

Wie ihre Repräsentation von "washing machine" und "dining car" zeigt, können diese Lexeme Wissensstrukturen aktivieren, wobei in den Beispielen auf die zu den Gegenständen gehörigen Interaktionssituationen und die Schauplätze verwiesen wird. Sie zeigen auch, daß Frames einander durch ihre Belegungen aktivieren können.

Die dargestellten Wissensstrukturen repräsentieren jeweils bestimmte Ausschnitte aus dem durch ein Lexem aktivierbaren Wissen. In bestimmten Situationen werden jeweils nur wenige Dimensionen des semantischen Wissens benötigt, um den sprachlichen Input zu verarbeiten. Man könnte sagen, dies sei die kognitive Funktion von Situationstypen für die Sprachverarbeitung.

Möchte man jedoch Strukturen des semantischen Wissens nicht aufgabenspezifisch restringiert, sondern in allgemeiner Form darstellen, wird es erforderlich, die Strukturdimensionen semantischen Wissens und ihren Zusammenhang zu bestimmen.

4.4. Frames in der Linguistik

4.4.1. Fillmores Programm einer holistischen Sprachtheorie

Fillmore tritt für die Verwendung von Frames in einer natürlichen, holistischen Sprachttheorie ein. [121] Ein Aspekt der Natürlichkeit liegt darin, daß Sprachwissen situationsbezogen repräsentiert werden sollte: [122]

... I think it is misleading to separate a word from its context just for the sake of capturing in one formulation the common features of these two kinds of scenes. It is misleading, that is, if we are trying to capture by the sematic description of a word what it is that a speaker of the language needs to know in order to use the word appropriately.

Außerdem sollen fundamentale kognitive Mechanismen berücksichtigt werden, die vorsprachlich Situationen analysieren. Die so entstehenden Module - Fillmore nennt sie "scenes" - können durch entsprechende ganzheitliche Zusammenhänge sprachlicher Einheiten, Frames, sprachlich benannt werden.

Den Zusammenhang von Frames und Scenes sieht Fillmore wie folgt: [123]

I intend to use the word scene - a word I am not completely happy with - in a maximally general sense, to include not only visual scenes but familiar kinds of interpersonal transactions, standard scenarios, familiar layouts, institutional structures, enactive experiences, body image; and, in general, any kind of coherent segment, large or small, of human beliefs, actions experiences, or imaginings. I intend to use the word frame for referring to any system of linguistic choices (the easiest cases being collections of words, but also including choices of grammatical rules or grammatical categories - that can get associated with prototypical instances of scenes.

Scenes und Frames können einander wechselseitig aktivieren, [124] und wie oben für die AI-Frames dargestellt, können sich Frames über gemeinsame Einträge aktivieren; dies gilt auch für Scenes: [125]

I would like to say that scenes and frames, in the minds of people who have learned the associations between them, "activate" each other; and that furthermore, frames are associated in memory with other frames by virtue of shared linguistic material, and that scenes are associated with other scenes by virtue of sameness or similarity of the entities or relations or substances in them or their context of occurence.

Eines der wenigen expliziten Beispiele soll dies verdeutlichen: [126]

The English verb "write" also has this same scene associated with it, for which we can assign a framework of concepts identifying such entities as "the writer"; "the implement"; "the

surface on which traces are left" and "the product". Since I know at least this much about "writing", I know that if you tell me that you have been writing, I can, talking within the frame that you have introduced into our conversation, ask you questions such as
"What did you write?"
"What did you write on?"
"What did you write with?"
(Notice that if, instead, I were to ask a question like "What time is it?" or make a comment like "I have got a bad toothache" I would not be talking within the frame you introduced: I would be changing the subject).

Auch hier enthält ein Frame zusammengehörige Konzepte, die in diesem Beispiel allerdings genereller beschrieben werden. Diese können z.B. nach der Äußerung "I have been writing" mögliche, auf das Thema kohärent beziehbare Folgeäußerungen erklären.

Frames sind die sprachlichen Ganzheiten - Fillmore verwendet bezeichnenderweise bisweilen auch den Terminus "Gestalt" - , welche die Bedeutung einzelner Elemente determinieren und auf die Bedeutungsbeschreibungen zu relativieren sind.

Die erfahrungsnähere Repräsentation semantischen Wissens durch Frames führt zu Strukturen, die weniger transsituationell und somit natürlicher sind als ausschließlich auf der Basis der Bedeutungsähnlichkeit konstruierte paradigmatische Wortfelder.

Wie Frames zu beschreiben sind, wird von Fillmore lediglich angedeutet. Auf die Funktion der Prototypentheorie für die Konstruktion von Frames, auf die er oben anspielt, werde ich noch ausführlich eingehen.

Besonders zentral in seinen Ausführungen ist, daß Sprachstrukturen und Weltstrukturen einander aktivieren können, wobei der Umfang des aktivierten Wissens sich auf Module beschränkt, deren Inhalt und Struktur von kognitiven Mechanismen abhängt, so daß jeweils Relevantes einander aktivieren und auch durch eine Umfangsbeschränkung eine Effektivierung der Sprachverarbeitung erfolgen kann.

4.4.2. Die Funktion von Frames in der Textlinguistik

In der Textlinguistik werden Frames oder äquivalente konzeptuelle Makrostrukturen verwandt, um Aspekte der Textproduktion und des Textverstehens zu erklären.

Texte werden produziert und verstanden, ohne daß jede Einzelheit eines Themas dargestellt wird. Dennoch entsteht für den Rezipienten nicht der Eindruck der Zusammenhanglosigkeit, da dieser die für einen lückenlosen Zusammenhang nötigen "missing links" aus dem durch den Text aktivierten Frame entnehmen bzw. auf der Basis des Frameinhalts erschließen kann.[127)]

Die Funktion von Frames wird leicht übersehen, da sie Wissen über normale Sachverhalte enthalten, deren Geltung nicht in Frage gestellt wird, und die nur bei Abweichungen ins Bewußtsein treten können:

One of the pervasive illusions which persists in the analysis of language is that we understand the meaning of a linguistic message solely on the basis of the words and structure of the sentence(s) used to convey that message. We certainly rely on the syntactic structure and lexical items used in a linguistic message to arrive at an interpretation, but it is a mistake to think that we operate only with this literal input to our understanding. (128)

Bei der Textproduktion und beim Textverstehen kann nicht wie bei Chomskys Idealisierung von "Kompetenz" von Aspekten des Gedächtnisses abstrahiert werden, da Texte nicht in einem epistemischen Vakuum produzierte werden. Der Sprecher produziert Texte, wobei er lediglich die Aktivierung des Frames des Hörers bewirkt, und diesem so ohne explizite Erwähnung eine Menge von Sachverhalten mitteilt:

Given one particular situation, such as a restaurant scene, the writer/speaker should not have to "inform" his reader/hearer that there are tables and chairs in the restaurant, or that one orders and pays for the food consumed therein. Knowledge of this sort about restaurants is generally assumed. In representations of this knowledge, conventional aspects of a situation, such as the tables and chairs in a restaurant, can be treated as "default" elements. (129)

Der Produzent kann sich sodann auf nicht im Frame enthaltene, mitteilenswerte Abweichungen beschränken. Durch Frames wird erklärbar, wie ein Text verstanden werden kann, dessen Oberfläche nicht kohärent zu sein scheint.

Das Verstehen wird, wie in Minskys Darstellungen der Frame-Theorie beschrieben, aufgefaßt.[130]

Neben der Erklärung bestimmter Eigenschaften produzierter Texte und ihrer Verstehbarkeit legen Frames eine Erklärung für die Schnelligkeit nahe, mit der Produktion und Verstehen, z.B. bei der Verarbeitung einer Folge von Teihandlungen aus einem Frame, ablaufen.

> It is a feature of these knowledge representations that they are organized in a fixed way as a complete unit of stereotypic knowledge in memory. Thus, knowledge of a restaurant scene is treated as being stored in memory as a single, easily accessible unit, rather than as a scattered collection of individual facts which have to be assembled from different parts of memory each time a restaurant scene is mentioned. (131)

v.Dijk hat die Funktion von Frames bei Prozessen des Textverstehens formal beschrieben. Neben der Generalisierung, die durch Begriffshierarchien erklärbar ist,[132] und der Tilgung von Propositionen, die weder für die Interpretation anderer Propositionen erforderlich sind, noch aus einer Makroproposition folgen, die also, einfach gesagt, irrelevant sind, operiert die Integration mit Frameinhalten.[133]

$$\langle fx \,\&\, gx \rangle \rightarrow hx; \text{ condition: } hx \;\Box\!\!\rightarrow \langle fx \,\&\, gx \rangle$$

Die Operation beinhaltet,[134] daß z.B. die Aufzählungen von Teilhandlungen durch einen Satz, der die Gesamthandlungsbezeichnung enthält, ersetzt werden, wenn die Gesamthandlungsbezeichnung normalerweise die Teilhandlung umfaßt.[135] Allgemein sind die in dieser Weise integrierten Informationen aus den default assignments des Frames wiedererschließbar.

Die folgende Operation besagt, daß ein Teilaspekt eines normalen Zusamenhangs diesen z.B. beim Textverstehen vertreten kann, sofern dieser Zusammenhang normalerweise besteht:[136]

$$\langle fx \,\&\, gx \,\&\, hx \rangle \rightarrow gx$$

$$\text{condition: } gx \;\Box\!\!\rightarrow \langle fx \,\&\, gx \,\&\, hx \rangle$$

Auch hier ist die nicht gespeicherte Information wiedererschließbar. Die folgende Operation arbeitet auf einer generelleren Ebene. Sie beschreibt, wie textuelle Einheiten durch allgemeinere Propositionen ersetzt werden, die sie subsumieren:

CONSTRUCTION. Given a sequence of propositions $S = \langle p_1, p_2, \ldots, p_n \rangle$, $n \geq 2$, if there is a proposition G, such that for each p_i, V(p) is a normal condition, or a normal component, or a normal consequence of V(G), then substitute G for S. [137]

Neben der formalen Beschreibung hat v.Dijk auch die kognitive Funktion von Frames empirisch in Textverstehensexperimenten untersucht.

Explizite Framerepräsentationen sind - allerdings nicht nur bei v.Dijk - selten. Er beschränkt sich zumeist darauf, durch Großschreibung Frames zu postulieren. Explizit ist der EDUCATION-Frame, der nach Angaben v.Dijks jedoch unvollständig und informell ist: [138]

EDUCATION

x brings up y
x sends y to school
x tries to make y decent
if y shows unacceptable behaviour then x punishes y
if y is spoilt then y has unacceptible behaviour
y must respect x
if y is grown up, x sends y to work

Durch Beschreibungen abstrakter Framedimensionen macht er jedoch deutlich, welche Sachverhalte in einem Frame enthalten sein sollten: "That is, it specifies normal or expected causes and consequences of events, reasons and consequences of actions, preparatory and auxiliary actions, normal component events, actions or objects, and the "setting" (time, place, world) of the object, action or event." [139] Der Gehalt interaktioneller Frames wird wie folgt be-schrieben: "They usually denote certain normal courses of events or courses of action involving several objects, persons, properties, relations, and facts. These kinds of denotata, or values of frames will be called "episodes"." 140)

Er betont die Tatsache, daß Frames Wissen erfahrungsnah und handlungsbezogen repräsentieren: "Due to the necessities of perception, action, and natural language, we inductively acquire the relevant conceptual picture of the world (and of the possible compatible worlds) and thus construct our semantic memory." 141)

Das Verhältnis von Frames zu Begriffen charakterisiert er wie folgt: "We propose that frames define units of chunks of concepts which are not essentially, but "typically" related." 142)

Frames enthalten, wie oben dargestellt, interaktionsrelevantes Wissen, das über "reine" Bedeutungsrepräsentationen hinausgeht:

Frames are not merely chunks of knowledge, but units of conventional knowledge according to which mutual expectations and interactions are organized (cf. Lewis 1968). Thus, on the one hand the concepts of a "restaurant" or a "party" form a network of necessary properties. On the other hand the frames associated with these concepts involve a whole series of objects, events, and actions that are typical parts of restaurant or party episodes. In this sense we may have a concept of a restaurant or party, but giving a tip or bringing a present belongs to the frame information determining normal interaction. (143)

4.4.3. Frames in der lexikalischen Semantik

Da Frames konventionelles Wissen der Sprahteilnehmer enthalten, können ihre Inhalte für situationsbezogene Bedeutungsrepräsentationen verwandt werden, da die höheren Ebenen eines Frames Begriffsstrukturen repräsentieren, die aus dem common episodic knowledge der Sprachgemeinschaft resultieren.

Die Grenze zwischen Sprach- und Weltwissen, die, wie die Analytisch/Synthetisch-Diskussion gezeigt hat, ohnehin nicht eindeutig festgelegt werden kann, wird dann aufgehoben. Weil Sprachwissen und Situationswissen nach Fillmore aber nicht von einander unabhängig sind, sondern in wechselseitiger Abhängigkeit stehen, ist die Aufhebung der Grenzziehung nicht nur erforderlich, sondern dann kein Problem, wenn die Menge des in eine Repräsentation eingehenden, allgemeinen Weltwissens begrenzt ist, wie dies bei Frames der Fall ist.

Die folgende explizite Framerepräsentation für <u>watch</u> stammt von Thomas T Ballmer: [144)]

A.	**structural frames**	
A.1.	**form-frame**	– **Abbildungen einer Taschenuhr, Analogarmbanduhr, eines Weckers, einer Digitalarmbanduhr.**
A.2.	**related objects-frame**	
A.2.1.	**internal characterization**	– **case (of a certain form), watch-glass, dial, hands (small and large), clockwork, gears, balance wheel, watch spring; watch chain (these parts have to be in a specific spatial relation).**
A.2.2.	**external characterization**	
A.3.	**sound frame**	– **tick, tick-tock**
A.4.	**color frame**	– **golden, silver**
A.5.	**material frame**	– **metal, glass**
B.	**functional frames**	
B.1.	**use frame**	– **buy, get as a present, wind up, look at it, read time, synchronize it, repair it, give as a present, lose it.**
B.2.	**purpose frame**	– **measure time, count time units, get people on time.**

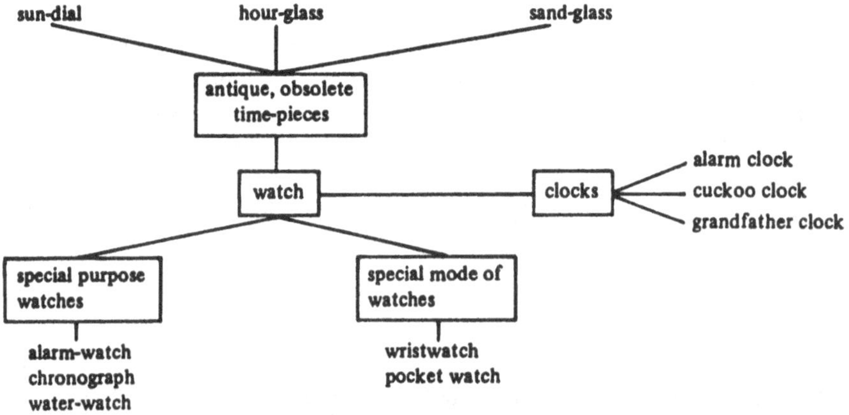

Diese Repräsentation ist offensichtlich umfassender und differenzierter als die bisher dargestellten. Der Frame enthält jedoch nicht, wie bei Lehnert, über die in dem Gegenstandsframe stehenden scripts erschließbar, z.B. typische Rollenbezeichnungen von Personen, die den Gegenstand handhaben.

Der Verfasser der vorliegenden Arbeit hat die körperteilbezeichnenden Substantive des Deutschen relativ auf den Körper-Frame lexikographisch beschrieben. [145)] Neben Ballmers Vorschlägen sind dies bislang die einzigen umfangreicheren Untersuchungen zur Anwendung von Frames in der Wortsemantik.

Bevor die Struktur genereller Frame-Typen bestimmt wird, ist zu untersuchen, worin der empirische Gehalt des theoretischen Terms besteht, ob psycholinguistische Erkenntnisse die Verwendung dieses Konzepts begründen können.

5. DER EMPIRISCHE GEHALT VON "FRAME"

Oben wurde die künstliche, empirieferne Idealisierung anderer Theorieansätze kritisiert. Es stellt sich daher die berechtigte Frage nach dem empirischen Gehalt des theoretischen Terms "Frame".

Daß Frames die Sprachverarbeitung durch Computer ermöglichen bzw. effektiv gestalten, und z.B. einem System wie FRUMP ermöglichen, [146] die Themen der Meldungen von Nachrichtenagenturen zu bestimmen, mag vielleicht nur als empirisch im weitesten Sinne des Wortes gelten.

Sprachteilnehmer haben eine Disposition, die man als "Framekompetenz" bezeichnen könnte. Ist ein Diskursabschnitt nicht einer semantischen Makrostruktur subsumierbar, bzw. ist die Zuordnung nicht eindeutig, so führt dies dazu, daß sie diesen Sachverhalt metakommunikativ thematisieren. [147]
Außerdem bestehen Kohärenzerwartungen, die die fragliche Akzeptabilität von Sätzen wie (3) erklären.

1. Die Tür ist ein Teil des Hauses.
2. Die Klinke ist ein Teil der Tür.
3. Die Klinke ist ein Teil des Hauses. [148]

Der Frame Haus besteht offensichtlich aus Subframes, so daß deren Teile auch intuitiv als diesen zugehörig angesehen werden.

Das folgende Satzpaar zeigt, daß Lexeme einen bestimmten Frame aktivieren, der auch kontrastive Verträglichkeiten bestimmt.

1. Das ist kein Hund, das ist eine Katze.
2. Das ist kein Hund, das ist eine Rakete. [149]

Der empirische Gehalt des Frame-Konzepts wurde auch in Experimenten der kognitiven Psychologie untersucht.

Bower et al. fanden, als sie Versuchspersonen aufforderten, Texte über stereotypische Situationsabläufe nachzuerzählen, daß die Versuchspersonen ihre Wiedergaben durch durch nicht im Text, sondern in ihrem Frame enthaltene Informationen ergänzten. [150)]

Außerdem erzählten sie Texte, deren Satzabfolge nicht dem stereotypischen Situationsablauf entsprach, in einer Weise nach, die der sequentiellen Struktur des stereotypischen Frames entsprach.

Sowohl für die Komponenten als auch für die Struktur von Frames ist also der Nachweis der psychischen Realität geführt worden.

Ein anderes Experiment, das Sanford und Garrod durchführten, zeigte, wie die Aktivierung der semantischen Strukturen eines Frames erfolgt. [151)]

Bedingung A	Bedingung B
Title: In court	Title: Telling a lie
Fred was being questioned.	Fred was being questioned.
He had been accused of murder.	He could not tell the truth.

Target: The lawyer was trying to prove his innocence.

In Bedingung A konnte der Target-Satz signifikant schneller gelesen werden als in Bedingung B.

Norman und Rumelhart berichten von Experimenten, nach denen Versuchspersonen ein nur kurz gezeigtes Bild eines Gegenstandes eher korrekt identifizieren konnten, wenn dem Zeigen des Bildes ein Zeigen der Szene, in welcher der Gegenstand normalerweise vorkommt, voranging. [152)]

Beispiele aus der Textlinguistik, in denen neue Diskursentitäten mit dem definiten Artikel eingeführt werden, sind dadurch erklärbar, daß ihre angenommene Bekanntheit auf generellen Erwartbarkeiten, die in Frames repräsentiert sind, beruht.

Oben wurde behauptet, daß Frames fundamentale kognitive Strukturen repräsentieren. Es ist zu prüfen, welche Argumente diese Behauptung begründen könnten.

Legt man Jakobsons generelles Erklärungsmodell für die Aphasie zugrunde, nach dem die zuletzt erworbenen Strukturen diejenigen sind, die beim Sprachverlust zuerst ausfallen, [153)] so bedeutet dies, auf den vorliegenden Zusammenhang übertragen, daß kognitive Strukturen wie Frames sich als besonders resistent bei Aphatikern erweisen müßten.

Dies wird durch neurolinguistische Forschungsresultate bestätigt: So verarbeiten Aphatiker Sätze unter Anwendung allgemeiner Erwartbarkeiten selbst dann noch erfolgreich, wenn die syntaktische Analysefähigkeit erheblich beeinträchtigt ist, sofern das Testmaterial die Aktivierung des Framewissens zuläßt.[154)]

Framekonstituierende Beschreibungsdimensionen der unten vorgestellten Art sind ebenfalls derart fundamental, daß sie selbst durch schwere Sprachstörungen nicht affiziert werden. Bei Tests, in denen statische Kohärenzrelationen untersucht wurden - dies gilt für die Komponenten von Gegenständen bzw. für Auftretenskontiguitäten von Gegenständen in Situationen -, erreichten Aphatiker ihre besten Resultate und erreichten dabei fast die Leistung der Kontrollgruppen.[155)]

Im Rahmen dieser neurolinguistischen Argumentation liegt es nahe zu fragen, ob der Fillmoreschen Distinktion von "scene" und "frame" eine empirische Interpretation gegeben werden kann. Da es sich bei dieser Distinktion um die Erfassung von sehr generellen Aspekten menschlicher Informationsverarbeitung handelt, nämlich um die Modularisierung von Wahrnehmungs- und Gedächtnisstrukturen und deren wechselseitige Aktivierung, kann eine mögliche Antwort nicht aus Untersuchungen beschränkter Sprachverarbeitungsstrukturen und -prozesse erwartet werden.

Naheliegender wäre eine Beantwortung auf der Ebene der Lateralisierung, d.h. der allgemeinen Funktionsdifferenzierung der beiden Hemisphären des Gehirns.

Bei den meisten Menschen ist die linke Gehirnhälfte für das Sprachverhalten dominierend, das über einfaches schematisiertes Sprechen hinausgeht, während die rechte Hälfte für andere Fähigkeiten wie räumliche und nicht-verbale Vorstellung und Organisation dominant ist. (156)

Sollen Patienten, bei denen die Verbindung der Großhirnhälften, das corpus callosum, durchtrennt wurde, um die Ausbreitung epileptischer Herde auf eine Hälfte zu beschränken, vorgegebene geometrische Figuren aus ihren Bestandteilen rekonstruieren, so weist die durch die rechte Gehirnhälfte gesteuerte Rekonstruktion typischerweise Geschlossenheit und Ganzheit auf, während die linke Hemisphäre zu typischerweise zerklüfteten Rekonstruktionen führt.[157)] Die linke Hemisphäre, so könnte man auch sagen, verarbeitet Reize eher digital, die rechte holistisch oder analog. [158]

Diese Befunde werden auch durch neurolinguistische Forschungen gestützt, die das Frame-Konzept anwandten. Sollten Patienten, deren rechte Gehirnhälfte verletzt war, aus verschiedenen möglichen Sätzen den auswählen, der die Pointe zu einer vorgegebenen Satzfolge war, die die Einleitung zu einem Witz bildete, so wählten rechtsseitig Geschädigte Sätze aus, die zwar nicht zu der Einleitung paßten, die aber auch nicht kohärent auf diese zu beziehen waren. [159]

Dies ist dadurch zu erklären, daß die Versuchspersonen zwar digital eine Abweichung auswählen konnten, daß die mangelnden holistischen Strategien der rechten Gehirnhälfte eine Auswahl der zu den dort gespeicherten Frames am besten passenden Schlußzeile nicht ermöglichten.

6. FRAME-THEORIE UND LEXIKALISCHE SEMANTIK

6.1. Einleitung

Lexikologen und Lexikographen betonen vereinzelt die Relevanz von Repräsentationen konzeptueller Makrostrukturen für die Bedeutungsrepräsentation. Dabei handelt es sich hier nicht mehr um die fortgesetzte Proklamation der opinio communis, daß ein semasiologisches Wörterbuch ein onomasiologisches voraussetzt, sondern daß ein explizites onomasiologisches Wörterbuch zu erstellen wäre, dessen Einträge frameähnliche Struktur auf weisen. Auf diese Weise könnten die Lexeme eines Verbandes aufeinander bezogen verarbeitet werden. [160)]

Makkai fordert, daß ein Wörterbuch die kognitiven Strukturen der Sprachteilnehmer und soziale Regularitäten berücksichtigen sollte.

The human brain is, naturally, the primary "information retrieval system" housing our ability to associate lexemes with one another. Any artificial system we may build must, therefore, try to do justice to what there is in human sociopsychological reality. (161)

Um herauszufinden, was ein internalisiertes Wörterbuch ist, schlägt er den folgenden Selbstversuch vor:

The reader should practice describing commonly seen objects, an apple, a dog, an orange, a wedding ring, and so on. Try catching yourselves in the act of describing the object of your choice and see if the lexemes that occurred to you during the description did so by virtue of their initial letter, their "part of speech", or by the ECOLOGY OF THE OBJECT which, by virtue of its tridimensional existence in space/time, ELICITED THE APPROPIATE LEXIS FROM YOUR UNCONSCIOUS KNOWLEDGE OF ENGLISH ON AN ASSOCIATIVE BASIS. Objects force the vocabulary out of describers. (162)

Makkai ist der Auffassung, daß die so gegebenen Beschreibungen weitgehend übereinstimmen, sieht aber auch das Problem, wie lexikographisch relevante Assoziationen von idiosyncratischen zu trennen sind.[163)]

Solche Beschreibungen enthalten allgemeines semantisches Wissen in einer Form, daß sie wegen ihrer gebrauchsbezogenen Natürlichkeit als Erklärungen der Lexeme verwendbar sind. Auch in alltagssprachlichen Dialogen werden Worterklärungen typischerweise in dieser Form gegeben, wobei man sich jedoch darüber im klaren sein sollte, daß in solchen Erklärungen zwar über Dinge geredet wird, daß sich dieses Reden von normaler Re-de aber darin unterscheidet, daß über prototypische Dinge gesprochen wird, also eine andere Diskursebene vorliegt.

Daß über allgemeine Tatsachen Wortbedeutungen erklärt werden, heißt, daß die Tennung zwischen Sprach- und Weltwissen aufgegeben wird, deren Möglichkeit vob Katz / Fodor behauptet wurde.

Da man jedoch nur dann behaupten kann, jemand kenne die Bedeutung eines Wortes, wenn er dieses nicht nur von anderen unterscheiden, sondern sachbezüglich korrekt verwenden kann, was das Wissen auch allgemeiner Tatsachen erfordert, sind solche generellen Tatsachen aus dem sog. enzyklopädischen Wissen in Bedeutungsrepräsentationen aufzunehmen.[164)]

Kann man die Konstruktion von Bedeutungsrepräsentationen noch besser steuern, und wie können lexikographisch irrelevante Beschreibungskomponenten ausgeschlossen werden? Wie kann also erreicht werden, daß die Repräsentationen endlich und generell sind?

In dieser Untersuchung wird eine endliche Zahl genereller Beschreibungsdimensionen ermittelt werden, die die Zuordnung leiten. (Ich werde unten auch auf das Vorgehen Ballmers bei der Wortschatzsystematisierung eingehen.) Die Generalität auf diese Weise konstruierter Repräsentationen wird im Rahmen der Prototypentheorie diskutiert werden.

6.2. Framevarianten

Frames repräsentieren allgemeines semantisches Wissen in gebrauchsbezogener Form, das der Produktion und der Rezeption von Sprache zugrundeliegt. Um Frames für die Lexikographie zu entwerfen, ist es zunächst erforderlich, den bereits begonnenen

Überblick über verschiedene Repräsentationsvorschläge für Frames fortzusetzten, und sodann auf dieser Grundlage mögliche Erweiterungen einzuführen.

Da Frames theoretische Entitäten sind, können auch sie nicht aus den Daten abgeleitet werden. Da jedoch mittlerweile einige Vorschläge vorliegen, welche Dimensionen semantischen Wissens relevant für die Verarbeitung eines Lexems sein können, ist zumindest eine Basis vorhanden, die, durch die Berücksichtigung der Hinweise auf Frameinhalte ergänzt, eine Konstruktion genereller Frames erlaubt.

```
(HENRY (AKO (VALUE (MAN)))
       (HEIGHT (VALUE (178)))
       (WEIGHT (VALUE (75)))
       (HOBBIES (VALUE (JOGGING) (SKIING)))
       (OCCUPATION))
```

Winston / Horns Beispiel zeigt, wie Wissen, das durch einen Eigennamen aktiviert wird, beschrieben werden kann. [165] Da Eigennamen nicht Gegenstand der lexikalischen Semantik sind, ist dieses Beispiel eher wegen seiner Explizitheit als Frame als wegen seiner Dimensionen relevant.

Winograds Beispiel zeigt, wie GUS eine Personenbezeichnung in aufgabenspezifisch reduzierter Form verwendet. [166]

```
[Traveller UNIT Specialization
         (Self (a Person))
         (age {(XOR Infant Child Adult)
         (using (the age from Person ThisOne) selectFrom
         (which isLessThan 2)         ~Infant
         (which isGreaterThan 11)     ~Adult
          otherwise Child)})
         (preferredAirport {(In (the localAirports from City
                               (the hometown from Person ThisOne)
                                   ;DEFAULT  (an Airport)})]
```

Es fragt sich aber, ob ein genereller Frame nicht auch Informationen über die Aktivitäten und Dispositionen enthalten sollte, die mit Personenbezeichnungen in engem Zusammenhang stehen.

Außerdem wäre es sinnvoll, mit einem Frametyp "Gruppe" zu arbeiten, um die Inhalte repräsentieren zu können, die zu bestimmten Lexemen gehören, die soziale Verbände bezeichnen.

Ballmers Frame von Uhr wurde oben bereits vorgestellt. Verglichen mit Lehnerts Frame von Waschmaschine ist er deutlich differenzierter und umfangreicher; außerdem weist er explizite Dimensionen auf. Möchte man generelles semantisches Wissen repräsentieren, wie oben gefordert, so sollte man auch Information aus Prozeßframes [167] in die Repräsentation mit aufnehmen, also auch Personenbezeichnungen derjenigen, die den Gegenstand verwenden, wo er verwendet wird, die Verwendungsrisiken und deren mögliche Abwendung, und schließlich, wann er verwendet wird.

Frames mit Information über einen Situationsablauf wurden oben bereits vorgestellt: der Restaurant-Frame und der Education-Frame v.Dijks. Zu diesem Frametyp werden die unterschiedlichsten Vorschläge gemacht; das folgende schema von Kintsch enthält wie v.Dijks Frame im Gegensatz zu den Vorschlägen Ballmers und Schanks keine Personenbezeichnungen: [168]

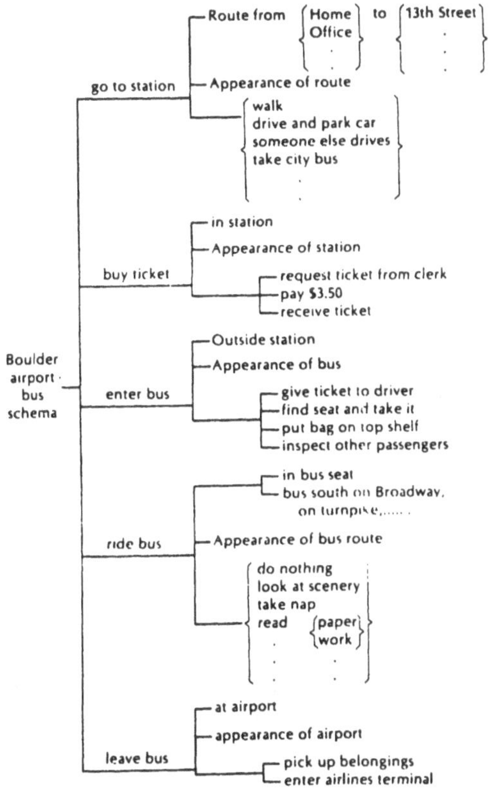

Die folgende Repräsentation stellt nach der Auffassung der Autoren eine aus der Generalisierung bisheriger makrostruktureller Konzepte hervorgegangene Struktur dar: [169)]

Gestalt Structure for War

1. Participants: People or groups of people playing the role of ADVERSARIES.
2. Parts:
   a. The two POSITIONS
   b. PLANNING STRATEGY
   c. ATTACK
   d. DEFENSE
   e. RETREAT
   f. MANEUVERING
   g. COUNTERATTACK
   h. STALEMATE
   i. TRUCE
   j. SURRENDER/VICTORY
3. Stages:
   a. INITIAL CONDITIONS: PARTICIPANTS have different POSITIONS. ONE or BOTH wants the other to surrender, etc.
   b. BEGINNING: one ADVERSARY ATTACKS
   c. MIDDLE: combinations of DEFENSE, MANEUVERING, RETREAT etc.
   d. END: TRUCE or STALEMATE or SURRENDER/VICTORY
   e. FINAL STATE: PEACE, VICTOR HAS DOMINANCE
4. Linear Sequence:
   RETREAT after ATTACK
   DEFENSE after ATTACK
   COUNTERATTACK after ATTACK etc.
5. Causation: ATTACK results in DEFENSE or COUNTERATTACK or RETREAT, etc.
6. Purpose: VICTORY

Zwar wird in diesem Beispiel die sequentielle Struktur genau dargestellt, aber auch hier vermißt man Gegenstandsbezeichnungen, so daß die von den Autoren geforderte Natürlichkeit von Repräsentationen in diesem Falle fraglich erscheint. [170)]

Winograds Repräsentation von Airport ist auch weniger reich, als man dies natürlich erwarten dürfte, da solche "Schauplatzbezeichnungen" semantisches Wissen über Personen,

Objekte und Interaktionssequenzen aktivieren können.[171]

[Airport UNIT Basic

< SELF >

< location (a City) >]

Leider hat Lehnert, die die Kategorie "Setting" auch im Sinne von "Schauplatz" verwendet, bislang keine explizite Repräsentation eines Settings vorgelegt.

Die dargestellten Repräsentationsvorschläge waren unterschiedlich umfassend. Sie sind daher als Rohmaterial in die Konstruktion eigener genereller Frametypen eingegangen, die unten vorgestellt werden.

6.3. Zur Prototypizität von Frames

Ein Weg, wie das zu Lexemen gehörende semantische Wissen aktiviert werden kann, wurde oben bereits zitiert: "Objects force the vocabulary out of describers."[172] Dies soll zu weitgehend Übereinstimmenden Repräsentationen führen.

Betrachtet man andererseits, welche verschiedenen Framevarianten bislang vorgeschlagen worden sind, so erscheint es nicht ungerechtfertigt zu untersuchen, inwiefern semantisches Wissen generell und stabil ist.

Welche empirischen Befunde stützen die Annahme, daß Wortschatzbereiche strukturiert sind, wie in dem folgenden Zitat behauptet wird?

Concepts may be complex in the sense of being composed of other concepts. Thus, both the notions of a "house" and of "building a house" are complex in this sense. Complex concepts are not arbitrary: they have upper and lower bounds. Although, physically, any concrete object may be decomposed into terminal objects such as atoms or sub-atomic particles, this is not the case cognitively. A chair has legs, a seat, and a back as cognitive lower bound constituents. (172)

Nach Ballmer gibt es folgende Methode, zu Framerepräsentationen zu gelangen:

Say we try to find the frame of a watch. What are we doing in such a situation? The answer is simple enough. We think of a typical watch and list its properties. After having listed them, we bring in some order, we group the properties together and give the different groups a name and expect similar groups to occur for other (typical) objects thus treated. We also expect other people confronted with a similar task to react in a like way not too different from ours. (174)

Auch Ziff geht davon aus, daß die Sprachteilnehmer übereinstimmend urteilen können, wenn ein typisches Exemplar einer Gattung gezeigt werden soll. In seinem im folgenden zitierten Gedankenexperiment zeigt sich dies auch in einer Situation äußerster Gefahr:

Imagine that your life and fortune depended on showing a bloody and irascible dictator an animal that was unmistakably a tiger. We may assume that the word "tiger" in the dictator"s idiolect and the word "tiger" in your ideolect have no difference in meaning whatever. If you show the dictator an animal such that it is not the case that it is unmistakably a tiger then you get whatever you do not like, whereas if you show him something that is unmistakably a tiger then whatever you like. In such a case, would you prefer to show him an x such that x is striped or not striped? fourlegged or threelegged? whiskered or unwhiskered? purple or black or neither? one inch high or two feet high? tangible or intangible? and so on. (175)

Auch dieses Zitat legt nahe, daß es eine psychische Disposition gibt, die die Beurteilung der Typizität von Elementen einer Kategorie erlaubt.

Die Prototypentheorie von Rosch hat empirisch untersucht, welche Struktur semantische Kategorien aufweisen, und wie intersubjektiv diese Strukturen sind. Nach der Prototypentheorie sind semantische Kategorien und auch Wahrnehmungskategorien nicht homogen, sondern intern strukturiert, wobei diese Strukttur durch das Bild einer Menge konzentrischer Kreise veranschaulicht werden kann. Um den Kern, der die für die Kategorie am meisten typischen Elemente, die Prototypen, enthält, sind die Elemente nach abnehmender Typizität angeordnet. [176)]

Die These der Prototypentheorie ist stärker als der Hinweis auf die Tatsache, daß die Elemente einer Kategorie lediglich "Familienähnlichkeiten" im Sinne Wittgensteins aufweisen, da nicht nur die Verschiedenheit der Elemente betont wird, sondern behauptet wird, daß die Zentralität von Elementen durch Sprachteilnehmer beurteilt werden kann.

Die Zentralität bestimmter Elemente ist für Kategorien der Farbwahrnehmung und geometrischer Körper überzeugend nachgewiesen worden. [177)]

Dieser Bereich der Prototypenforschung soll hier nicht dargestellt werden, da für die Konstruktion von Framerepräsentationen die Aussagen der Prototypentheorie zu semantischen Kategorien von größerer Wichtigkeit sind.

Nach einer kurzen Einführung konnten Versuchspersonen die Elemente von acht semantischen Kategorien nach deren Prototypizität ordnen. [178)] Sie gelangten dabei z.B. zu folgenden Reihenordnungen: [179)]

FRUIT: Apple, plum, pineapple, strawberry, fig, olive.
BIRD: Robin, eagle, wren, chicken, ostrich, bat.

Die Versuchspersonen stimmten in ihren Rangzuweisungen in vielen Fällen weitgehend, bei einigen Elementen völlig überein. So war Mord das typische Verbrechen, das Auto das typische Verkehrsmittel.

Es wurde auch experimentell geprüft, ob die Versuchspersonen die Aufgabenstellung befolgten, oder ob sie nach Präferenzen urteilten, wenn sie die Einstufungen vornahmen. [180)] Dies war jedoch nicht der Fall; die Präferenzreihenfolgen unterschieden sich sowohl interindividuell als auch von den Prototypizitätsskalen deutlich.

Reaktionszeitenexperimente zeigten, daß Aussagen, die Wörter enthielten, die ein prototypisches Element bezeichneten, schneller und mit geringerer Fehlerrate in ihrem Wahrheitsgehalt richtig beurteilt wurden als solche mit nicht prototypische, periphere Elemente bezeichnenden Wörtern. [181)]

Die Prototypentheorie wird auch durch ein Experiment Labovs bestätigt, in dem Versuchspersonen Abbildungen von Tassen vorgelegt wurden. [182)] Die abgebildeten Tassen unterschieden sich in der Ausprägung bestimmter Formeigenschaften. Die Untersuchung führte zu dem Resultat, daß die Versuchspersonen die prototypische Tasse stets als Tasse bezeichneten, unabhängig davon, in welchem Kontext sie nach der Beschreibung auftrat, ob sich z.B. Blumen oder Speisen in ihr befanden.

Die Folgerung aus den Resultaten der Prototypentheorie ist, daß der experimentelle Nachweis einer semantischen Kompetenz höherer Stufe erbracht wurde,[183)] deren Existenz die oben zitierten Autoren voraussetzten.

Diese semantische Kompetenz höherer Stufe dient ebenfalls der Effektivierung der Informationsverarbeitung, indem nämlich die Zugänglichkeit von Elementen selektiv gesteuert wird, und die Information verhaltensbezogen repräsentiert wird. [184)]

Erweisen sich Prototypen bei Aphatikern als ähnlich stabil wie Frames, so daß sie ebenfalls als fundamental angesehen werden können? Neurolinguistische Befunde beweisen diese These. [185)] Typische Unterkategorien einer Kategorie wurden signifikant schneller dieser Kategorie zugeordnet als die peripheren Unterkategorien. [186)]

Die Prototypen wurden von Brocaschen und Wernickeschen Aphatikern mit einer Genauigkeit von mehr als 95% zugeordnet! [187)]

Die Prototypentheorie wird also auch durch neurolinguistische Forschungsresultate bestätigt, so daß die semantische Kompetenz in diesem Bereich als stabil gelten kann.

Demnach ist es also möglich, von einem Lexem ausgehend, das dadurch aktivierte semantische Wissen zu beschreiben. Werden zudem noch Beschreibungsdimensionen verwandt, die jeweils bestimmte Bereiche innerhalb eines Frames aktivieren, so dürften die Resultate noch zuverlässiger sein als die freie, vom Lexem allein ausgehende Repräsentation. Aber auch auf diese Weise entstandene Repräsentationen sind, wie andere Bedeutungsrepräsentationen, Hypothesen, die nicht unrevidierbar sind.

6.4. Die Funktion von Frames für die lexikalische Semantik

Neben dem Formatproblem, d.h. welche Lexeme in welchen Dimensionen einer Bedeutungsrepräsentation zuzuordnen sind, besteht für die Konstruktion von Bedeutungsrepräsentationen ein heuristisches Problem, das darauf beruht, daß sematisches Wissen tacit knowledge, also introspektiv schwer zugänglich ist, und das je nach Umfang des zu beschreibenden Materials entsprechend häufig auftritt.

Das Formatproblem wird durch die Konstruktion genereller Frametypen gelöst, die die Repräsentation leiten. Da so nicht allein von einem Lexem ausgehend Repräsentationen entworfen werden, könnte man sagen, die Framedimensionen würden das semantische Wissen des jeweiligen Unterframes oder Slots aktivieren. Um die Repräsentation umfangreicher Wortmengen zu ermöglichen, mußte die Bewältigung des Materials in einer Weise sichergestellt werden, die die Repräsentation möglichst wenig beeinträchtigt.

Von mir wurde der Weg gewählt, ein System von Computerprogrammen zu schreiben, das die Repräsentation von semantischem Wissen, das zu einem Lexem gehört, top down - von dessen Frame ausgehend - und bottom up - die Zuordnung zu den Dimensionen vorhandener Frames - leistet.

Neben der Generalisierung der Frames ist durch den Einsatz des Computers als heuristisches Werkzeug für die lexikalische Semantik eine umfassende Systematisierung umfangreicher Datenmengen möglich.

Von grundlegender Wichtigkeit ist, daß auf diese Weise die Repräsentation semantischen Wissens nicht ex-post, wie in der Lexikographie üblich, erfolgt, sondern produktiv, indem Relevanzrahmen die Konstuktion der Repräsentation leiten, die auch der Sprachverarbeitung natürlicher Sprecher zugrundeliegen.

Ein anderes Verfahren wählte Thomas Ballmer, dem ich wichtige Anregungen verdanke. Er geht davon aus, daß die direkte Ordnung der Lexeme in Ähnlichkeitsgruppen, die dann durch die Voraussetzungsrelation geordnet werden, die Struktur des Wortschatzes zu repräsentieren erlaubt.[188)]

Bei meinem Vorgehen berücksichtige ich Ballmers natürlichsprachliches Relevanzprinzip, nach dem der Wortschatz in Gestalt höherstufiger Lexeme Möglichkeiten zu seiner eigenen Strukturierung enthält, indem ich Framedimensionen verwende.

Die Frames stellen in Ballmers Ausdrucksweise richtige Parametrisierungen semantischer Strukturen dar. Bevor jedoch nicht der gesamte Wortschatzbereich der Substantive des Deutschen in Frames repräsentiert wurde, möchte ich die Frage nach der Adäquatheit zurückstellen.

6.5. Daten

Die vorliegende Untersuchung verwendet Dornseiffs "Der Deutsche Wortschatz nach Sachgruppen" als Materialbasis. [189]

Aus den in der Wortgruppe "Gesellschaft und Gemeinschaft" enthaltenen Lexemen wurden die Substantive entnommen,[190] die isoliert, oder dem definiten Artikel folgend, auftraten. Redewendungen, Wortgruppen, Abkürzungen, Vor- oder Familiennamen, Namen von Gewerbebetrieben wie Gaststätten sowie von Sondersprachen- oder Regionalindizes gefolgte Substantive fanden keine Aufnahme. Die Substantive wurden in der Reihenfolge ihres Auftretens in der Wortgruppe auf jeweils eine Minikarteikarte übertragen, die mit einer fortlaufenden Numerierung, dem aufgenommenen Substantiv sowie dessen Kategorieindex bei Dornseiff versehen wurde. [191] Auf diese Weise wurden 7458 Substantive erfaßt. Um eine Übersicht über mehrfach aufgenommene Lexeme und eine Anordnung zu erhalten, die der Reihenfolge der Einträge eines semasiologischen Wörterbuchs entspricht, wurden alle Substantive alphabetisch geordnet.

In der alphabetischen Ordnung mehrfach in verschiedenen Kategorien genannte Lexeme wurden (einmal) in eine alphabetische Wortliste aufgenommen, wobei die Anzahl der Zuordnungen zu verschiedenen Kategorien ebenfalls aufgezeichnet wurde.

Ein Resultat dieses Arbeitsschrittes war, daß 5966 Substantive zu 7458 Nennungen führten, daß also jedes Substantiv durchschnittlich 1,25 mal in der Wortgruppe auftritt. Der Erscheinungszeitraum des Dornseiffschen Werkes erstreckt sich von 1933, dem Erscheinungsjahr der ersten Auflage, bis zur Gegenwart. Die für die vorliegende Arbeit relevanten, bei den jeweiligen Neuauflagen vorgenommenen Veränderungen beschränken sich vornehmlich auf die Vermehrung des Umfangs des alphabetischen Generalregisters sowie die Aufnahme von Nachträgen.[192]

Eine Folge dieser Ergänzungen ist, daß sich das alphabetische Register und der systematische Teil in Anzahl und Kategorisierung der Substantive des untersuchten Bereichs unterscheiden. Um eine vollständige alphabetische Liste zu erhalten, wurde die obige um die Substantive aus den Nachträgen und dem Generalregister, deren Zugehörigkeit zu dem Bereich erkennbar war, ergänzt, sofern die anderen Aufnahmekriterien erfüllt waren.

Nach diesem Schritt enthielt die Wortliste 11538 Nennungen von 8404 Lexemen. Die durchschnittliche Auftretenshäufigkeit betrug 1,37.

Der Zuwachs von Wörtern und deren Nennungen ist nicht allein dadurch begründbar, daß die Erfüllung der obigen Aufnahmekriterien aufgrund der Form der Registereinträge nicht stets nachprüfbar war - so fanden wegen mangelnder Indizierung mundartliche Ausdrücke und Eigennamen z.T. wieder Aufnahme in die Liste - sondern daß Dornseiff umfangreiche Ergänzungen vorgenommen hat. Die Nennungshäufigkeit stieg infolge von Mehrfach- und Rekategorisierungen im Register an. Die Zuordnung zu anderen Kategorien durch das Register, die den Kategoriezahlen entnommen werden konnten, wurden insoweit berücksichtigt, wie sie zu dem Bereich gehörten, und sich von den Zuordnungszahlen aus dem systematischen Teil unterschieden. Bei unbestimmten Kategorisierungen wie 16.18 ff. wurde nur die einzige durch Zahlen explizit benannte Kategorie gezählt, sofern sie bereits als Nennung in der ursprünglichen Liste enthalten war.

Die Durchsicht der erweiterten Liste zeigte, daß die Aufnahme vieler Lexeme in das Wörterbuch allein durch die Individualität des Autors erklärbar ist. Die Feststellung einer gewissen Vorliebe für Mythologisches und Exotisches machte es erforderlich, die Gemeinsprachlichkeit der Wortliste zu überprüfen. Zu diesem Zweck wurden Lexeme von zweifelhafter Gemeinsprachlichkeit im "Wörterbuch der deutschen Gegenwartssprache" nachgeschlagen und ausgeschieden, wenn sie nicht als Lemmata alphabetisch kodifiziert auftraten. [193)]

Bei dieser Überprüfung bestätigten sich die isolierten Beobachtungen Drosdowskis, daß das verwandte Wörterbuch "Gegenwartssprache" temporal als sehr weit in die Vergangenheit reichend und große Bereiche des Bildungswortschatzes einschliessend auffaßt. [194)]

Dagegen fehlen Substantive des Bereichs "Sport" oder fachsprachlich vollständige Erklärungen; "Regression" wird z.B. lediglich geologisch erklärt.

Durch die Überprüfung wurden zumeist Lexeme anderer Sprachen, Neologismen, Schimpfwörter und Komposita und Simplizia aus dem Bereich politischer Lexik ausgeschieden. Die Auftretenshäufigkeit der ausgeschiedenen Lexeme war mit 1,11 vergleichsweise niedrig.

Die Liste der Lexeme, die durch Frames repräsentiert werden, umfaßt 5712 Substantive, die mit einer durchschnittlichen Häufigkeit von 1,49 in dem Bereich 16 bzw. als diesem zugehörig genannt wurden.

6.6. Traditionelle Methoden onomasiologischer Wortschatzsystematisierungen

Pragmatische Überlegungen zur lexikographischen Kommunikation, wie z.B. zur Wörterbuchbenutzungssituation, werden in neueren lexikologischen Studien für die Methodologie der Lexikographie fruchtbar gemacht. [195]

Welches Hörerbild leitete Dornseiff bei der Strukturierung? Einem Leser, der "... die deutsche Sprache durchaus beherrscht", hilft das Werk, "den Ausdruck zu suchen, indem er sich nur in dem betreffenden Begriffskreis etwas umzusehen braucht." [196]

Anlässe für die Wörterbuchbenutzung können die Nichtaktivierbarkeit ("das Wort auf der Zunge"), der Wunsch nach Vermeidung eines Ausdrucks, auch aus Gründen der stilistischen Variation, sein. Neben der Verwendung zu sprachdidaktischen Zwekken, in Wiegands Diktion also außerhalb akueller Kommunikationskonflikte, wird auch die Verwendung einzelner Wortgruppen zu suggestiven Zwecken genannt. [197]

Der systematische Teil soll Hilfe bei den oben erwähnten Problemen der Textproduktion bieten. Ein Zugriff kann über das alphabetische Register oder vom Gesamtplan aus erfolgen.

Nach welchen Kriterien wurden die Lexeme zusammengestellt? Auf der Suche nach den von Dornseiff verwandten onomasiologischen Operationen, die die Systematisierung leiteten, findet man in dem umfangreichen Vorwort lediglich globale Hinweise wie: "Ein Verzeichnis der Welt nach Gegenständen und Beziehungen ist zugrundegelegt, und daran sind die Wörter ähnlicher oder fast gleicher Bedeutung (Synonyma) aufgereiht."[198]

Explizit formuliert hätte die onomasiologische Operation zur Wortschatzanordnung Dornseiffs demnach die Form der Frage: Welches Wort verwendet der Sprechertyp X im Situationstyp S zum Ausdruck des Begriffes B?

6.7. Zur Begründung der Wortschatzsystematisierung

Eine eingehende Lektüre des Wörterbuches zeigt, daß zumindest in dem untersuchten Bereich die Kategorisierung eher erfolgte in Beantwortung der Frage:

"Welches Wort verwendet der Sprechertyp X im Situationstyp S zur Bezeichnung von mit dem durch das Wort Bezeichneten in Zusammenhang Stehendem?" 199)

Eine Analyse des Wortschatzbereiches ergab, daß diese globale Fragestellung, in folgende Einzelfragen zerlegt, die Grundlage für die Kategorisierung gebildet haben könnte: (Die meisten Fragen betreffen Beziehungen zwischen Kategoriebezeichnung - Element und deren Konverse, sowie zwischen den Elementen.)

1. Welche Synonyme mit positiven bzw. negativen Konnotationen hat X?
2. Welche Sachbereiche umfaßt X?
2*. Zu welchen Sachbereichen gehört X?
3. Welche Organisationen/Institutionen umfaßt X?
3*. Zu welchen Organisationen/Institutionen gehört X?
4. Welche Zustandsfolgen unfaßt X?
4*. Zu welchen Zustandsfolgen gehört X?
5. Welche Aktivitätsfolgen/Interaktionssequenzen umfaßt X?
5*. Zu welchen Aktivitätsfolgen/Interaktionssequenzen gehört X?
6. Welche Aktanten sind an X beteiligt?
6*. An welchen Aktivitätsfolgen/Interaktionssequenzen ist X beteiligt?
7. Welche Bestandteile/Varianten/Unterarten umfaßt X?
7*. Wovon ist X Bestandteil/Variante/Unterart?
8. Welche Begleitumstände gehören zu X?
8*. Wovon ist X Begleitumstand?
9. Was folgt auf X (bewirkt, stabilisiert, verhindert)?
9*. Was geht X voraus (wodurch wird X bewirkt, stabilisiert, verhindert)?
10. Was folgt aus X?
10*. Was setzt X voraus?
11. Was regelt X?
11*. Wodurch wird X geregelt?
12. Welche sozialen Kontrollen gehören zu X?
12*. Wofür ist X soziale Kontrolle?
13. Welche Kontrollakte (Befehle) gehören zu X?
13*. Wo ist X ein Kontrollakt?

14. Welche Zwangsmaßnahmen gehören zu X?
14*. Wo ist X eine Zwangsmaßnahme?
15. Welches Startsignal hat X?
15*. Wovon ist X ein Startsignal?
16. Welches Stopsignal hat X?
16*. Wovon ist X ein Stopsignal?
17. Welches Symbol/Anzeichen gehört zu X?
17*. Wovon ist X ein Symbol/Anzeichen?
18. Welche Akteure gehören zur Gruppe X?
18*. Zu welcher Gruppe gehört X?
19. Wer ist X untergeben?
19*. Wem ist X untergeben?
20. An welchem Ort findet X statt/herrscht X?
20*. Was findet an X statt/herrscht?
21. Welche Motive/Gründe/Ziele gehören zu X?
21*. Wovon ist X ein Motiv/Grund/Ziel?
22. Welche Instrumente/Props gehören zu X?
22*. Wo wird das Instrument X verwendet?
23. Wann findet X statt/herrscht?
23*. Wofür ist X ein Zeitpunkt?
24. Was ist ein Prototyp für X?
24*. Wovon ist X ein Prototyp?
25. Welche Emotionen gehören zu X?
25*. Wohin gehört die Emotion X?
26. Welche Probleme können bei X auftreten?
26*. Wo tritt das Problem X auf?
27. Welche Gegenstände besitzt X?
27*. Wem gehört X?
28. Was bedient X?
28*. Durch wen wird X bedient?
29. Wer hält die Kommunikation aufrecht zwischen X und Y?

Die folgende Zusammenstellung soll lediglich zeigen, daß eine der Fragenliste vergleichbare konzeptuelle Struktur die Zuweisung Dornseiffs steuerte.

Da die Antworten lediglich exemplarisch gegeben werden, kann von einem strengen Nachweis nicht gesprochen werden.

Dornseiff-Zuordnungen

1. 63. Modeheld; Dandy, Elegant, Geck
2. 18. Nation; Kultur

2*. Reklame; 21 Werben
3. 74. Heer; Armee, Armeekorps
3*. 43. Vermittlung; Schiedsgericht; Diplomatie
4. 48. Friede; Entspannung
4*. 68. Drohung; Remilitarisierung
5. 97. Herrschen, Staat; Ernennung
5*. 26. Ausführung; Vollzug
6. 72. Betrug; Betrüger, Opfer
6*. Bluträcher; 81. Rache
7. 59. Fest; Schützenfest, Sängerfest
7*. Punktsieg; 84. Sieg
8. 85. Ehre, Ruhm; Anerkennung
8*. Verdienst; 85. Ehre, Ruhm
9. 65. Herausforderung; Duell
9*. 70. Streit, Kampf; Herausforderung
10. 52. Ungesellig, Absonderung
10*. Abneigung; 36. Verachtung
11. (in 57) Ringrichter; Faustkampf
11*. (in 57) Staffellauf; Zielrichter
12. 90. Überhebung, Frechheit; Geringschätzung
12*. 54. Spott; Verwechselung
13. 117. Gefangenschaft; Verhaftsbefehl
13*. Ernennung; 97 Herrschen, Staat
14. 29. Verbot; Beschlagnahme
14*. Gefangennahme; 117. Gefangenschaft
15. (in 57) Faustkampf; Gong
15*. Gong; Faustkampf
16. Faustkampf; Gong
16*. Gong; Faustkampf
17. 84. Sieg; Lorbeer
17*. Medaille; 84. Sieg
18. 74. Kämpfer, Heer; General
18*. Bugschütze; Besatzung
19. Bootsmann; Kapitän
19*. (in 74) Divisionskommandeur; Gemeiner
20. 102. Vertretungsausschuß, Ratsversammlung; Parlamentsgebäude
20*. (in 102). Beratung; Sitzungssaal
21. 11. Ehe, Heirat; Vernunftheirat
21*. Männerfeindin; 12. Ehelosigkeit
22. 112. Diener; Livree
22*. Kette; 117. Gefangenschaft
23. (in 55) Maskerade; Karneval
23*. Karneval; Maskenball

24. 63. Modeheld; Brummel
24*. Orden; 87. Einzelne Ehrerweisung
25. 76. Angriff; Berserkerwut
25*. Groll; 66. Feindschaft
26. 76. Angriff; Hinterhalt
26*. Papierkrieg; 99. Verwaltungsbehörde
27. (in 57) Sportler; Schläger
27*. Schläger; Sportler
28. (in 74a) Flugzeugführer; Flugzeug
28*. (in 74) Schnellboot; Besatzung
29. (in 74a) Bordfunker; Flugzeug, Geschwader

Es soll nicht nahegelegt werden, daß onomasiologisch vorgehende Lexikographen "immer schon" über eine implizite Frame-Theorie verfügten. Die Einschränkung "implizit" ist deswegen erforderlich, weil zumeist die Beziehungen zwischen den Elementen nicht expliziert werden und somit eher Scenes als Frames im Sinne Fillmores repräsentiert werden.

Im Falle von Dornseiff ist zu vermuten, daß die Kategorisierung auch unter Beachtung der Relevanzfragen der Rhetorik erfolgte, [200] da er selbst sein Wörterbuch zu den rhetorischen Hilfsbüchern zählt. [201]

Die Fragenliste bestätigt vielmehr die Auffassung Agricolas, daß konzeptuelle Makrostrukturen für die explizite Systematisierung von Wortschatzbereichen einsetzbar und - wie viele nicht nachvollziehbare Zuordnungen zeigen - erforderlich sind.

6.8. Framedimensionen

Für die eigene Zielsetzung sind Framedimensionen und Frametypen zu verwenden, die eine große Datenmenge in einer Weise zu strukturieren erlauben, welche die Struktur genereller episodischer Wissensmodule wiedergeben, die kognitiv und sozial stabilisiert und somit intersubjektiv sind. [202]

Außerdem sollen die multiplen Verknüpfungen der in den Framedimensionen enthaltenen Wissenskomponenten durch die Verwendung einer einheitlichen Menge von Framedimensionen, aus denen für den jeweiligen Frametyp eine Auswahl vorgenommen wird, Berücksichtigung finden.

Die Fragen der Frageliste, durch die die Systematisierung Dornseiffs erklärbar ist, wurden in Bezeichnungen von Framedimensionen überführt. Die Zwischenschritte werden hier nicht dargestellt.

Eine weitere Begründung kann die Verwendung der Beschreibungsdimensionen durch eine Analyse der Beschreibungsdimensionen und Zuordnungen finden, die Forscher der AI und linguistischer Disziplinen bzw. der Cognitive Science vorschlagen bzw. verwenden.

Framedimension	Kommentar
1. SYNONYME	Diese Dimension verwendet keiner der berücksichtigten Autoren
2. PERSONENBEZEICHNUNG	Vorgeschlagen von: Carbonell (1978) (203), Bobrow u. Winograd (1977), Winston u. Horn (1981), Goldstein und Roberts (1980) (204), Schank u. Abelson (1977)
3. GRUPPENBEZEICHNUNG	Goldstein u. Roberts (1980)
4. GEGENSTANDSBEZEICHNUNG	Goldstein u. Papert (1977) (205) Carbonell (1978)
5. KOMPONENTENBEZEICHNUNG	Ballmer (1977)
6. ÜBERGEORDNETER VERBAND	Diese Dimension ist für die Zuordnung von Komponenten zu übergeordneten Ganzheitenbezeichnungen erforderlich
7. TIERBEZEICHNUNG	Bestimmte Berufsbezeichnungen der Datenmenge machen die Aufnahme dieser Beschreibungsdimension erforderlich
8. PFLANZENBEZEICHNUNG	s.o.
9. SETTING	Hierunter ist eine Schauplatzbezeichnung zu verstehen. Cf. Fillmore (1977), Lehnert (1979), Bobrow u. Winograd (1977), Goldstein u. Papert (1977)
10.ORGANISATIONSBEZEICHNUNG	Carbonell (1978), Bobrow u. Winograd (1977)
11.BEREICHSBEZEICHNUNG	Keiner der Autoren verwendet diese Framedimension, die wegen ihrer dedeutungsdifferenzierenden

	Funktion verwandt wird.
12.ZUSTANDSBEZEICHNUNG	Diese Framedimension entspricht den Stages von Lakoff u. Johnson (1980). Bei den eigenen Frametypen wird sie für globale Situationsbezeichnungen wie z.B. "Rezession" verwandt
13.EPISODE-/AKTIONSBEZEICHNUNG	Goldstein u. Papert (1977), Bobrow u. Winograd (1977), Kintsch (1977b), Schank u. Abelson (1977) Lehnert (1979), Ballmer (1977)
14.VORHERIGE(R) ZUSTAND/ EPISODE-AKTIONSBEZEICHNUNG	Diese, auch von Lakoff und Johnson (1980) vorgeschlagene Framedimension ermöglicht die differenzierte Repräsentation von Handlungs- bzw. Ereignis- und Zustandsfolgen
15.SIMULTANAKTIONEN	Diese Framedimension erfaßt gleichzeitig stattfindende Aktionen
16.AKTIVITÄTS/GEBRAUCHSPHASEN	Entspricht den Stages von Lakoff u. Johnson (1980) und Ballmer (1977)
17.INITIATIONSBEZEICHNUNG	Diese Framedimension wird für explizite Einleitungshandlungen verwandt
18.TERMINATIONSBEZEICHNUNG	Diese Framedimension wird für Beendigungshandlungen vorgesehen
19.RESULTATBEZEICHNUNG	Diese Framedimension wird von Charniak (1977) vorgeschlagen. (206)
20.FOLGEEPISODE-/ZUSTANDSBEZEICHNUNG	Entsprechung zu 14
21.EMOTIONSBEZEICHNUNG	Vorgeschlagen von Fillmore (1977) Goldstein u. Papert (1977)
22.MOTIVBEZEICHNUNG	Fillmore (1977), v.Dijk (1977)
23.DISPOSITIONSBEZEICHNUNG	Eine entsprechende Framedimension verwenden Schank u. Abelson (1977)
24.ZIELE-/ZWECKBEZEICHNUNG	Vorgeschlagen von Ballmer (1977) Schank u. Abelson (1977)
25.PROBLEMBEZEICHNUNG	Von Minsky (1977), Schank u. Abelson (1977) vorgeschlagen
26.VORKEHRUNGSBEZEICHNUNG	Dient zur Zuordnung von 25. entsprechenden Gegenmaßnahmen

27.REGULATIONSBEZEICHNUNG	Diese Framedimension wird zur Zuordnung von Regelbezeichnungen verwandt
28.ABWEICHUNGSBEZEICHNUNG	Diese Framedimension wird zur Erfassung von typischem, abweichendem Verhalten verwandt
29.SANKTIONSBEZEICHNUNG	Dient der Berücksichtigung von Bezeichnungen sozialer Kontrollmechanismen
30.ZEITANGABENBEZEICHNUNG	Von Goldstein u. Roberts (1980) vorgeschlagen
31.FORMBEZEICHNUNG	Wird von Ballmer (1977) und Lehnert (1979) vorgeschlagen
32.GRÖSSENBEZEICHNUNG	Diese Framedimension wird zur Charakterisierung von Gegenständen verwandt
33.FARBBEZEICHNUNG	Wird von Ballmer (1977) vorgeschlagen
34.GESCHWINDIGKEITSBEZEICHNUNGEN	Dient der Beschreibung von Gegenstandsbezeichnungen
35.GERÄUSCHBEZEICHNUNG	Wird von Ballmer (1977) vorgeschlagen
36.GERUCHSBEZEICHNUNG	Dient der Beschreibung von Gegenstandsbezeichnungen
37.MATERIALBEZEICHNUNG	Von Ballmer (1977) vorgeschlagen
38.GEWICHTSBEZEICHNUNG	Dient der Gegenstandsbezeichnung
39.GESCHMACKSBEZEICHNUNG	Diese Framedimension wird in Putnams Stereotyp von "water" vorgeschlagen

6.9. Frametypen

Um die Konstruktion der eigenen Frametypen auch bottom up zu begründen, wurden exemplarische Frames ausgewertet und dabei sämtliche Lexeme, welche als durch Frames zu repräsentieren vorgeschlagen werden, durch Frames repräsentiert werden oder in Framerepräsentationen verwandt werden, notiert und anschließend alphabetisch sortiert. [207)]

Die so ermittelten 512 Lexeme wurden mit folgenden Resultaten ausgewertet: EPISODEN/AKTIONEN bezeichnende Lexeme wurden als sequentiell kohärente Module durch Frames des entsprechenden Typs, als scenario, schemata, scripts und gestalts am häufigsten dargestellt. Nahezu ebenso häufig wurden Personen bezeichnende Lexeme, SETTINGs bezeichnende Lexeme und Gegenstände bezeichnende Lexeme verwandt. Der Frametyp GRUPPE wurde ebenso wie der Frametyp ZUSTAND nur vereinzelt postuliert.

Das eigene Computerprogrammsystem arbeitet mit den Frametypen PERSON, GRUPPE, GEGENSTAND, SETTING, EPISODE/AKTION, ZUSTAND.

Im folgenden sollen diese Frametypen vorgestellt werden. Ein Vergleich mit Frameskizzen der AI oder Cognitive Science unterbleibt, da dieser die AI-Frames, die das Konstruktionsmaterial für die eigenen Frametypen z.T. bereitstellen, benachteiligen würde.

Die ausgewerteten Frames stammen aus Systemen, die zur Lösung spezieller Aufgaben, z.B. der Simulation eines Flughafenangestellten bei Buchungsgesprächen mit Kunden, entwickelt wurden. So erklärt sich die Anzahl und die Art der verwandten Dimensionen. Ebenso ad-hoc sind zumeist die Frames, die Autoren in Darstellungen der Frame-Theorie als Repräsentationsbeispiele vorstellen.

Da Frames bei der Verwendung durch das Computerprogrammsystem die Wissenshintergründe, die mit einem Item verbunden sind, der Darstellung zugänglich machen sollen, sind alle Dimensionen, die relevant mit einem Item verbunden sind, in einen Frame aufzunehmen. [208] Durch die Verwendung der Framedimensionen aus vielen vorgeschlagenen ad-hoc-Frames und aus aufgabenrestringierten Frames wird eine umfassendere Menge von Beschreibungsdimensionen mit größerer systematisierender Kraft für die einzelnen Frametypen gewonnen.

Auf diese Weise wird die Theorieskizze, als die die Frame-Theorie, betrachtet als Theorie der Bedeutungsrepräsentation, bisher anzusehen ist, weiter spezifiziert und für die Lexikographie anwendbar gestaltet.

Die folgende Tabelle gibt eine Übersicht darüber, welche Beschreibungsdimensionen zu den eigenen Frametypen zusammengefaßt wurden. Dies wird durch "+" unter der Frametypbezeichnung markiert.

	FRAMETYP					
	PERSON	GRUPPE	GEGEN-STAND	SETTING	EPISO-SODE/AKTION	ZU-STAND
1. SYNONYME	+	+	+	+	+	+
2. PERSONENBEZEICHNUNG	+	+	+	+	+	+
3. GRUPPENBEZEICHNUNG	+	+	+	+	+	+
4. GEGENSTANDSBEZEICHNUNG	+	+	+	+	+	
5. KOMPONENTENBEZEICHNUNG			+			
6. ÜBERGEORDNETER VERBAND			+			
7. TIERBEZEICHNUNG	+	+			+	
8. PFLANZENBEZEICHNUNG	+	+			+	
9. SETTING	+	+	+		+	
10. ORGANISATIONSBEZEICHNUNG	+	+		+	+	
11. BEREICHSBEZEICHNUNG	+	+		+	+	+
12. ZUSTANDSBEZEICHNUNG					+	
13. EPISODE-/AKTIONSBEZEICH-NUNG	+	+	+	+		
14. VORHERIGE(R) ZUSTAND/ EPISODE-AKTIONSBEZEICH-NUNG					+	+
15. SIMULTANAKTIONEN					+	
16. AKTIVITÄTS/GEBRAUCHS-PHASEN			+		+	
17. INITIATIONSBEZEICHNUNG					+	
18. TERMINATIONSBEZEICHNUNG					+	
19. RESULTATBEZEICHNUNG					+	
20. FOLGEEPISODE-/ZUSTANDS-BEZEICHNUNG					+	+
21. EMOTIONSBEZEICHNUNG		+		+	+	+
22. MOTIVBEZEICHNUNG					+	
23. DISPOSITIONSBEZEICHNUNG	+				+	
24. ZIELE-/ZWECKBEZEICHNUNG			+		+	
25. PROBLEMBEZEICHNUNG			+		+	
26. VORKEHRUNGSBEZEICHNUNG			+		+	
27. REGULATIONSBEZEICHNUNG					+	
28. ABWEICHUNGSBEZEICHNUNG					+	
29. SANKTIONSBEZEICHNUNG					+	
30. ZEITANGABENBEZEICHNUNG			+			
31. FORMBEZEICHNUNG			+			
32. GRÖSSENBEZEICHNUNG			+			
33. FARBBEZEICHNUNG			+			

34.GESCHWINDIGKEITSBEZEICH- NUNGEN	+
35.GERÄUSCHBEZEICHNUNG	+
36.GERUCHSBEZEICHNUNG	+
37.MATERIALBEZEICHNUNG	+
38.GEWICHTSBEZEICHNUNG	+
39.GESCHMACKSBEZEICHNUNG	+

Wie bei Minsky bereits beschrieben, und in der Frameforschung aufgegriffen, können Frames, die gleiche Einträge aufweisen, einander aktivieren, so daß nicht nur einzelne Wissensmodule, sondern auch umfassendere semantische Makrostukturen durch die Frametypen repräsentiert werden.

Die obige Tabelle diente lediglich der Darstellung der Dimensionskohärenz der Frametypen. Die folgende Vorstellung der Frametypen enthält auch eine operationale Charakterisierung der Framedimensionen.

FRAMETYP: PERSON
LEXEM:
SYNONYME
PERSONENBEZEICHNUNG
GRUPPENBEZEICHNUNG
GEGENSTANDBEZEICHNUNG
TIERBEZEICHNUNG
PFLANZENBEZEICHNUNG
SETTING
ORGANISATIONSBEZEICHNUNG
BEREICHSBEZEICHNUNG
EPISODEN/AKTIONSBEZEICHNUNG
DISPOSITIONSBEZEICHNUNG

Besitzt das Lexem, das durch den Frame repräsentiert wird, SYNONYME, so werden sie dieser Dimension zugeordnet, während Synonyme von Lexemen in den übrigen Dimensionen den Dimensionen zugeordnet werden.

Die Dimension PERSONENBEZEICHNUNG und GRUPPENBEZEICHNUNG enthält die Interaktionspartner, GEGENSTANDSBEZEICHNUNG Lexeme, die typischerweise von der Person verwendete Gegenstände bezeichnen, wobei, wie oben bereits erwähnt, für unterschiedliche Berufsbezeichnungen die Differenzierung in PFLANZENBEZEICHNUNG und TIERBEZEICHNUNG erfolgt. SETTING werden die Lexeme zugeordnet, die den Schauplatz für die Aktivitäten der Person bezeichnen, der einer Organisation, die durch ORGANISATIONSBEZEICHNUNG berücksichtigt wird, zugeordnet werden kann, die, durch BEREICHSBEZEICHNUNG erfaßt, einem Bereich gesellschaftlichen Lebens zugeordnet wird. EPISODEN/AKTIONSBEZEICHNUNG enthält die für die Person typischen Aktivitäten, DISPOSITIONSBEZEICHNUNG typische Eigenschaften, z.B. Wissen, Fertigkeiten und Verhaltensdispositionen.

FRAMETYP: GRUPPE
LEXEM:
SYNONYME
PERSONENBEZEICHNUNG
GRUPPENBEZEICHNUNG
GEGENSTANDSBEZEICHNUNG
TIERBEZEICHNUNG
PFLANZENBEZEICHNUNG
SETTING
ORGANISATIONSBEZEICHNUNG
BEREICHSBEZEICHNUNG
EPISODEN/AKTIONS-BEZEICHNUNG
EMOTIONSBEZEICHNUNG

Dieser Frametyp unterscheidet sich von dem Frametyp PERSON lediglich darin, daß EMOTIONSBEZEICHNUNG verwandt wird, um in Gruppen auftretende Wir-Gefühle zu erfassen. Die Grenze zwischen diesen und Dispositionen ist schwer zu ziehen, da Gruppenemotionen diese zu bestimmten Aktionen disponieren.

FRAMETYP: GEGENSTAND
LEXEM:
SYNONYME
PERSONENBEZEICHNUNG
GRUPPENBEZEICHNUNG
KOMPONENTENBEZEICHNUNGEN
ÜBERGEORDNETER VERBAND
SETTING
EPISODEN/AKTIONS-BEZEICHNUNG
AKTIVITÄTS/GEBRAUCHSPHASEN
ZIELE/ZWECK-BEZEICHNUNG

PROBLEMBEZEICHNUNG
VORKEHRUNGSBEZEICHNUNG
ZEITANGABENBEZEICHNUNG
FORMBEZEICHNUNG
GRÖSSENBEZEICHNUNG
FARBBEZEICHNUNG
GESCHWINDIGKEITSBEZEICHNUNG
GERÄUSCHBEZEICHNUNG
GERUCHSBEZEICHNUNG
MATERIALBEZEICHNUNG
GEWICHTSBEZEICHNUNG
GESCHMACKSBEZEICHNUNG

KOMPONENTENBEZEICHNUNG und ÜBERGEORDNETER VERBAND erfassen die Ganzes-Teil-Relation und deren Konverse. EPISODEN/AKTIONSBEZEICHNUNG enthält die Aktivitäten, bei denen der Gegenstand verwendet wird, AKTIVITÄTS/GEBRAUCHSPHASEN Teilhandlungen der Verwendung, ZIELE/ZWECK-BEZEICHNUNG Bezeichnungen der Verwendungsfunktion, PROBLEMBEZEICHNUNG mögliche Benutzungsgefahren, VORKEHRUNGSBEZEICHNUNG Abwendungsmaßnahmen gegen diese, ZEITANGABENBEZEICHNUNG Zuordnungen von Zeitangaben der Gegenstandsverwendung. Die übrigen Dimensionen erfassen physikalische Aspekte des Gegenstandstyps.

FRAMETYP: EPISODE/AKTION
LEXEM:
SYNONYME
PERSONENBEZEICHNUNG
GRUPPENBEZEICHNUNG
GEGENSTANDSBEZEICHNUNG
TIERBEZEICHNUNG
PFLANZENBEZEICHNUNG
SETTING
ORGANISATIONSBEZEICHNUNG
BEREICHSBEZEICHNUNG
ZUSTANDSBEZEICHNUNG
VORHERIGE(R) ZUSTAND/EPISODE-AKTIONSBEZEICHNUNG
SIMULTANAKTIONENBEZEICHNUNG
AKTIVITÄTS/GEBRAUCHSPHASEN
INITIATIONSBEZEICHNUNG
TERMINATIONSBEZEICHNUNG
RESULTATBEZEICHNUNG

FOLGEEPISODE-/ZUSTANDSBEZEICHNUNG
EMOTIONSBEZEICHNUNG
MOTIVBEZEICHNUNG
DISPOSITIONSBEZEICHNUNG
ZIELE/ZWECK-BEZEICHNUNG
PROBLEMBEZEICHNUNG
VORKEHRUNGSBEZEICHNUNG
REGULATIONSBEZEICHNUNG
ABWEICHUNGSBEZEICHNUNG
SANKTIONSBEZEICHNUNG
ZEITANGABENBEZEICHNUNG

Bei diesem Frametyp tritt die Dimension ZUSTANDSBEZEICHNUNG erstmalig auf. Hierunter fallen globale Zustandsbezeichnungen sozialer Systeme. VORHERIGE(R) ZUSTAND/EPISODE-AKTIONSBEZEICHNUNG wird ausschließlich frametypbezogen zur Zuordnung vorheriger Episoden/Aktionen verwandt, SIMULATANAKTIONENBEZEICHNUNG zur Zuordnung typischerweise simultan auftretender Aktiohen. AKTIVITÄTS/GEBRAUCHSPHASEN ermöglicht die Zuordnung von Phasen der Episode/Aktion; INITIATIONSBEZEICHNUNG von Einleitungshandlungen, TERMINATIONSBEZEICHNUNG von Beendigungshandlungen, RESULTATBEZEICHNUNG von Handlungsresultaten der Episode/Aktion, FOLGEEPISODE-/ZUSTANDSBEZEICHNUNG der typischerweise folgenden Episode/Aktion. EMOTIONSBEZEICHNUNG wird zur Zuordnung von Standardmotiven und DISPOSITIONSBEZEICHNUNG zur Zuordnung von Dispositionen verwandt, welche die an der Episode/Aktion Beteiligten besitzen.

ZIELE/ZWECK-BEZEICHNUNG ermöglicht die Zuordnung von Bezeichnungen der Ziele, die durch die Episode/Aktion erreicht werden sollen, PROBLEMBEZEICHNUNG typische Fehlschläge, VORKEHRUNGSBEZEICHNUNG Maßnahmen zu deren Vermeidung. REGULATIONSBEZEICHNUNG wird für die Zuordnung von Regelsystembezeichnungen verwandt, ABWEICHUNGSBEZEICHNUNG ermöglicht die Zuordnung typischer, abweichender Handlungen von der Episode/Aktion, SANKTIONSBEZEICHNUNG Mechanismen sozialer Kontrolle. ZEITANGABENBEZEICHNUNG schließlich wird zur Zuordnung von Zeitanagabenbezeichnungen für das Stattfinden der Episode/Aktion verwandt.

FRAMETYP: ZUSTAND
LEXEM:
SYNONYME
PERSONENBEZEICHNUNG

GRUPPENBEZEICHNUNG
BEREICHSBEZEICHNUNG
VORHERIGE(R) ZUSTAND/EPISODE-AKTIONSBEZEICHNUNG
FOLGEEPISODE-/ZUSTANDSBEZEICHNUNG
EMOTIONSBEZEICHNUNG

Dieser Frametyp wird zur Repräsentation von Lexemen verwandt, die Zustände sozialer Systeme bezeichnen. Die operationalen Charakterisierungen der Zuordnungen sind hier die Betroffenen, der Bereich des gesellschaftlichen Systems, der vorherige sowie der Folgezustand und schließlich die mit dem Zustand verbundenen, in dem gesellschaftlichen System auftretenden Emotionen.

(Dieser Frametyp wird außerdem auch versuchsweise zur Repräsentation von Lexemen eingesetzt, die psychische Dispositionen bezeichnen, weil für diese kein eigener Frametyp vorgesehen war, wie die Beispiele unten zeigen.)

FRAMETYP: SETTING
LEXEM:
SYNONYME
PERSONENBEZEICHNUNG
GRUPPENBEZEICHNUNG
GEGENSTANDSBEZEICHNUNG
ORGANISATIONSBEZEICHNUNG
BEREICHSBEZEICHNUNG
EPISODEN/AKTIONS-BEZEICHNUNG
EMOTIONSBEZEICHNUNG

Dieser Frametyp repräsentiert Lexeme, die Schauplätze für Personen, Gruppen, Episoden/Aktionen bezeichnen. Den Schauplatzbezeichnungen können bestimmte Organisations- und Bereichsbezeichnungen zugeordnet werden. Die Dimension EMOTIONSBEZEICHNUNG ermöglicht es, dem Frame bestimmte Emotionsbezeichnungen zuzuordnen, die dem Schauplatz typischerweise zugeordnet werden.

7. EIN SYSTEM VON COMPUTERPROGRAMMEN ZUR FRAME-EXTRAKTION

7.1. Vorbemerkung zur Computeranwendung

Die Lexeme der Datenmenge werden den eigenen Frametypen interaktiv durch ein Programmsystem top-down und bottom-up zugeordnet, dessen Komponenten im folgenden beschrieben werden.

Die Entwicklung des Programmsystems war recht zeitaufwendig, die Framesystematisierung von Hand hätte jedoch bereits bei der zugrundegelegten Datenemnge die semantische Intuition stark beeinträchtigt. Außerdem wollte ich erproben, welche Möglichkeiten sich für den Computereinsatz in der Lexikographie auch für nicht-elementare Aufgaben, wie das Sortieren oder Anfertigung von Indizes u.ä., ergeben. Aus persönlicher Sicht kann ich nur betonen, daß ich den Abschied von dem Umgang mit den Karteikarten aus der 1. Phase der Untersuchung als Wohltat empfand. Bedenkt man schließlich, wieviele hochqualifizierte Wissenschaftler auch heute noch in der Lexikographie exzerpieren bzw. "zu Fuß" Daten sortiern, so wird deutlich, welch großer Innovationsspielraum besteht.

Denn besonders bei umfangreichen Datenmengen - etwa einer Framesystematisierung vom Umfang des Dornseiffschen Werkes - erweist sich der Computer als unverzichtbar. Das Programmsystem, das in einer sehr weit verbreiteten Sprache entwickelt wurde, kann nach einer Anpassung an die hardware leicht von anderen Linguisten eingesetzt werden, um weitere Wortschatzbereiche im Sinne einer Frame-Lexikographie zu systematisieren.

7.2. Die Computerprogramme

Die folgenden Beschreibungen der Programme beschränken sich nicht allein auf die Darstellung der Leistungen. Vornehmlich an Stellen, die besondere Aufmerksamkeit verdienen, wird auf Details eingegangen.

Da jeweils einzelne Aspekte der Programme in der Reihenfolge dieser Besprechung beschrieben werden, können die Programmbeschreibungen nur in ihrer Gesamtheit verstanden werden.

Das Schreiben der Programme erfolgte zumeist in mehreren Arbeitsschritten. [209] Zuerst wurden die gewünschten Leistungen des Programms festgelegt, sodann die Programmstruktur skizziert. Bei aufwendigen Programmen wurden Flußdiagramme entworfen, um die anschließende Formulierung des Programms in BASIC-Statements zu vereinfachen. [210)]

Abschließend wurden die Programme vor ihrem eigentlichen Lauf an Probedateien getestet und aufgetretene Fehler beseitigt. [211)]

Die Darstellung folgt eher der Systematik der Untersuchung als der Programmentwicklung. Einige Programme sind aus anderen Programmen abgeleitet worden. Dies gilt z.T. für die Eingabe- und Ausgabeprogramme.

7.2.1. Dateneingabeprogramm

Dieses Programm ist für die interaktive Dateneingabe des alphabetisch sortierten Wortschatzes über das Datensichtgerät erforderlich.

```
1 REM TESTEINGABE. NAME: EINO
2 OPEN (3, "PROB", A1)
3 DIM N(31)
4 GFB(A1,N(0),1,1)
5 PRINT"LETZTER STAND", N(0)
6 PRINT"LETZTER SEKTOR", N(1)
7 CHAR STIC$(128)
8 LET L=N(0)
9 LET S=N(1)
11 PRINT "GIB MIR DIE NÄCHSTEN VIER STRINGKONSTANTEN, BITTE!"
12 PRINT "EIN BLANK IST DAS STOPSIGNAL!"
13 LET I=1
14 LET STIC$=" "&STIC$
15 INPUT STIC$(I,30)
16 IF STIC$(I)=" " THEN 27
17 LET L=L+1
18 IF I>90 THEN 21
19 LET I=I+30
20 GOTO 15
21 PRINT "GESPEICHERT WERDEN:"
22 PRINT STIC$(1,64);%0A8D%;STIC$(63,64)
23 LET S=S+1
24 PFBS(A1,STIC$,S,1)
25 GOTO 11
27 PRINT "LETZTER STAND",L
28 PRINT "LETZTER VERWANDTER SEKTOR",S
29 LET N(0)=L
30 LET N(1)=S
31 PFB(A1,N(0),1,1)
```

```
32 CLSE(A1)
33 END
```

Statement	Kommentar
1	Durch "REM" werden Kommentare eingeleitet.[212] Die folgenden Zeichen werden nicht evaluiert. Die Statements werden in der Reihenfolge der aufsteigenden Zeilennummern ausgeführt.
2	Eröffnung der Datei, die die Daten aufnehmen soll.
32	Schließen der Datei.
3	Bereitstellen eines eindimensionalen Zahlenfeldes für 32 Zahlen im Arbeitsspeicher.
4	In das Speicherfeld wird der 0. Sektor von der Datei von der Magnetplatte in den Arbeitsspeicher übertragen. Bei dem verwandten System enthält ein Sektor 128 Byte. 4 Byte werden zur Darstellung einer Zahl verwandt.
5-6	Die Zahl des letzten eingegebenen Lexems wird nach "letzter Stand" auf dem Bildschirm ausgedruckt. Ebenso erscheint die Zahl des letzten verwandten Sektors nach "letzter Sektor".
7	Ein Sektor, d.h. 128 Byte, werden für Stringkonstanten im Arbeitsspeicher reserviert.
11-12	Hier läßt sich auf elementarer Ebene zeigen, was unter interaktivem Arbeiten zu verstehen ist. Der Comsungen, die der Benutzer ausführt, worauf der Computer wiederum bestimmte Statements ausführt etc. Es erscheinen die Eingabeanweisungen.
13	Der erste Speicherplatz innerhalb des Sektors wird festgelegt.
14	Der gesamte Sektor wird mit Blanks belegt, wodurch sozusagen eine unbeschriebene Zeile entsteht. Dies ist erforderlich, weil andernfalls kurze Lexeme durch Reste füherer Eingaben ergänzt werden könnten.
15	Auf dem Bildschirm erscheint ein Fragezeichen. Die folgende Eingabe wird als Zeichen, beginnend mit dem Wert von I, 30 Zeichen lang, behandelt.
16	Wird ein Leerzeichen eingegeben, führt das Programm die Statements von Zeile 27 an aus.
17	Die Lexemeingabezahl wird erhöht.
18	Ist der Wert von I an dieser Stelle im Programm größer als 90, wird bei 21 fortgesetzt.
19	Andernfalls wird bei I+30 die Belegung fortgesetzt.

Die Anfangswerte für I sind also 1, 31, 61, 91.

20 Bei I+30 wird für 30 Byte die Eingabe erwartet.

21-22 Zur Kontrolle werden die eingegebenen Zeichen nochmals ausgedruckt.

23 Die Sektorenzahl wird erhöht.

24 Die Speicherung erfolgt auf der Magnetplatte in dem nächsten, nicht verwandten Sektor.

25 Es wird bei 11 eine erneute Eingabeaufforderung ausgegeben.

27-28 Durch 16 wird eine Unterbrechung der Eingabe möglich. Der letzte Stand des Lexemzählers und der letzte verwandte Sektor werden ausgedruckt.

29-30 Sie werden in dem Zahlenfeld notiert;

31 und in dem Übersichtssektor auf der Magnetplatte gespeichert.

(Das Programm zur Dateikreation und zur Eingabe der Anfangswerte von L und S wird nicht dargestellt.)

7.2.2. Datenausgabeprogramm

Das Programm druckt die Lexeme aus, wobei zunächst die Sektorzahl, sodann die 4 Lexeme eines Sektors untereinander ausgegeben werden. So konnten Eingabefehler beim Einsatz des Korrekturprogramms leichter berichtigt werden.

```
100 REM DRUCK DER DATEN VOLL
101 REM FÜR FORMFEED PRINT %OC%
105 PRINT DEV(3)
110 OPEN(3,"DORN",A1)
130 CHAR STIC$(128)
140 FOR S=1 TO 1440
141 PRINT S
142 GFBS(A1,STIC$,S,1)
150 FOR D=1 TO 120 STEP 30
180 PRINT TAB(10);STIC$(D,30)
200 NEXT D
210 NEXT S
220 CLSE(A1)
230 END
```

Statement Kommentar

105 Das Ausgabegerät, auf dem der Druck erfolgen soll, wird hier als Gerät 3, der Nadeldrucker, festgelegt. (Die Zeilen der Proramme sind nicht in gleichmäßig

zunehmenden Schritten numeriert, sondern sie tragen die Zeilennummern des letzten Einsatzes.)

140 Der Sektorzähler soll bei 1 beginnen und bei 1440 abbrechen.

141 Der Zählerwert wird ausgedruckt.

142 Der Sektor S wird von der Magnetplatte in den Arbeitsspeicher kopiert.

150 Der Anfangswert innerhalb des Sektors beginnt bei 1, endet bei 120, und wird um jeweils 30 erhöht.

180 Um 10 Leerzeichen versetzt, erscheinen 30 Byte des Stringfeldes STIC$, beginnend bei 0.

200 Der Wert von D wird um 30 erhöht bis 91, dem letzten Wert für die Anfangsposition innerhalb des Sektors.

210 Der Sektorzähler wird um 1 erhöht und der Programmablauf bei 140 fortgesetzt.

7.2.3. Datenkorrekturprogramm

Dieses Programm korrigiert Eingabefehler.

```
10 REM KORREKTURPROGRAMM, NAME: CORR
20 OPEN(3,"PROB",A1)
30 CHAT STIC$(128)
40 PRINT "IN WELCHEM SEKTOR IST EINE ERSETZUNG VORZUNEHMEN?"
50 INPUT S
60 GFBS(A1,STIC$,S,1)
70 FOR W=1 TO 120 STEP 30
71 LET X=(W+29)/30
80 PRINT X;STIC$(W,29)
90 NEXT W
100 PRINT "BENENNE DAS FELD, IN WELCHEM EINE ERSETZUNG VORZUNEHMEN
         *IST,"
110 PRINT "DURCH 1, 2, 3 ODER 4, BITTE!"
120 INPUT F
130 IF F=1 THEN 300
140 IF F=2 THEN 260
150 IF F=3 THEN 180
160 IF F=4 THEN 220
170 GOTO 400
180 PRINT "DAS DRITTE WORT, BITTE!"
190 LET STIC$(61,30)=" "&STIC$(61,30)
200 INPUT STIC$(61,30)
210 GOTO 330
220 PRINT "UND NUN DAS VIERTE WORT, BITTE!"
230 LET STIC$(91,30)=" "&STIC$(91,30)
```

```
240 INPUT STIC$(91,30)
250 GOTO 360
260 PRINT "DAS ZWEITE WORT, BITTE!"
270 LET STIC$(31,30)=" "&STIC$(31,30)
280 INPUT STIC$(31,30)
290 GOTO 330
300 PRINT "DAS ERSTE WORT BITTE!"
310 LET STIC$(1,30)=" "&STIC$(1,30)
320 INPUT STIC$(1,30)
330 PRINT "SIND WEITERE ERSETZUNGEN IN DIESEM SEKTOR VORZUNHMEN?"
340 INPUT A$
350 IF A$="JA" THEN 100
360 PFBS(A1,STIC$,S,1)
370 PRINT "SIND NOCH WEITERE ERSETZUNGEN IM GESAMTWORTSCHATZ
             * VORZUNEHMEN?"
380 INPUT B$
390 IF B$="JA" THEN 40
400 CLSE(A1)
410 END
```

Statement	Kommentar
40	Der Sektor, in dem der Schreib- oder Vertauschungsfehler auftrat, wird erfragt.
60	Die Lexeme dort werden aufgelistet.
100-110	Sodann wird das fehlerhafte Feld innerhalb des Sektors erfragt. (Um den rechten Rand der Druckseite nicht zu beschreiben, werden Programmzeilen, die in diesen reichen würden, ohne Zeilennummer in der folgenden Zeile nach einem * fortgesetzt, der natürlich für den Programmlauf zu entfernen ist.
150	Enthält z.B. das 3. Wort einen Fehler, wird als Input für F 3 eingegeben. Das Programm geht dann zu Statement 180 über.
190	Das dritte Feld, von Byte 61 an 30 Byte, wird geleert und
200	durch die Eingabe belegt.
330	Es wird nach weiteren notwendigen Korrekturen innerhalb des Sektors gefragt.
350	Wird "ja" eingegeben, kann bei 120 ein weiteres Feld benannt werden.
360	Andernfalls erfolgt die Speicherung des Sektors.
370	Es wird nach weiteren Korrekturen im Wortschatz gefragt.
380	Ist der Input "ja", kann bei 40 ein neuer Sektor be-

nannt werden.

7.2.4. Stichprobenprogramm

Diese Programm wählt die Stichprobe der durch Frames zu repräsentierenden Lexeme aus, indem das erste Lexem jedes dritten Sektors durch "S" markiert wird.

```
10 REM MARKIERPROGRAMM MARC
15 CHAR STIC$(128)
20 OPEN(3,"DORN",A1)
30 LET T=1
35 IF T>1429 THEN 90
36 PRINT T
40 GFBS(A1,STIC$,T,1)
50 LET STIC$(30)="S"
60 PFBS(A1,STIC$,T,1)
70 LET T=T+3
80 GOTO 35
90 CLSE(A1)
100 END
```

7.2.5. Kopierprogramm

Das Programm kopiert Analysedateien, die Frames enthalten, von Floppy Disk auf Systemplatten. Da nicht alle Dateien wegen des großen Speicherbedarfs permanent auf Systemplatten gespeichert werden konnten, diese jedoch eine schnellere Zugriffszeit haben und mechanisch unempfindlicher sind, waren vor der Framesystematisierung die Analyseresultate vergangener Sitzungen zu kopieren. Der Ausdruck des Zählers des letzten kopierten Sektors ermöglichte die Feststellung von Kopierfehlern und Beschädigungen der Floppy Disks, die gelegentlich auftraten.

```
10 REM COPY VON ANALYSERESULTATEN VON FLOPPY AUF SYSTEMPLATTE
11 REM NAME: COL11
20 REM 10 FF. VON FLOPPY AUF SYSTEM
30 DIM N(31)
40 CREA(3,"LYSS",1010)
50 OPEN(4,"LYSS",A1)
60 OPEN(3,"LYSS",A2)
70 GFB(A1,N(0),0,1)
80 LET I=N(3)+3
```

```
90 FOR S=0 TO I
100 PRINT S
110 GFB(A1,N(0),S,1)
120 PFB(A2,N(0),S,1)
130 NEXT S
140 PRINT "ZU KOPIEREN WAR BIS SEKTOR", I
150 CLSE(A1=4)
160 CLSE(A2)
170 END
```

7.2.6. Frameübersichtsprogramm

Dieses Programm gibt eine Übersicht über die Resultate der Framesystematisierung, d.h. an welcher Stelle der Datei welche Lexeme durch Frames welchen Typs repräsentiert werden. Da dieses Programm durch Verkürzung aus dem Frameeingabeprogrogramm enstand, das nach der Fertigstellung des Framesystematisierungsprogramms entwickelt wurde, dürfte es erst nach deren Beschreibung unmittelbar verständlich sein.

```
10 REM PROGRAMM ZUR DATENÜBERSICHT: POSY
20 PRINT DEV(3)
30 OPEN(3,"LYSS",A1)
40 OPEN(3,"DORN",A2)
50 DIM L(31)
60 DIM F(319)
70 CHAR STIC$(128)
80 GFBS(A1,L(0),0,1)
90 LET AUF=L(3)
100 PRINT "FLOPPY NO.", L(0)
110 PRINT
120 PRINT
130 LET A=1
140 GFB(A1,L(0),A,1)
150 IF A>AUF THEN 490
160 PRINT "FRAMEANFANG", A
170 LET M=L(0)
180 GFB(A1,F(0),A,M)
190 LET W=F(1)
200 LET S=INT(W)
210 GFBS(A2,STIC$,S,1)
220 LET QQ=(W-S)*12
230 LET P=INT(QQ)
```

```
240 PRINT "FRAMELEXEM"
250 GOTO P OF 260,280,300,320
260 PRINT STIC$(1,29)
270 GOTO 330
280 PRINT STIC$(31,29)
290 GOTO 330
300 PRINT STIC$(61,29)
310 GOTO 330
320 PRINT STIC$(91,29)
330 LET E=F(2)
340 GOTO E OF 350,370,390,410,430,450
350 PRINT "FRAMETYP: PERSON"
360 GOTO 460
370 PRINT "FRAMETYP: GRUPPE"
380 GOTO 460
390 PRINT "FRAMETYP: GEGENSTAND"
400 GOTO 460
410 PRINT "FRAMETYP: SETTING"
420 GOTO 460
430 PRINT "FRAMETYP: EPISODE/AKTION"
440 GOTO 460
450 PRINT "FRAMETYP: ZUSTAND"
460 REM
470 LET A=A+M
480 GOTO 140
490 CLSE(A1)
500 CLSE(A2)
510 PRINT %OC%
520 PRINT %OC%
530 END
```

7.2.7. Framekreationsprogramm

Die Leistung dieses Programms besteht in der interaktiven Framekreation. Ursprünglich war diese Leistung in dem Framesystematisierungsprogramm enthalten. Da jedoch lediglich eine Stichprobe der Lexeme durch Frames repräsentiert wird, erwies sich diese Aufgabenteilung, die durch die Änderung einiger Statements des Framesystematisierungsprogramms bewirkt wird, als vorteilhaft.

```
10 REM FÜR ERGÄNZUNG MODIFIZIERT. NAME: FRA+
20 OPEN(3,"LYSS",A2)
30 CHAR AUCO$(128)
```

```
32 DIM A(31)
34 DIM T(31)
40 DIM N(31)
50 OPEN(3,"DORN",A1)
60 CHAR STIC$(128)
70 CHAR SUCH$(30)
110 GFB(A1,N(0),0,1)
112 GFB(A1,A(0),1431,1)
114 GFB(A1,T(O),1430,1)
120 LET I=N(2)
150 GFBS(A1,STIC$,I,1)
160 LET K=1,L=30
180 PRINT STIC$(K,30)
190 IF STIC$(L)="F" THEN 192
191 GOTO 200
192 PRINT "NOCH EIN FRAME?"
193 INPUT A$
194 IF A$="JA" THEN 590
195 GOTO 570
200 PRINT "BEZEICHNET DAS LEXEM EINEN FRAME?"
210 INPUT A$
220 IF A$="JA" THEN 460
240 PRINT "FRAMEKOMPONENTE?"
245 PRINT STIC$(K,30)
250 INPUT A$
260 IF A$="JA" THEN 5880
420 PRINT "NÄCHSTES LEXEM?"
430 INPUT A$
440 IF A$="JA" THEN 570
450 GOTO 200
460 LET STIC$(L)="F"
470 PFBS(A1,STIC$,I,1)
480 GFBS(A1,STIC$,I,1)
490 GOTO 590
500 IF K>90 THEN 530
510 LET K=30, L=L+30
520 GOTO 180
530 PRINT "WEITER?"
540 INPUT A$
550 IF A$="JA" THEN 570
560 GOTO 9390
570 LET I=I+3
580 GOTO 150
590 PRINT STIC$(K,30)
```

```
600 PRINT "BEZEICHNET DAS LEXEM EINE PERSON(1), GRUPPE(2),
    * GEGENSTAND(3)?"
610 PRINT "SETTING(4), EPISODE/AKTION(5), ZUSTAND(6)?"
620 DIM F(319)
630 FOR R=0 TO 319
640 LET F(R)=0
650 NEXT R
660 INPUT E
670 GOTO E OF 680,710,740,770,800,830
680 LET F(0)=4
685  LET F(2)=E
690 LET F(127)=4
700 GOTO 850
710 LET F(0)=4
715 LET F(2)=E
720 LET F(127)=4
730 GOTO 850
740 LET F(0)=8
745 LET F(2)=E
750 F(255)=8
760 GOTO 850
770 LET F(0)=3
775 LET F(2)=E
780 LET F(95)=3
790 GOTO 850
800 LET F(0)=10
805 LET F(2)=E
810 LET F(319)=10
820 GOTO 850
830 LET F(0)=3
835 LET F(2)=E
840 LET F=(95)=3
850 PRINT "FRAMEKREATION"
860 LET Z=1
870 GOTO 1280
880 LET F(1)=C
1020 PRINT "SYNONYME"
1030 LET Z=2
1040 GOTO 2030
1080 LET M=F(3)
1090 IF M=7 THEN 1190
1100 LET M=M+1
1110 LET F(3+M)=C
1120 LET F(3)=M
```

```
1130 GOTO 1790
1190 PRINT "PERSON"
1200 LET Y=11,Z=3
1210 GOTO 2030
1280 LET SUCH$=" "&SUCH$
1290 PRINT "WELCHES LEXEM IST DEM FRAME ZUZUORDNEN?"
1300 INPUT SUCH$
1301 LET J=CHG(SUCH$(1))-64
1302 IF CHG(SUCH$(2))>76 THEN 1306
1303 LET S=A(J)
1304 LET BR=T(J)
1305 GOTO 1320
1306 LET S=T(J)
1307 LET BR=A(J+1)
1320 IF S>BR THEN 1610
1330 GFBS(A1,AUCO$,S,1)
1340 LET A=1
1350 PRINT AUCO$(A,29)
1360 IF SUCH$(1,29)=AUCO$(A,29) THEN 1570
1370 IF A>90 THEN 1400
1380 LET A=A+30
1390 GOTO 1350
1400 LET S=S+1
1410 GOTO 1320
1570 LET C=S+(A+29)/300
1590 IF Z>2 THEN 1730
1600 GOTO Z OF 880,1080
1610 PRINT "WIEDERHOLEN?"
1620 INPUT A$
1630 IF A$="JA" THEN 1280
1640 LET F=Z
1650 LET O=2
1660 GOTO E OF 1665,1670,1675,1685,1690,1710
1665 GOTO F OF 1020,1190,2000,2160,2320,2420,2520,2640,2780
     *,3120,4050,5630
1670 GOTO F OF 1020,1190,2000,2160,2320,2420,2520,2640,2780
     *,3120,3810,5630
1675 GOTO F OF 1020,1190,2000,2090,2250,2520,3120,3330,4160
     *,4270,4380,4730
1676 LET F=F-12
1680 GOTO F OF 4840,4930,5020,5110,5200,5290,5380,5470,5560,5630
1685 GOTO F OF 1020,1190,2000,2160,2640,2780,3120,3810,5630
1690 GOTO F OF 1020,1190,2000,2160,2320,2420,2520,2640,2780
     *,2920,3000,3250
```

```
1691 LET F=F-12
1695 GOTO F OF 3330,3450,3530,3610,3690,3810,3960,4050,4160
     *,4270,4380,4490
1696 LET F=F-12
1700 GOTO F OF 4570,4650,4730,5630
1710 GOTO F OF 1020,1190,2000,2780,3000,3690,3810,5630
1730 PRINT "GESPEICHERT"
1740 LET M=F(Y)
1750 IF M=10 THEN 1980
1760 LET M=M+1
1770 LET F(Y)=M
1780 LET F(Y+M)=C
1790 PRINT "WEITERE ZUORDNUNGEN IN DIESER DIM.?"
1800 INPUT A$
1810 IF A$="JA" THEN 1850
1820 GOTO 1640
1850 LET F=Z-1
1860 LET O=1
1870 GOTO 1660
1980 PRINT "VOLL"
1990 GOTO 1640
2000 PRINT "GRUPPENBEZEICHNUNG"
2010 GOTO O OF 1280,2015
2015 LET Z=Z+1
2016 PRINT
2020 LET Y=Y+11
2030 PRINT "JA ODER NEIN? ZUORDNUNGEN ZU?",
2031 GOTO 5670
2035 PRINT STIC$(K,29)
2036 INPUT A$
2040 IF A$="JA" THEN 1280
2050 GOTO 1640
2090 PRINT "BESTANDTEILE"
2100 GOTO 2010
2160 PRINT "GEGENSTANDSBEZEICHNUNG"
2170 GOTO 2010
2250 PRINT "ÜBERGEORDNETER VERBAND"
2260 GOTO 2010
2320 PRINT "TIERBEZEICHNUNG"
2330 GOTO 2010
2420 PRINT "PFLANZENBEZEICHNUNG"
2430 GOTO 2010
2520 PRINT "SETTING"
2530 GOTO 2010
```

```
2640 PRINT "ORGANISATIONSBEZEICHNUNG"
2650 GOTO 2010
2780 PRINT "BEREICHSBEZEICHNUNG"
2790 GOTO 2010
2920 PRINT "ZUSTAND"
2930 GOTO 2010
3000 PRINT "VORHERIGE(R) ZUSTAND, EPISODE/AKTION"
3010 GOTO 2010
3120 PRINT "EPISODEN-/AKTIONSBEZEICHNUNG"
3130 GOTO 2010
3250 PRINT "SIMULTANAKTIONEN"
3260 GOTO 2010
3330 PRINT "AKTIVITÄTS/GEBRAUCHSPHASEN"
3340 GOTO 2010
3450 PRINT "STARTSIGNALE"
3460 GOTO 2010
3530 PRINT "STOPSIGNALE"
3540 GOTO 2010
3610 PRINT "RESULTAT"
3620 GOTO 2010
3690 PRINT "FOLGE-EPISODE/ZUSTAND"
3700 GOTO 2010
3810 PRINT "EMOTIONEN"
3820 GOTO 2010
3960 PRINT "MOTIVE"
3970 GOTO 2010
4050 PRINT "DISPOSITIONEN"
4060 GOTO 2010
4160 PRINT "ZIELE/ZWECKE"
4170 GOTO 2010
4270 PRINT "PROBLEME"
4280 GOTO 2010
4380 PRINT "VORKEHRUNGEN"
4390 GOTO 2010
4490 PRINT "REGULATION"
4500 GOTO 2010
4570 PRINT "ABWEICHUNG"
4580 GOTO 2010
4650 PRINT "SANKTION"
4660 GOTO 2010
4730 PRINT "ZEIT"
4740 GOTO 2010
4840 PRINT "FORM"
4850 GOTO 2010
```

```
4930 PRINT "GRÖSSE"
4940 GOTO 2010
5020 PRINT "FARBE"
5030 GOTO 2010
5110 PRINT "GESCHWINDIGKEIT"
5120 GOTO 2010
5200 PRINT "GERÄUSCH"
5210 GOTO 2010
5290 PRINT "GERUCH"
5300 GOTO 2010
5380 PRINT "MATERIAL"
5390 GOTO 2010
5470 PRINT "GEWICHT"
5480 GOTO 2010
5560 PRINT "GESCHMACK"
5570 GOTO 2010
5630 PRINT "FERTIG?"
5640 INPUT A$
5650 IF A$="JA" THEN 5670
5660 GOTO 1020
5670 GFB(A2,N(0),0,1)
5680 PFB(A2,F(0),N(3),F(0))
5690 LET N(3)=N(3)+F(0)
5691 IF N(3)≥1889 THEN 5693
5692 GOTO 5700
5693 PRINT "1 FRAME NOCH"
5700 PFB(A2,N(0),0,1)
5710 GFB(A1,N(0),0,1)
5720 LET N(2)=I
5730 PFB(A1,N(0),0,1)
5840 PRINT "STOP?"
5850 INPUT A$
5860 IF INPUT A$=JA" THEN 9390
5870 GOTO 180
9390 GFB(A1,N(0),0,1)
9400 LET N(2)=I
9410 PFB(A1,N(0),0,1)
9420 CLSE(A1)
9430 CLSE(A2)
9440 GOTO 9470
9450 PRINT "CARRYOVER ERLEDIGEN"
9460 GOTO 9390
9470 END
```

Statement	Kommentar
-70	Nach der Eröffnung der Analysedatei, der Lexemdatei "DORN", der Reservierung von Zahlenfeldern und Stringfeldern wird der Übersichtssektor aus DORN übertragen, um den letzten Analysestand zu übertragen, bei dem fortzusetzen ist.
112,114	Übersichtsinformation über die Datenstruktur in DORN wird kopiert.
120	Mit dem letzten Analysestand N(2), dem 3. Wert, weil die Zählung bei 0 beginnt, des Zahlenfeldes N wird fortgesetzt.
150	Der entsprechende Sektor aus DORN wird in den Arbeitsspeicher kopiert.
190	Enthält das mit K beginnende Feld an der Stelle L die Markierung "F", fragt das Programm, ob noch ein Frame zu kreieren ist.
194	Wird "JA" eingegeben, setzt das Programm bei 590 fort.
195	Andernfalls wird bei 570 der Sektorenzähler um 3 gemäß dem Stichprobenprogramm erhöht und bei 150 der nächste Sektor kopiert.
200	Da das Stichprobenprogramm die jeweils 30. Felder der durch Frames zu repräsentierenden Lexeme mit einem "S" markierte, ist für die so bezeichneten Lexeme ein Frame zu kreieren.
460,470	Die Framemarkierung wird eingefügt und auf die Datei kopiert.
600,610	Für das Lexem werden die Analysefragen nach dem Frametyp gestellt.
620	Ein Zahlenfeld von 10 Sektoren Länge (für 320 Werte) wird bereigestellt und
630-650	von 0 bis 319 mit 0 belegt. Auf diese Weise werden Zahlenwerte früherer Benutzer in dem Speicherbereich und nach Kopie auf den Systemplatten und Floppy Disks überschrieben. Die Null, die als numerisches Äquivalent für "unbeschriebenes Papier" verstanden wird, kann die Laufzeit weiterer Programme reduzieren.
660	Nach der Eingabe des Frametyps geht das Programm
670	z.B. für E=1 zum Statement 680, E=2 zu 710 etc.
680	Die Framelänge wird als erster Wert, angegeben durch die Sektorenzahl, notiert, ebenso als letzter Wert.
685	Sodann wird als dritter Wert die Framezahl einge-

fügt.

850 Das Programm zeigt an, daß ein Frame kreiert wurde.

860 Es erhält einen Wert für einen berechneten Sprungbefehl und setzt bei Statement 1280 fort.

1280 Der Arbeitsspeicherbereich wird von früheren Eingaben gesäubert.

1290 Das Framelexem wird erfragt.

1300 Die Eingabe wird dem Stringfeld SUCH$ zugewiesen.

1301 Durch Umwandlung des ersten Buchstabens des in SUCH$ befindlichen Wortes entsteht nach dem ASCII-Code eine Zahl zwischen 65 für "A" und 90 für "Z". So wird zunächst die Sektorzahl J, bei der die Suche zu beginnen hat, berechnet, indem die Position des Zahlenfeldes bestimmt wird, in dem die Übersicht über die Datenstruktur steht.

1302,1306 Ist der zweite Buchstabe "M", enthält das Zahlenfeld T den Wert für den späteren Einstieg als Wert für S. Liegt der zweite Buchstabe vor "M", ist bei "M" die Suche abzubrechen, wie T(J) festlegt, durch das BR belegt wird.

1307 Die Suche ist zu beenden, wenn die Lexeme mit dem im Alphabet folgenden Anfangsbuchstaben beginnen.

1320 Es wird geprüft, ob der Wert des Sektors, innerhalb dessen gesucht wird, größer als der Abbruchwert ist. Ist dies der Fall, setzt das Programm bei 1610 fort.

1330-1410 Die Sektoren werden in den Arbeitsspeicher kopiert, die Felder mit dem zuzuordnenden Lexem verglichen, bis das zuzuordnende Lexem in der Datenemnge gefunden wird.

1570 Dann erhält C den Wert des Sektors, in dem das Element gefunden wurde, gefolgt von einem Dezimalbestandteil, der das Feld bezeichnet. 123.2 z.B. steht für das 2. der 4 Lexeme im 123. Sektor. Da eine Zahl lediglich 4 Byte zu ihrer Speicherung erfordert, ein Buchstabe dagegen jeweils ein Byte, konnte durch die numerische Kodierung der Speicherbedarf erheblich reduziert werden, weil die Datenmenge überwiegend Lexeme enthält, die aus mehr als vier Buchstaben bestehen.

1590 Übergang zu 1600, da Z=1.

1600 Übergang zu 880.

1610 Auf diese Weise sind Eingabefehler korrigierbar.

880 An der zweiten Stelle im Frame wird das Lexem in kodierter Form gespeichert.

1020	Der Computer zeigt die nächste Framedimension an.
1030	Z erhält einen anderen Wert für berechnete Sprungbefehle.
1040	Über 2040 springt das Programm zu 5670.
5670	Der Sektor auf der Magnetplatte, bei dem die Speicherung des Frames zu beginnen hat, wird dem Übersichtssektor der Analysedatei entnommen.
5680	Beginnend mit dem 1. Wert des Frames dieser von N(3) an in der in F(0) angegebenen Länge auf die Analysedatei kopiert.
5690	Der neue Anfangssektor wird berechnet.
5691	Ist das Dateiende erreicht, wird dies bei 5693 angezeigt.
5700	Der neue Anfangssektor wird gespeichert.
5710-5730	Der letzte Analysestand wird gespeichert.
5840	Der Benutzer wird gefragt, ob er die Analyse abbrechen möchte.
5850,5860	Wenn "JA", werden die Dateien geschlossen und der Programmlauf endet. Bei anderer Eingabe geht das Programm zu 180 über, wo die Kreation weiterer Frames für das Lexem oder ein "Weiterblättern" möglich ist.

Oben wurde bereits angemerkt, wie der Speicherbedarf durch die numerische Kodierung reduziert werden konnte. Als ebenso wichtig erwies sich die Laufzeitreduzierung der Programme durch die Verwendung der strukturellen Information über die Datei "DORN", durch die die Anzahl der zu durchsuchenden Sektoren annähernd halbiert wurde.

```
3
13.1
4
1
578.3
0
0
0
0
0
0
4
421.1
1372.3
178.3
638.3
0
0
0
0
```

Die Frames sind, wie das obige Beispiel zeigt, als Zahlenfolgen gespeichert, die durch die Programme erzeugt und bei der Ausgabe entsprechend rekodiert werden.

Der 0. Wert bezeichnet im Beispiel die Framelänge, der 1. Wert das Lexem in kodierter Form, der 2. Wert den Frametyp, der 3. Wert die Anzahl der Zuordnungen zu der 1. Framedimension. Darauf folgen Zeichen für Leerstellen. Sodann zeigt die Zahl 4 als 11. Wert an, daß die folgende Framedimension 4 Einträge enthält. Dem Zustandekommen dieser Zuordnungen und der Beschreibung des Framesystematisierungsprogramms wendet sich die Darstellung jetzt zu.

7.2.8. Framesystematisierungsprogramm

Dieses Programm kreiiert interaktiv Frames und ermöglicht die top down vom Frame ausgehende Zuordnung von Lexemen zu den Beschreibungsdimensionen.

Außerdem ermöglicht es die bottom up Zuordnung von Lexemen der Datenmenge zu bereits vorhandenen Frames. Ist der Zugriff auf den Zielframe nicht möglich, weil sich dieser zur Laufzeit des Programms in einer anderen als der benutzten Analysedatei befindet, werden Zielframelexem und zuzuordnendes Lexem in einer Datei noch vorzunehmender Zuordnungen gespeichert. Außerdem können die Inhalte der Beschreibungsdimensionen modifiziert werden.

Framekreation und -speicherung wurden bereits beschrieben. Daher wird die Framemodifikation eingehender dargestellt.

```
10 REM FÜR SYSTEMATISIERUNG OHNE FRAMEKREATION. NAME: FRA0
20 OPEN(3,"LYSS",A2)
30 CHAR AUCO$(128)
32 DIM A(31)
34 DIM T(31)
40 DIM N(31)
50 OPEN(3,"DORN",A1)
60 CHAR STIC$(128)
70 CHAR SUCH$(30)
110 GFB(A1,N(0),0,1)
112 GFB(A1,A(0),1431,1)
114 GFB(A1,T(O),1430,1)
120 LET I=N(2)
150 GFBS(A1,STIC$,I,1)
160 LET K=1,L=30
180 PRINT STIC$(K,30)
190 IF STIC$(L)="F" THEN 230
191 GOTO 240
192 PRINT "NOCH EIN FRAME?"
```

```
193 INPUT A$
194 IF A$="JA" THEN 590
195 GOTO 240
200 PRINT "BEZEICHNET DAS LEXEM EINEN FRAME?"
210 INPUT A$
220 IF A$="JA" THEN 460
221 GOTO 240
230 PRINT "DAS LEXEM BEZEICHNET EINEN FRAME"
240 PRINT "FRAMEKOMPONENTE?"
245 PRINT STIC$(K,30)
250 INPUT A$
260 IF A$="JA" THEN 5880
420 PRINT "NÄCHSTES LEXEM?"
430 INPUT A$
440 IF A$="JA" THEN 500
450 GOTO 200
460 LET STIC$(L)="F"
470 PFBS(A1,STIC$,I,1)
480 GFBS(A1,STIC$,I,1)
490 GOTO 590
500 IF K>90 THEN 530
510 LET K=30, L=L+30
520 GOTO 180
530 PRINT "WEITER?"
540 INPUT A$
550 IF A$="JA" THEN 570
560 GOTO 9390
570 LET I=I+3
580 GOTO 150
590 PRINT STIC$(K,30)
600 PRINT "BEZEICHNET DAS LEXEM EINE PERSON(1), GRUPPE(2),
   *GEGENSTAND(3)?"
610 PRINT "SETTING(4), EPISODE/AKTION(5), ZUSTAND(6)?"
620 DIM F(319)
630 FOR R=0 TO 319
640 LET F(R)=0
650 NEXT R
660 INPUT E
670 GOTO E OF 680,710,740,770,800,830
680 LET F(0)=4
685  LET F(2)=E
690 LET F(127)=4
700 GOTO 850
710 LET F(0)=4
```

```
715 LET F(2)=E
720 LET F(127)=4
730 GOTO 850
740 LET F(0)=8
745 LET F(2)=E
750 F(255)=8
760 GOTO 850
770 LET F(0)=3
775 LET F(2)=E
780 LET F(95)=3
790 GOTO 850
800 LET F(0)=10
805 LET F(2)=E
810 LET F(319)=10
820 GOTO 850
830 LET F(0)=3
835 LET F(2)=E
840 LET F=(95)=3
850 PRINT "FRAMEKREATION"
860 LET Z=1
870 GOTO 1280
880 LET F(1)=C
1020 PRINT "SYNONYME"
1030 LET Z=2
1040 GOTO 2030
1080 LET M=F(3)
1090 IF M=7 THEN 1190
1100 LET M=M+1
1110 LET F(3+M)=C
1120 LET F(3)=M
1130 GOTO 1790
1190 PRINT "PERSON"
1200 LET Y=11,Z=3
1210 GOTO 2030
1280 LET SUCH$=" "&SUCH$
1290 PRINT "WELCHES LEXEM IST DEM FRAME ZUZUORDNEN?"
1300 INPUT SUCH$
1301 LET J=CHG(SUCH$(1))-64
1302 IF CHG(SUCH$(2))>76 THEN 1306
1303 LET S=A(J)
1304 LET BR=T(J)
1305 GOTO 1320
1306 LET S=T(J)
1307 LET BR=A(J+1)
```

```
1320 IF S>BR THEN 1610
1330 GFBS(A1,AUCO$,S,1)
1340 LET A=1
1350 PRINT AUCO$(A,29)
1360 IF SUCH$(1,29)=AUCO$(A,29) THEN 1570
1370 IF A>90 THEN 1400
1380 LET A=A+30
1390 GOTO 1350
1400 LET S=S+1
1410 GOTO 1320
1570 LET C=S+(A+29)/300
1590 IF Z 2 THEN 1730
1600 GOTO Z OF 880,1080
1610 PRINT "WIEDERHOLEN?"
1620 INPUT A$
1630 IF A$="JA" THEN 1280
1640 LET F=Z
1650 LET O=2
1660 GOTO E OF 1665,1670,1675,1685,1690,1710
1665 GOTO F OF 1020,1190,2000,2160,2320,2420,2520,2640,2780
     *,3120,4050,5630
1670 GOTO F OF 1020,1190,2000,2160,2320,2420,2520,2640,2780
     *,3120,3810,5630
1675 GOTO F OF 1020,1190,2000,2090,2250,2520,3120,3330,4160
     *,4270,4380,4730
1676 LET F=F-12
1680 GOTO F OF 4840,4930,5020,5110,5200,5290,5380,5470,5560,5630
1685 GOTO F OF 1020,1190,2000,2160,2640,2780,3120,3810,5630
1690 GOTO F OF 1020,1190,2000,2160,2320,2420,2520,2640,2780
    *,2920,3000,3250
1691 LET F=F-12
1695 GOTO F OF 3330,3450,3530,3610,3690,3810,3960,4050,4160
     *,4270,4380,4490
1696 LET F=F-12
1700 GOTO F OF 4570,4650,4730,5630
1710 GOTO F OF 1020,1190,2000,2780,3000,3690,3810,5630
1730 PRINT "GESPEICHERT"
1740 LET M=F(Y)
1750 IF M=10 THEN 1980
1760 LET M=M+1
1770 LET F(Y)=M
1780 LET F(Y+M)=C
1790 PRINT "WEITERE ZUORDNUNGEN IN DIESER DIM.?"
1800 INPUT A$
```

```
1810 IF A$="JA" THEN 1850
1820 GOTO 1640
1850 LET F=Z-1
1860 LET O=1
1870 GOTO 1660
1980 PRINT "VOLL"
1990 GOTO 1640
2000 PRINT "GRUPPENBEZEICHNUNG"
2010 GOTO O OF 1280,2015
2015 LET Z=Z+1
2016 PRINT
2020 LET Y=Y+11
2030 PRINT "JA ODER NEIN? ZUORDNUNGEN ZU?",
2035 PRINT STIC$(K,29)
2036 INPUT A$
2040 IF A$="JA" THEN 1280
2050 GOTO 1640
2090 PRINT "BESTANDTEILE"
2100 GOTO 2010
2160 PRINT "GEGENSTANDSBEZEICHNUNG"
2170 GOTO 2010
2250 PRINT "ÜBERGEORDNETER VERBAND"
2260 GOTO 2010
2320 PRINT "TIERBEZEICHNUNG"
2330 GOTO 2010
2420 PRINT "PFLANZENBEZEICHNUNG"
2430 GOTO 2010
2520 PRINT "SETTING"
2530 GOTO 2010
2640 PRINT "ORGANISATIONSBEZEICHNUNG"
2650 GOTO 2010
2780 PRINT "BEREICHSBEZEICHNUNG"
2790 GOTO 2010
2920 PRINT "ZUSTAND"
2930 GOTO 2010
3000 PRINT "VORHERIGE(R) ZUSTAND, EPISODE/AKTION"
3010 GOTO 2010
3120 PRINT "EPISODEN-/AKTIONSBEZEICHNUNG"
3130 GOTO 2010
3250 PRINT "SIMULTANAKTIONEN"
3260 GOTO 2010
3330 PRINT "AKTIVITÄTS/GEBRAUCHSPHASEN"
3340 GOTO 2010
3450 PRINT "STARTSIGNALE"
```

```
3460 GOTO 2010
3530 PRINT "STOPSIGNALE"
3540 GOTO 2010
3610 PRINT "RESULTAT"
3620 GOTO 2010
3690 PRINT "FOLGE-EPISODE/ZUSTAND"
3700 GOTO 2010
3810 PRINT "EMOTIONEN"
3820 GOTO 2010
3960 PRINT "MOTIVE"
3970 GOTO 2010
4050 PRINT "DISPOSITIONEN"
4060 GOTO 2010
4160 PRINT "ZIELE/ZWECKE"
4170 GOTO 2010
4270 PRINT "PROBLEME"
4280 GOTO 2010
4380 PRINT "VORKEHRUNGEN"
4390 GOTO 2010
4490 PRINT "REGULATION"
4500 GOTO 2010
4570 PRINT "ABWEICHUNG"
4580 GOTO 2010
4650 PRINT "SANKTION"
4660 GOTO 2010
4730 PRINT "ZEIT"
4740 GOTO 2010
4840 PRINT "FORM"
4850 GOTO 2010
4930 PRINT "GRÖSSE"
4940 GOTO 2010
5020 PRINT "FARBE"
5030 GOTO 2010
5110 PRINT "GESCHWINDIGKEIT"
5120 GOTO 2010
5200 PRINT "GERÄUSCH"
5210 GOTO 2010
5290 PRINT "GERUCH"
5300 GOTO 2010
5380 PRINT "MATERIAL"
5390 GOTO 2010
5470 PRINT "GEWICHT"
5480 GOTO 2010
5560 PRINT "GESCHMACK"
```

```
5570 GOTO 2010
5630 PRINT "FERTIG?"
5640 INPUT A$
5650 IF A$="JA" THEN 5670
5660 GOTO 1020
5670 GFB(A2,N(0),0,1)
5680 PFB(A2,F(0),N(3),F(0))
5690 LET N(3)=N(3)+F(0)
5691 IF N(3)>1889 THEN 5693
5692 GOTO 5700
5693 PRINT "1 FRAME NOCH"
5700 PFB(A2,N(0),0,1)
5710 GFB(A1,N(0),0,1)
5720 LET N(2)=I
5730 PFB(A1,N(0),0,1)
5840 PRINT "STOP?"
5850 INPUT A$
5860 IF INPUT A$=JA" THEN 9390
5870 GOTO 180
5880 REM MODIFIKATIONSPROGRAMM
5881 GFB(A1,N(0),0,1)
5882 LET N(2)=I
5883 PFB(A1,N(0),0,1)
5890 LET REC1=I
5895 LET REC3=L
5900 LET REC2=K
5910 DIM W(31)
5920 CHAR HOL$(128)
5930 CHAR PIC$(29)
5940 GOTO 5980
5950 PRINT "O.K.?"
5951 INPUT A$
5952 IF A$="JA" THEN 5954
5953 GOTO 6230
5954 LET I=REC1
5955 LET L=REC3
5960 LET K=REC2
5970 GOTO 180
5980 PRINT "WELCHER FRAME IST ZU VERÄNDERN?"
5990 LET PIC$=" "&PIC$
6000 INPUT PIC$
6010 IF PIC$(1)=" " THEN 5954
6015 GFB(A2,W(0),0,1)
6016 LET AUF=W(3)
```

```
6020 LET U=1
6030 GFB(A2,W(0),U,1)
6040 LET M=W(0)
6050 LET K=W(1)
6060 LET S=INT(R)
6070 GFBS(A1,HOL$,S,1)
6075 LET QQ=(R-S)*12
6080 LET P=INT(QQ)
6090 GOTO P OF 6100,6120,6140,6160
6100 IF PIC$=HOL$(1,29) THEN 6200
6110 GOTO 6170
6120 IF PIC$=HOLS(31,29) THEN 6200
6130 GOTO 6170
6140 IF PIC$=HOL$(61,29) THEN 6200
6150 GOTO 6170
6160 IF PIC$=HOL$(91,29) THEN 6200
6170 LET U=U+M
6180 IF U≥AUF THEN 7760
6190 GOTO 6030
6200 DIM V(319)
6210 GFB(A2,V(0),U,M)
6215 LET E=V(2)
6230 GOTO V(2) OF 6240,6260,6280,6300,6320,6340
6240 PRINT "FRAMETYP: PERSON"
6250 GOTO 6350
6260 PRINT "FRAMETYP: GRUPPE"
6270 GOTO 6350
6280 PRINT "FRAMETYP: GEGENSTAND"
6290 GOTO 6350
6300 PRINT "FRAMETYP: SETTING"
6310 GOTO 6350
6320 PRINT "FRAMETYP: EPISODE/AKTION"
6330 GOTO 6350
6340 PRINT "FRAMETYP: ZUSTAND"
6350 PRINT
6370 PRINT "LEXEM:",
6380 LET R=V(1)
6390 LET S=INT(R)
6400 GFBS(A1,HOL$,S,1)
6405 LET QQ=(R-S)*12
6410 LET P=INT(QQ)
6420 GOTO P OF 6430,6450,6470,6490
6430 PRINT HOL$(1,29)
6440 GOTO 6500
```

```
6450 PRINT HOL$(31,29)
6460 GOTO 6500
6470 PRINT HOL$(61,29)
6480 GOTO 6500
6490 PRINT HOL$(91,29)
6500 PRINT "RICHTIGER TYP?"
6502 INPUT A$
6503 IF A$="JA" THEN 6510
6504 GOTO 6170
6510 PRINT "SYNONYME"
6520 LET X=1
6530 LET G=1
6550 LET Z=3
6560 GOTO 6620
6570 PRINT "PERSON"
6580 LET G=1
6590 LET X=2
6600 LET Z=0
6610 GOTO 6960
6620 LET C=V(Z)
6640 IF C=0 THEN 6790
6650 FOR H=1 TO C
6660 LET R=V(Z+H)
6670 LET S=INT(R)
6680 GFBS(A1,HOL$,S,1)
6685 LET QQ=(R-S)*12
6690 LET P=INT(QQ)
6700 GOTO P OF 6710,6730,6750,6770
6710 PRINT HOL$(1,29)
6720 GOTO 6780
6730 PRINT HOL$(31,29)
6740 GOTO 6780
6750 PRINT HOL$(61,29)
6760 GOTO 6780
6770 PRINT HOL$(91,29)
6780 NEXT H
6790 GOTO 7010
6800 GOTO E OF 6810,6820,6830,6860,6870,6920
6810 GOTO G OF 6570,6930,6950,7090,7110,7130,7150,7170,7210
     *,7410,5950
6820 GOTO G OF 6570,6930,6950,7090,7110,7130,7150,7170,7210
     *,7370,5950
6830 GOTO G OF 6570,6930,7050,7070,7130,7210,7270,7430,7450
     *,7470,7550,7570
```

```
6840 LET Q=G-12
6850 GOTO Q OF 7590,7610,7630,7650,7670,7690,7710,7730,5950
6860 GOTO G OF 6570,6930,6950,7150,7170,7210,7370,5950
6870 GOTO G OF 6570,6930,6950,7090,7110,7130,7150,7170,7190
     *,7230,7250,7270
6880 LET Q=G-12
6890 GOTO Q OF 7290,7310,7330,7350,7370,7390,7410,7430,7450
     *,7470,7490,7510
6900 LET Q=Q-12
6910 GOTO Q OF 7530,7550,5950
6920 GOTO G OF 6570,6930,7170,7230,7350,7370,5950
6930 PRINT "GRUPPE"
6940 GOTO 6960
6950 PRINT"GEGENSTAND"
6960 LET Z=Z+11
6980 PRINT
6990 LET G=G+1
7000 GOTO 6620
7010 PRINT "IST DIESE DIMENSION ZU MODIFIZIEREN?"
7020 INPUT A$
7030 IF A$="JA" THEN 8060
7040 GOTO 6800
7050 PRINT "BESTANDTEILE"
7060 GOTO 6960
7070 PRINT "ÜBEREORDNETER VERBAND"
7080 GOTO 6960
7090 PRINT "TIERBEZEICHNUNG"
7100 GOTO 6960
7110 PRINT "PFLANZENBEZEICHNUNG"
7120 GOTO 6960
7130 PRINT "SETTING"
7140 GOTO 6960
7150 PRINT "ORGANISATIONSBEZEICHNUNG"
7160 GOTO 6960
7170 PRINT "BEREICHSBEZEICHNUNG"
7180 GOTO 6960
7190 PRINT "ZUSTAND"
7200 GOTO 6960
7210 PRINT "VORHERIGE(R) ZUSTAND, EPISODE/AKTION"
7220 GOTO 6960
7230 PRINT "EPISODEN-/AKTIONSBEZEICHNUNG"
7240 GOTO 6960
7250 PRINT "SIMULTANAKTIONEN"
7260 GOTO 6960
```

```
7270 PRINT "AKTIVITÄTS/GEBRAUCHSPHASEN"
7280 GOTO 6960
7290 PRINT "STARTSIGNALE"
7300 GOTO 6960
7310 PRINT "STOPSIGNALE"
7320 GOTO 6960
7330 PRINT "RESULTAT"
7340 GOTO 6960
7350 PRINT "FOLGE-EPISODE/ZUSTAND"
7360 GOTO 6960
7370 PRINT "EMOTIONEN"
7380 GOTO 6960
7390 PRINT "MOTIVE"
7400 GOTO 6960
7410 PRINT "DISPOSITIONEN"
7420 GOTO 6960
7430 PRINT "ZIELE/ZWECKE"
7440 GOTO 6960
7450 PRINT "PROBLEME"
7460 GOTO 6960
7470 PRINT "VORKEHRUNGEN"
7480 GOTO 6960
7490 PRINT "REGULATION"
7500 GOTO 6960
7510 PRINT "ABWEICHUNG"
7520 GOTO 6960
7530 PRINT "SANKTION"
7540 GOTO 6960
7550 PRINT "ZEIT"
7560 GOTO 6960
7570 PRINT "FORM"
7580 GOTO 6960
7590 PRINT "GRÖSSE"
7600 GOTO 6960
7610 PRINT "FARBE"
7620 GOTO 6960
7630 PRINT "GESCHWINDIGKEIT"
7640 GOTO 6960
7650 PRINT "GERÄUSCH"
7660 GOTO 6960
7670 PRINT "GERUCH"
7680 GOTO 6960
7690 PRINT "MATERIAL"
7700 GOTO 6960
```

```
7710 PRINT "GEWICHT"
7720 GOTO 6960
7730 PRINT "GESCHMACK"
7740 GOTO 6960
7750 GOTO 5950
7760 LET J=CHG(PIC$(1))-64
7761 IF CHG(PIC$(2)>76 THEN 7765
7762 LET N=A(J)
7763 LET BR=T(J)
7764 GOTO 7767
7765 LET N=T(J)
7766 LET BR=A(J+1)
7767 IF N>BR THEN 7870
7768 GFBS(A1,HOL$,N,1)
7769 LET A=1
7770 IF PIC$(1,29)=HOL$(A,29) THEN 7910
7800 PRINT HOL$(A,29)
7820 IF A>90 THEN 7850
7830 LET A=A+30
7840 GOTO 7770
7850 LET N=N+1
7860 GOTO 7767
7870 PRINT "LEXEM NICHT VORHANDEN"
7880 GOTO 5980
7910 GFB(A1,N(0),0,1)
7920 LET X=N(5)
7930 IF X 1500 THEN 9450
7940 LET Y=N(6)
7950 IF Y=29 THEN 7980
7960 LET N(6)=Y+2
7970 GOTO 8000
7980 LET N(5)=X+1
7990 LET N(6)=-1
8000 PFB(A1,N(0),0,1)
8010 GFB(A1,N(0),X,1)
8020 LET N(Y+1)=N+(A+29)/300
8030 LET N(Y+2)=I+(K+29)/300
8040 PFB(A1,N(0),X,1)
8050 GOTO 5980
8060 PRINT "ERGÄNZUNG (1), ERSETZUNG O. TILGUNG (2),
     * O. WEITER (3)?"
8070 INPUT Y
8080 GOTO Y OF 8120,8090,6800
8090 PRINT "WELCHES LEXEM SOLL ERSETZT WERDEN?"
```

```
8100 LET F=1
8110 GOTO 8130
8120 LET F=3
8130 LET PIC$=" "&PIC$
8140 INPUT PIC$
8150 LET J=CHG(PIC$(1))-64
8151 IF CHG(PIC$(2) 76 THEN 8155
8152 LET N=A(J)
8153 LET BR=T(J)
8154 GOTO 8160
8155 LET N=T(J)
8156 LET BR=A(J+1)
8160 IF N>BR THEN 7870
8170 GFBS(A1,HOL$,N,1)
8180 LET A=1
8190 PRINT HOL$(A,29)
8200 IF PIC$(1,29)=HOL$(A,29) THEN 8295
8210 IF A>90 THEN 8240
8220 LET A=A+30
8230 GOTO 8190
8240 LET N=N+1
8250 GOTO 8160
8295 LET D=N+(A+29)/300
8320 GOTO F OF 8390,8630,8680
8350 PRINT "WEITERE VERSUCHE?"
8360 INPUT A$
8370 IF A$="JA" THEN 8130
8380 GOTO X OF 6570,6800
8390 LET C=V(Z)
8400 IF C=0 THEN 8460
8410 LET H=1
8420 IF D=V(Z+H) THEN 8510
8430 LET H=H+1
8440 IF H>10 THEN 8490
8450 GOTO 8420
8460 PRINT "DIM. LEER"
8470 GOTO 6800
8480 REM
8490 PRINT "NICHT IN DIESER DIMENSION"
8500 GOTO 6800
8510 PRINT "NUR TILGUNG?"
8520 LET V(Z+H)=1.1
8540 INPUT A$
8550 IF A$="JA" THEN 8570
```

```
8560 GOTO 8600
8570 PFB(A2,V(0),U,M)
8580 GOTO 8060
8600 PRINT "WELCHES LEXEM SOLL NEU EINGEFÜGT WERDEN?"
8610 LET F=2
8620 GOTO 8130
8630 LET V(Z+H)=D
8640 GOTO 8570
8680 LET C=V(Z)
8700 GOTO X OF 8710,8730
8710 IF C=7 THEN 6800
8720 GOTO 8740
8730 IF C=10 THEN 6800
8740 LET C=C+1
8750 LET V(Z)=C
8760 LET V(Z+C)=D
8770 PFB(A2,V(0),U,M)
8790 REM
9000 GOTO 8060
9390 GFB(A1,N(0),0,1)
9400 LET N(2)=I
9410 PFB(A1,N(0),0,1)
9420 CLSE(A1)
9430 CLSE(A2)
9440 GOTO 9470
9450 PRINT "CARRYOVER ERLEDIGEN"
9460 GOTO 9390
9470 END
```

Statement	Kommentar
230	Wurde das Lexem bereits durch einen Frame repräsentiert, zeigt das Programm dieses an und
240	fragt, ob es einem Frame zugeordnet werden soll. Dies erfolgt auch bei den unmarkierten Lexemen.
260	Ist die Antwort "JA" geht das Programm zur Framemodifikationskompnente weiter, die bei Statement 5980 beginnt.
420	Andernfalls wird gefragt, ob das nächste Lexem auf dem Bildschirm ausgedruckt werden soll.
440	Ist die Eingabe "JA", wird bei 510
510	der Wert für das nächste Feld des Sektors festgelegt und bei 180 das Lexem ausgegeben.
500	Ist der Sektor erschöpft, wird gefragt,
530	ob der nächste Sektor kopiert werden soll.

550	Ist die Eingabe "JA", wird die
570	Sektorenzahl erhöht, so daß bei 150 der nächste Sektor in den Arbeitsspeicher kopiert wird.
560	Soll durch eine andere Eingabe als "JA" das Blättern beendet werden, geht das Programm zu Statement 9390 über.
9390	Der letzte Analysestand wird notiert und der Programmlauf nach Schließen der Dateien beendet.
5880-5930	Nach Speichern der Werte für den Analysestand und der Reservierung von Speicherbereichen
5980	Wird nach dem Lexem, das den zu modifizierenden Frame bezeichnet, gefragt.
6010	Wird ein Blank eingegeben, geht das Programm zu Statement 5954 über.
5954	Dort werden die Variablen für den Analysestand belegt und nach dem Übergang zu Statement 180 das nächste Lexem ausgegeben.
6015	Andernfalls wird die Sektorzahl AUF bestimmt, bei der die Suche nach dem Frame zu beenden ist.
6020	Bei dem Wert von U soll die Suche beginnen.
6030	Der U. Sektor wird in den Arbeitsspeicher kopiert.
6040	Die Variable M wird durch die Framelänge belegt.
6050	R wird durch das Framelexem in kodierter Form belegt.
6060	Zunächst wird die Zahl für den Sektor bestimmt, indem das Lexem steht, indem der Ganzzahlbestandteil berechnet wird.
6070	Der Sektor wird kopiert,
6075-6090	der Dezimalbestandteil in eine ganze Zahl für einen berechneten Sprungbefehl umgewandelt und dieser ausgeführt. (6075,6080 sind erforderlich gewesen, um Rundungsfehler meines Computers auszugleichen.) P habe z.B. den Wert 4.
6160	Dann wird das eingegebene Lexem mit dem 4. Lexem im S. Sektor verglichen.
6170	Waren die Lexeme verschieden, erfolgt die Berechnung der nächsten Anfangssektorzahl mit framebezeichnendem Lexem. Andernfalls geht das Programm zu Statement 6200 über.
6180	Es wird geprüft, ob die Datei erschöpft ist.
6190	Ist dies nicht der Fall, wird die Suche bei 6030 fortgesetzt. Andernfalls geht das Programm zu 7760 über.
7760-7870	Daß das framebezeichnende Lexem nicht gefunden wer-

den konnte, kann daran liegen, daß es in der Datei nicht oder zumindest nicht in der eingegebenen Form enthalten ist. Das Programm zeigt dies an und geht zu 5980, wo eine erneute Eingabe möglich ist.

7910 Ist das framebezeichnende Lexem in der Datenmenge enthalten, kann aber zur Laufzeit nicht gefunden werden, heißt das, daß der Zugriff auf die Analysedatei nicht möglich ist.

7920 Folglich ist der Wert von X zu bestimmen, das den Sektor in der Datei noch vorzunehmender Zuordnungen bezeichnet, in dem die Kennziffer des Lexems, das den zu modifizierenden bezeichnet, zu speichern ist.

7930 Sollte die Datei erschöpft sein, geht das Programm zu 9450 über.

9450 Es fordert zur Erledigung der zur Laufzeit des Programms nicht möglichen Zuordnungen auf und beendet den Programmlauf.

7940-8050 Nach der Bestimmung der Stelle innerhalb des Sektors, an der die Speicherung erfolgen soll, werden das Lexem, das den zu modifizierenden Frame bezeichnet, und das zuzuordnende Lexem gespeichert. Bei 5980 wird dann nach dem nächsten zu modifizierenden Frame gefragt.

6200-6490 Der Frame wird in den Arbeitsspeicher kopiert, Frametyp und Framelexem werden ausgedruckt.

6500 Erfragt wird, ob der richtige Frametyp gefunden wurde. Ist dies nicht der Fall, wird die Suche bei bei 6170 fortgesetzt.

6510 Ist dies der Fall, wird die Framedimension SYNONYME angezeigt,

6520 der Wert für X, für berechneten Sprungbefehl in 8380

6530- der Wert für G, für berechneten Sprungbefehl ab 6800

6550,6560 und Z festgelegt und bei 6220 fortgesetzt.

6620 Hier wird die Position des Zählers für Zuordnungen innerhalb der Framedimension bestimmt.

6640 Hat dieser Wert 0, wurden keine Zuordnungen vorgenommen und ist die Dimension somit leer, geht das Programm über 6790 zu 7010, wo gefragt wird, ob die Einträge der Framedimension modifiziert werden sollen.

7000 Wird dies verneint, geht das Programm zu Statement 6800 über.

6800 Je nach dem Wert für E, dem Frametyp, geht das Programm zum entsprechenden Statement über, wo es wiederum zu dem Statement mit dem Wert von G in der Reihenfolge übergeht. (Q ist eine Hilfsvariable, weil die Zeilenlänge überschritten wird.)

6650-6780 Ist der Zuordnungszähler nicht = 0, werden alle auf ihn folgenden Kodezahlen dekodiert und ausgedruckt, bis die Anzahl der Elemente in den Framedimensionen erreicht wird.

6790 Sodann springt das Programm zum Statement 7010, wo

7010 gefragt wird, ob die Dimension zu modifizieren ist.

7030 Ist dies der Fall, geht das Programm zum Statement 8060.

7040 Ist dies nicht der Fall, geht das Programm zum "Verteiler", den mit 6800 beginnenden Statements.

8060 Zunächst wird erfragt, ob die Modifikation in einer Ergänzung, Ersetzung oder Tilgung besteht, oder ob die nächste Framedimension modifiziert werden soll.

8080 Bei Ergänzung geht das Programm zum Statement 8120,

8120-83202 wo F den Wert 3 für einen Sprungbefehl erhält, das Lexem kodiert und schließlich zu Statement 8680 übergegangen wird.

8680 Der Zuordnungszähler für die Framedimension wird geprüft.

8700 Im Fall der SYNONYME geht das Programm zu Statement 8710.

8710 Nach 7 Zuordnungen ist diese Dimension erschöpft. Ist dies der Fall, kann nach 6800 die nächste Dimension modifiziert werden.

8720 Ist dies nicht der Fall,

8740,8750 wird der Zuordnungszähler erhöht, das Lexem an der entsprechenden Stelle ohne vorherigen Eintrag gespeichert, und

8770 die Framemodifikation auf der Magnetplatte gespeichert.

9000 Danach geht das Programm zu Statement 8060 über, wo weitere Modifikationen möglich sind.

8060 Soll eine Tilgung vorgenommen werden, geht das Programm zum Statement 8090 über,

8090 welches das zu ersetzende Lexem erfragt.

8100-8320 Nach der Kodierung, vielleicht nach mehreren Zuordnungsversuchen, die wegen Eingabefehlern erforderlich sein können, geht das Programm zu Statement 8390 über.

8090-8490 Hier wird geprüft, ob die Dimension leer ist, sodann, ob das Element in der Dimension enthalten ist.

	In beiden Fällen geht das Programm zu 6800.
8420	Wurde das Lexem in kodierter Form an der Stelle V(Z+H) in der Dimension gefunden,
8510	wird nun gefragt, ob das Element lediglich zu tilgen ist.
8520	Das "leere Wort" 1.1 nimmt dann die Stelle des zu tilgenden Lexems ein.
8550	Soll lediglich eine Tilgung erfolgen, wird der Frame in modifizierter Form gespeichert. Sodann sind weitere Modifikationen möglich.
8600-8620	Sollte nicht nur ein Lexem getilgt, sondern durch ein anderes ersetzt werden, geht das Programm zum Statement 8130 über, nachdem F den Wert 2 erhielt.
8130-8320	Nach der Kodierung geht das Programm zum Statement 8630 über,
8630	wo das "leere Wort" durch das zur Ersetzung vorgesehene überschrieben und der Frame gespeichert wird.
8060	Sodann ist ein Übergang zur nächsten Framedimension möglich.
6800-	führt für alle Frames zum Übergang auf 6570,
6570	wo das Programm die nächste Framedimension anzeigt und schließlich zu 6960 übergeht.
6960	Hier wird für alle nun folgenden Framedimensionen der Wert für die Zahl berechnet, welche die Position des Zuordnungszählers im Frame bezeichnet, so daß nach der Auflistung der Einträge der Framedimension deren Modifikation möglich ist.

7.2.9. Ausgabeprogramm der unerledigten Zuordnungen

Die Notwendigkeit dieses Programms wurde oben bei der Kommentierung des Statements 7910 des Framesystematisierungsprogramms begründet.

Es druckt jeweils die Bezeichnung ZIELFRAME, gefolgt von dem diesen bezeichnenden Lexem, sodann FRAMEKOMPONENTE mit dem entsprechenden Lexem aus, bis die Datei erschöpft ist.

Ein anderes Programm erledigt die Eingabe der neuen Anfangswerte für die Speicherung.

```
10 REM CARRYOVERDRUCK NAME: CARD
20 OPEN(3,"DORN",A1)
30 DIM N(31)
35 PRINT DEV(3)
40 CHAR STIC$(128)
```

```
50 PRINT "0,2...ZIELFRAME  1,3...FRAMEKOMPONENTE"
60 PRINT
70 PRINT
75 LET Z=1
80 LET A=1450
90 IF A>1499 THEN 340
100 GFB(A1,N(0),A,1)
110 LET B=0
120 IF N(B)=0 THEN 340
121 GOTO Z OF 122,125
122 PRINT "ZIELFRAME"
123 LET Z=2
124 GOTO 130
125 PRINT "FRAMEKOMPONENTE"
126 LET Z=1
130 LET S=INT(N(B))
140 GFBS(A1,STIC$,S,1)
145 LET QQ=(N(B)-S)*12
150 LET F=INT(QQ)
160 GOTO F OF 170,190,210,230
170 PRINT TAB(10);STIC$(1,29),B
180 GOTO 240
190 PRINT TAB(10);STIC$(31,29),B
200 GOTO 240
210 PRINT TAB(10);STIC$(61,29),B
220 GOTO 240
230 PRINT TAB(10);STIC$(91,29),B
240 LET B=B+1
242 PRINT
250 IF B>31 THEN 310
260 GOTO 120
310 LET A=A+1
320 GOTO 90
340 PRINT "CARRYOVERZAHLEN ERSCHÖPFT"
350 CLSE(A1)
360 END
```

7.2.10. Ausgabe der Frames

Dieses Programm druckt die Frames aus, die in der Analysedatei enthalten sind, indem die Dezimalzahlen auf "DORN" bezogen dekodiert und die dem Frametyp entsprechenden Framedimensionen eingefügt werden. Da es sich hier lediglich um eine Erweiterung des bereits bekannten Dekodierungsprozesses bei der

Framemodifikation handelt, dürfte das Programm unmittelbar verständlich sein.

```
10 REM DRUCKPROGRAMM AUS BEAU. NAME: BOSS
20 PRINT DEV(3)
30 OPEN(3,"LYSS",A2)
40 OPEN(3,"DORN",A1)
50 CHAR HOL$(128)
60 CHAR STIC$(128)
70 DIM V(319)
80 DIM W(31)
90 DIM A(31)
100 GFB(A2,A(0),0,1)
110 LET AUF=A(3)
120 PRINT "FLOPPY NO.",A(0)
130 FOR B=1 TO 3
140 PRINT
150 NEXT B
160 LET U=1
170 GFB(A2,W(0),U,1)
180 IF U>AUF THEN 2300
190 LET M=W(0)
200 GFB(A2,V(0),U,M)
210 LET E=V(2)
220 GOTO E OF 230,250,270,290,310,330
230 PRINT"FAREMTYP: PERSON"
240 GOTO 340
250 PRINT"FRAMETYP: GRUPPE"
260 GOTO 340
270 PRINT"FRAMETYP: GEGENSTAND"
280 GOTO 340
290 PRINT"FRAMETYP: SETTING"
300 GOTO 340
310 PRINT"EPISODE/AKTION"
320 GOTO 340
330 PRINT"FRAMETYP: ZUSTAND"
340 PRINT
350 PRINT
360 PRINT"LEXEM:",
370 LET R=V(1)
380 LET S=INT(R)
390 GFBS(A1,HOL$,S,1)
400 LET QQ=(R-S)*12
410 LET P=INT(QQ)
```

```
420 PRINT TAB(7);
430 GOTO P OF 440,460,480,500
440 PRINT HOL$(1,29)
450 GOTO 510
460 PRINT HOL$(31,29)
470 GOTO 510
480 PRINT HOL$(61,29)
490 GOTO 510
500 PRINT HOL$(91,29)
510 PRINT
520 PRINT"SYNONYME"
530 PRINT
540 LET Z=3
550 LET C=V(2)
560 IF C=0 THEN 730
570 FOR H=1 TO C
580 LET R=V(Z+H)
590 LET S=INT(R)
600 GFBS(A1,HOL$,S,1)
610 LET QQ=(R-S)*12
620 LET P=INT(QQ)
630 PRINT TAB(7);
640 GOTO P OF 650,670,690,710
650 PRINT HOL$(1,29)
660 GOTO 720
670 PRINT HOL$(31,29)
680 GOTO 720
690 PRINT HOL$(61,29)
700 GOTO 720
710 PRINT HOL$(91,29)590
720 NEXT H
730 REM
740 PRINT
750 PRINT "PERSONENBEZEICHNUNG"
760 PRINT
770 LET Z=11
780 LET G=1
790 LET C=V(Z)
800 IF C=0 THEN 980
810 FOR H=1 TO C
820 LET R=V(Z+H)
830 LET S=INT(R)
840 GFBS(A1,HOL$,S,1)
850 LET QQ=(R-S)*12
```

```
860 LET P=INT(QQ)
870 PRINT TAB(7);
880 GOTO P OF 890,910,930,950
890 PRINT HOL$(1,29)
900 GOTO 960
910 PRINT HOL$(31,29)
920 GOTO 960
930 PRINT HOL$(61,29)
940 GOTO 960
950 PRINT HOL$(91,29)590
960 NEXT H
970 PRINT
980 GOTO E OF 990,1000,1010,1040,1050,1100
990 GOTO G OF 1110,1170,1280,1310,1340,1370,1400,1460,1760,2270
1000 GOTO G OF 1110,1170,1280,1310,1340,1370,1400,1460,1700,2270
1010 GOTO G OF 1110,1220,1250,1340,1460,1550,1790,1820,1850,1970
     *,2000,2030
1020 LET Q=G-12
1030 GOTO Q OF 2060,2090,2120,2150,2180,2210,2240,2270
1040 GOTO G OF 1110,1170,1370,1400,1460,1700,2270
1050 GOTO G OF 1110,1170,1280,1310,1340,1370,1400,1430,1490,1520
     *,1550,1580
1060 LET Q=G-12
1070 GOTO Q OF 1610,1640,1670,1700,1730,1760,1790,1820,1850,1880
     *,1910,1940
1080 LET Q=Q-12
1090 GOTO Q OF 1970,2270
1100 GOTO G OF 1110,1400,1490,1670,1700,2270
1110 PRINT
1120 PRINT "GRUPPENBEZEICHNUNG"
1130 PRINT
1140 LET Z=Z+11
1150 LET G=2
1160 GOTO 790
1170 PRINT "GEGENSTANDBEZEICHNUNG"
1180 PRINT
1190 LET Z=Z+11
1200 LET G=G+1
1210 GOTO 790
1220 PRINT "KOMPONENTENBEZEICHNUNGEN"
1230 PRINT
1240 GOTO 1190
1250 PRINT "ÜBERGEORDNETER VERBAND"
1260 PRINT
```

```
1270 GOTO 1190
1280 PRINT "TIERBEZEICHNUNG"
1290 PRINT
1300 GOTO 1190
1310 PRINT "PFLANZENBEZEICHNUNG"
1320 PRINT
1330 GOTO 1190
1340 PRINT "SETTING"
1350 PRINT
1360 GOTO 1190
1370 PRINT "ORGANISATIONSBEZEICHNUNG"
1380 PRINT
1390 GOTO 1190
1400 PRINT "BEREICHSBEZEICHNUNG"
1410 PRINT
1420 GOTO 1190
1430 PRINT "ZUSTANDSBEZEICHNUNG"
1440 PRINT
1450 GOTO 1190
1460 PRINT "EPISODEN/AKTIONS-BEZEICHNUNG"
1470 PRINT
1480 GOTO 1190
1490 PRINT "VORHERIGE(R) ZUSTAND/EPISODE-AKTIONSBEZEICHNUNG"
1500 PRINT
1510 GOTO 1190
1520 PRINT "SIMULATANAKTIONENBEZEICHNUNG"
1530 PRINT
1540 GOTO 1190
1550 PRINT "AKTIVITÄTS/GEBRAUCHSPHASEN"
1560 PRINT
1570 GOTO 1190
1580 PRINT "INITIATIONSBEZEICHNUNG"
1590 PRINT
1600 GOTO 1190
1610 PRINT "TERINATIONSBEZEICHNUNG"
1620 PRINT
1630 GOTO 1190
1640 PRINT "RESULTATBEZEICHNUNG"
1650 PRINT
1660 GOTO 1190
1670 PRINT "FOLGEEPISODE-/ZUSTANDSBEZEICHNUNG"
1680 PRINT
1690 GOTO 1190
1700 PRINT "EMOTIONSBEZEICHNUNG"
```

```
1710 PRINT
1720 GOTO 1190
1730 PRINT "MOTIVBEZEICHNUNG"
1740 PRINT
1750 GOTO 1190
1760 PRINT "DISPOSITIONSBEZEICHNUNG"
1770 PRINT
1780 GOTO 1190
1790 PRINT "ZIELE/ZWECK-BEZEICHNUNG"
1800 PRINT
1810 GOTO 1190
1820 PRINT "PROBLEMBEZEICHNUNG"
1830 PRINT
1840 GOTO 1190
1850 PRINT "VORKEHRUNGSBEZEICHNUNG"
1860 PRINT
1870 GOTO 1190
1880 PRINT "REGULATIONSBEZEICHNUNG"
1890 PRINT
1900 GOTO 1190
1910 PRINT "ABWEICHUNGSBEZEICHNUNG"
1920 PRINT
1930 GOTO 1190
1940 PRINT "SANKTIONSBEZEICHNUNG"
1950 PRINT
1960 GOTO 1190
1970 PRINT "ZEITANGABENBEZEICHNUNG"
1980 PRINT
1990 GOTO 1190
2000 PRINT "FORMBEZEICHNUNG"
2010 PRINT
2020 GOTO 1190
2030 PRINT "GRÖSSENBEZEICHNUNG"
2040 PRINT
2050 GOTO 1190
2060 PRINT "FARBBEZEICHNUNG"
2070 PRINT
2080 GOTO 1190
2090 PRINT "GESCHWINDIGKEITSBEZEICHNUNG"
2100 PRINT
2110 GOTO 1190
2120 PRINT "GERÄUSCHBEZEICHNUNG"
2130 PRINT
2140 GOTO 1190
```

```
2150 PRINT "GERUCHSBEZEICHNUNG"
2160 PRINT
2170 GOTO 1190
2180 PRINT "MATERIALBEZEICHNUNG"
2190 PRINT
2200 GOTO 1190
2210 PRINT "GEWICHTSBEZEICHNUNG"
2220 PRINT
2230 GOTO 1190
2240 PRINT "GESCHMACKSBEZEICHNUNG"
2250 PRINT
2260 GOTO 1190
2270 LET U=U+M
2280 PRINT %OC%
2290 GOTO 170
2300 CLSE(A1)
2310 CLSE(A2)
2320 END
```

7.2.11. Kopierprogramm

Dieses Programm kopiert die Anaylseresultate von der Systemplatte auf eine Floppy Disk.

```
180 REM VON SYSTEM AUF FLOPPY
200 DIM N(31)
210 OPEN(4,"LYSS",A1)
220 OPEN(3,"LYSS",A2)
230 GFB(A2,N(0),0,1)
240 LET I=N(3)+3
250 FOR S=0 TO I
260 PRINT S
270 GFB(A2,N(0),S,1)
280 PFB(A1,N(0),S,1)
290 NEXT S
300 PRINT "ZU KOPIEREN WAR BIS SEKTOR", I
310 CLSE(A1)
320 CLSE(A2)
330 END
```

7.2.12. Framekategoriemodifikation

Dieses Programm ermöglicht die interaktive Modifikation des Frametyps. Wie bei der Framemodifikation wird zunächst der

Frame gesucht.

```
10 REM KATEGORIEMODIFIKATION. CAMO
20 OPEN(3,"DORN",A1)
30 OPEN(3,"LYSS",A2)
40 DIM V(319)
50 DIM W (31)
60 CHAR HOL$(128)
70 CHAR PIC$(29)
80 PRINT "DIE KATEGORIE VON WELCHEM FRAMEWORT IST ZU MODIFIZIEREN?"
90 LET PIC$=" "&PIC$
100 INPUT PIC$
110 IF PIC$(1)=" " THEN 780
120 LET U=1
130 GFB(A2,V(0),U,1)
140 LET M=V(0)
150 LET R=V(1)
160 LET LET S=INT(R)
170 GFBS(A1,HOL$,S,1)
180 LET LET QQ=(R-S)*12
190 LET LET P=INT(QQ)
200 GOTO P OF 210,230,250,270
210 IF PIC$=HOL$(1,29) THEN 320
220 GOTO 280
230 IF PIC$=HOL$(31,29) THEN 320
240 GOTO 280
250 IF PIC$=HOL$(61,29) THEN 320
260 GOTO 280
270 IF PIC$=HOL$(91,29) THEN 320
280 REM
290 LET U=U+M
300 IF U > 1890 THEN 620
310 GOTO 130
320 GFB(A2,V(0),U,M)
330 PRINT "FRAMETYPZAHL",V(2)
340 LET E=V(2)
350 GOTO E OF 360,380,400,420,440,460
360 PRINT"FRAMETYP: PERSON"
370 GOTO 470
380 PRINT"FRAMETYP: GRUPPE"
390 GOTO 470
400 PRINT"FRAMETYP: GEGENSTAND"
410 GOTO 470
420 PRINT"FRAMETYP: SETTING"
```

```
430 GOTO 470
440 PRINT"FRAMETYP: EPISODE/AKTION"
450 GOTO 470
460 PRINT"FRAMETYP: ZUSTAND"
470 PRINT
480 PRINT"IST DIESER FRAMETYP ZU VERÄNDERN?"
490 INPUT A$
500 IF A$="JA" THEN 520
510 GOTO 280
520 PRINT"IST DIES EIN FRAME DER KATEGORIE EPISODE/AKTION?"
530 INPUT A$
540 IF A$="JA" THEN 560
550 GOTO 660
560 PRINT"IST DER TYP ZU ÄNDERN IN PERSON(1), GRUPPE(2), GEGEN-"
570 PRINT"STAND(3), SETTING(4), ZUSTAND(6)?"
580 INPUT T
590 LET V(2)=T
600 PFB(A2,V(0),U,V(0))
610 GOTO 750
620 PRINT"DAS FRAMEWORT IST NICHT AUF DIESER FLOPPY!"
630 GFB(A2,W(0),0,1)
640 PRINT"MIT DER NUMMER",W(0)
650 GOTO 750
660 PRINT"ZULÄSSIGE KAT.-MODIFIKATIONEN:"
670 PRINT"1,2    IN  4, 6"
680 PRINT"3      IN  1, 2, 4, 6"
690 PRINT"4      IN  6"
700 PRINT"5      IN  1, 2, 3, 4, 6"
710 PRINT"6      IN  4"
720 PRINT"IST EINE ZULSSIGE KAT.-MODIFIKATION INTENDIERT?"
730 INPUT A$
740 IF A$="JA" THEN 560
750 PRINT"WEITERE KAT.-MODIFIKATIONEN?"
760 INPUT A$
770 IF A$="JA" THEN 80
780 CLSE(A1)
790 CLSE(A2)
800 END
```

Statement	Kommentar
520	Dieser Frametyp beansprucht mit 10 Sektoren den meisten Speicherplatz aller Frames. Folglich kann er beliebig verändert, d.h. gekürzt, werden.

660	Für die übrigen Frametypen werden die zulässigen Modifikationen aufgelistet.
720	Soll eine zulässige Modifikation vorgenommen werden,
560	werden die Frametypen aufgelistet,
580	die Frametypzahl eingegeben
590,600	und gespeichert.
750	Schließlich wird gefragt, ob weitere Modifikationen erforderlich sind.

Bei dieser Programmkonzeption sind allein die Sektorenzahl nicht vergrößernde Modifikationen möglich. Für zukünftige Untersuchungen sind auch die Sektorenzahl vergrößernde Modifikationen vorzusehen. Dies würde eine am Dateiende beginnende Weiterspeicherung oder die Annahme der maximalen Länge für alle Frametypen erfordern. Die Initialisierung des angefügten Teils und die Speicherung der neuen Dateilänge im Übersichtssektor wären für den ersten Fall verantwortlich.

7.2.13. Zuordnungsanalyseprogramm

Um eine Übersicht darüber zu erhalten, welche Lexeme welchen Frames zugewiesen wurden, war ein Programm mit eben dieser Leistung zu schreiben. Es setzt eine Kopie früherer Framesystematisierungen, deren Überprüfung durch das Datenübersichtsprogramm und ggf. eine Kopie der Resultate vorheriger Analyseergebnisse voraus. Ebenso sind nach seinem Lauf die Analyseresultate wiederum auf Floppy Disk zu kopieren. (Die beiden letztgenannten Kopierprogramme werden wegen ihrer Ähnlichkeit mit den bereits dargestellten nicht beschrieben.)

```
10 REM ZUORDNUNGSANALYSEPROGRAMM. DAT3
30 DIM A(31)
40 DIM F(319)
50 DIM N(31)
60 DIM E(31)
70 LET AB=0
80 OPEN(2,"LYSA",A3)
90 OPEN(3,"LYSS",A2)
110 LET F=410
120 LET C=1425.3
130 LET G=0
140 LET U=1
150 GFB(A2,N(0),0,1)
170 LET AUF=N(3)
```

```
180 LET A=INT(C)
190 LET B=0.1
200 IF G>30 THEN 330
220 LET E(G)=1
230 LET G=G+1
240 LET E(G)=C
250 LET G=G+1
320 GOTO 460
330 LET G=0
340 PFB(A3,E(0),F,1)
350 LET F=F+1
360 LET E(G)=1
370 LET G=G+1
380 LET E(G)=C
390 LET G=G+1
400 GFB(A3,N(0),0,1)
410 LET N(10)=F
420 LET N(11)=C
430 LET N(12)=G
440 LET N(13)=U
450 PFB(A3,N(0),0,1)
460 GFB(A2,A(0),U,1)
480 IF U >= AÚF THEN 1150
490 LET M=A(0)
500 GFB(A2,F(0),U,M)
510 LET U=U+M
520 LET T=A(2)
530 GOTO T OF 540,540,560,580,600,580
540 LET L=127
550 GOTO 610
560 LET L=255
570 GOTO 610
580 LET L=95
590 GOTO 610
600 LET L=319
610 LET I=2
630 IF F(I)=C THEN 860
650 LET I=I+1
660 IF I = 11 THEN 680
670 GOTO 630
680 LET IM=11
690 LET I=IM
700 IF I>L THEN 460
710 IF F(I)=0 THEN 810
```

```
720 IF AB =11 THEN 810
750 LET AB=AB+1
760 LET I=IM+AB
780 IF I>L THEN 460
790 IF F(I)=C THEN 860
800 GOTO 720
810 LET IM=IM+11
820 LET I=IM
830 LET AB=0
850 GOTO 700
860 IF G 30 THEN 1010
870 PRINT"**BITTE BILDSCHIRM IN RUHE LASSEN! PROGRAMM LÄUFT!**"
880 PRINT"**ANFRAGEN AN IMMO WEGNER. TEL. 3276**"
890 PRINT"SEKTOR=";F
900 LET E(G)=2
910 LET G=G+1
920 LET E(G)=F(1)
930 LET G=G+1
1000 GOTO 460
1010 LET G=0
1020 PFB(A3,E(0),F,1)
1030 LET F=F+1
1040 LET E(G)=2
1050 LET G=G+1
1060 LET E(G)=F(1)
1070 LET G=G+1
1080 GFB(A3,N(0),0,1)
1090 LET N(10)=F
1100 LET N(11)=C
1110 LET N(12)=G
1120 LET N(13)=U
1130 PFB(A3,N(0),0,1)
1140 GOTO 460
1150 LET U=1
1160 LET B=B+0.1
1170 IF B>0.45 THEN 1210
1180 LET C=A+B
1190 IF C>1428.45 THEN 1250
1200 GOTO 200
1210 LET B=0.1
1220 LET A=A+1
1230 LET C=A+B
1240 GOTO 1190
1250 GFB(A3,N(0),0,1)
```

```
1260 LET E(10)=F
1270 PFB(A3,N(0),0,1)
1275 PFB(A3,N(0),F,1)
1280 CLSE(A2)
1290 CLSE(A3)
1300 END
```

Das Programm speichert die Kodezahlen, die es generiert, und die den Lexemen in kodierter Form entsprechen, wobei jeder Kodezahl eine Kennziffer vorangestellt wird, die anzeigt, daß die Datenmenge auf die Vorkommen dieser Zahl analysiert wird.

Sodann werden die Frames der Analysedatei nacheinander daraufhin untersucht, wo das Lexem vorkommt. Wird es gefunden, so wird die Kennziffer 2 gespeichert, auf die das Framelexem in kodierter Form folgt. Eine Laufzeitreduktion war dadurch erzielbar, daß nach der Framedimension SYONYME zunächst in 11-er Schritten geprüft wird, ob die Dimension überhaupt Einträge enthält. Nur in diesem Fall werden die Zahlen miteinander verglichen.

Dennoch ist das Programm sehr laufzeitintensiv. Aus diesem Grunde wird mehrfach für den Fall, daß der Programmlauf unterbrochen wird, der Analysestand gespeichert und um Nichtbenutzung des Bildschirms gebeten.

7.2.14. Druck der Zuordnungsanalyse

Die Kennzahlen verwendend, druckt dieses Programm die Lexeme und die framebezeichnenden Lexeme aus, denen sie zugeordnet wurden.

```
10 REM INDEXDRUCKPROGRAMM. IDEX
15 PRINT DEV(3)
20 CHSR STIC$(128)
30 DIM E(31)
35 LET K=0
40 LET F=1
50 OPEN(3,"DORN",A1)
60 OPEN(2,"LYSA",A2)
61 GFB(A2,E(0),0,1)
62 LET AUF=E(10)
70 GFB(A2,E(0),F,1)
80 IF K>31 THEN 310
90 LET W=E(K)
100 PRINT TAB(10);"LEXEM:",
```

```
110 LET K=K+1
130 LET C=E(K)
140 LET D=INT(C)
190 GFBS(A1,STIC$,D,1)
200 LET QQ=(C-D)*12
210 LET P=INT(QQ)
220 GOTO P OF 230,250,270,290
230 PRINT STIC$(1,27)
240 GOTO 300
250 PRINT STIC$(31,27)
260 GOTO 300
270 PRINT STIC$(61,27)
280 GOTO 300
290 PRINT STIC$(91,27)
300 LET K=K+1
305 GOTO 80
310 LET F=F+1
315 IF F>AUF THEN 520
320 LET K=Q
330 GOTO 70
340 PRINT TAB(15);
350 LET K=K+1
360 LET C=E(K)
370 LET D=INT(C)
380 GFBS(A1,STIC$,D,1)
390 LET QQ=(C-D)*12
400 LET P=INT(QQ)
410 GOTO P OF 420,440,460,480
420 PRINT STIC$(1,27)
430 GOTO 500
440 PRINT STIC$(31,27)
450 GOTO 500
460 PRINT STIC$(61,27)
470 GOTO 500
480 PRINT STIC$(91,27)
500 LET K=K+1
510 GOTO 80
520 CLSE(A1)
530 CLSE(A2)
540 END
```

7.2.15. Programm zur Frameauswertung

Dieses Programm listet Framelexem und Frametyp auf. Sodann analysiert es die Frames darauf, wieviele Dimensionen Einträge enthalten, und wie groß die Anzahl der Einträge ist.

Es druckt die Anzahl der Framedimensionen und die Anzahl der belegten Framedimensionen aus. Außerdem gibt es die Zahl der maximalen Belegungen, gefolgt von den tatsächlichen, an.

```
10 REM PROGRAMM ZUR FRAMEAUSWERTUNG. QUANT
20 PRINT DEV(3)
30 OPEN(3,"LYSS",A1)
40 OPEN(3,"DORN",A2)
50 DIM L(31)
60 DIM F(319)
70 CHAR STIC$(128)
80 GFB(A1,L(0),0,1)
90 LET BB=0
100 LET CC=0
110 LET KK=0
120 LET NN=0
130 LET FRA1=0,FRA2=0,FRA3=0,FRA4=0,FRA5=0,FRA6=0
140 LET TYD1=0,TYD2=0,TYD3=0,TYD4=0,TYD5=0,TYD6=0
150 LET TYL1=0,TYL2=0,TYL3=0,TYL4=0,TYL5=0,TYL6=0
160 LET QUA1=0,QUA2=0,QUA3=0,QUA4=0,QUA5=0,QUA6=0
170 LET QUA7=0,QUA8=0,QUA9=0,QUB1=0,QUB2=0,QUB3=0
180 LET AUF=L(3)
190 PRINT"FLOPPY NO.",L(0)
200 PRINT
210 PRINT
220 LET A=1
230 GFB(A1,L(0),A,1)
240 IF A>=AUF THEN 1400
250 PRINT A;
260 LET M=L(0)
270 GFB(A1,F(0),A,M)
280 LET W=F(1)
290 LET S=INT(W)
300 GFBS(A2,STIC$,S,1)
310 LET QQ=(W-S)*12
320 LET P=INT(QQ)
330 PRINT TAB(3);"FRAMELEXEM";
340 PRINT TAB(2);
350 GOTO P OF 360,380,400,420
360 PRINT STIC$(1,29);
370 GOTO 430
380 PRINT STIC$(31,29);
```

```
390 GOTO 430
400 PRINT STIC$(61,29);
410 GOTO 430
420 PRINT STIC$(91,29);
430 LET E=F(2)
440 LET C=0
450 LET N=0
460 PRINT TAB(3);
470 GOTO E OF 480,530,580,630,680,730
480 PRINT"FRAMETYP: PERSON"
490 LET B=11
500 LET D=115
510 LET K=107
520 GOTO 770
530 PRINT"FRAMETYP: GRUPPE"
540 LET B=11
550 LET D=115
560 LET K=107
570 GOTO 770
580 PRINT"FRAMETYP: GEGENSTAND"
590 LET B=21
600 LET D=220
610 LET K=207
620 GOTO 770
630 PRINT"FRAMETYP: SETTING"
640 LET B=8
650 LET D=77
660 LET K=77
670 GOTO 770
680 PRINT"FRAMETYP: EPISODE/AKTION"
690 LET B=27
700 LET D=286
710 LET K=267
720 GOTO 770
730 PRINT"FRAMETYP: ZUSTAND"
740 LET B=7
750 LET D=66
760 LET K=67
770 LET X=3
780 IF F(X)>0 THEN 880
790 LET C=0
800 GOTO 830
810 LET C=1
820 LET N=N+F(X)
```

```
830 LET X=11
840 IF F(X)>0 THEN 880
850 LET X=X+11
860 IF X>D THEN 930
870 GOTO 840
880 LET C=C+1
890 LET N=N+F(X)
900 LET X=X+11
910 IF X>D THEN 930
920 GOTO 840
930 PRINT B,
940 PRINT C,
950 PRINT K,
960 PRINT N,
970 LET A=A+M
980 LET BB=BB+B
990 LET CC=CC+C
1000 LET KK=KK+K
1010 LET NN=NN+N
1020 GOTO E OF 1030,1090,1150,1210,1270,1330
1030 LET FRA1=FRA1+1
1040 LET TYD1=TYD1+C
1050 LET TYL1=TYL1+N
1060 LET QUA1=QUA1+TYD1*TYD1
1070 LET QUA2=QUA2+TYL1*TYL1
1080 GOTO 230
1090 LET FRA2=FRA2+1
1100 LET TYD2=TYD2+C
1110 LET TYL2=TYL2+N
1120 LET QUA3=QUA3+TYD2*TYD2
1130 LET QUA4=QUA4+TYL2*TYL2
1140 GOTO 230
1150 LET FRA3=FRA3+1
1160 LET TYD3=TYD3+C
1170 LET TYL3=TYL3+N
1180 LET QUA5=QUA5+TYD3*TYD3
1190 LET QUA6=QUA6+TYL3*TYL3
1200 GOTO 230
1210 LET FRA4=FRA4+1
1220 LET TYD4=TYD4+C
1230 LET TYL4=TYL4+N
1240 LET QUA7=QUA7+TYD4*TYD4
1250 LET QUA8=QUA8+TYL4*TYL4
1260 GOTO 230
```

```
1270 LET FRA5=FRA5+1
1280 LET TYD5=TYD5+C
1290 LET TYL5=TYL5+N
1300 LET QUA9=QUA9+TYD5*TYD5
1310 LET QUB1=QUB1+TYL5*TYL5
1320 GOTO 230
1330 LET FRA6=FRA6+1
1340 LET TYD6=TYD6+C
1350 LET TYL6=TYL6+N
1360 LET QUB2=QUB2+TYD6*TYD6
1370 LET QUB3=QUB3+TYL6*TYL6
1380  REM
1390 GOTO 230
1400 CLSE(A1)
1410 CLSE(A2)
1420 LET FR=CC+100/BB
1430 LET ZU=NN*100/KK
1440 PRINT "ANZAHL DER FRAMEDIMENSIONEN",BB
1450 PRINT "ANZAHL DER BELEGTEN FRAMEDIMENSIONEN",CC
1460 PRINT "DIMENSIONSBELEGUNG IN %",FR
1470 PRINT "ANZAHL MAX. BELEGUNGEN DURCH LEXEME",KK
1480 PRINT "ANZAHL DER BELEGUNGEN DURCH LEXEME",NN
1490 PRINT "LEXEMBELEGUNG IN %",ZU
1500 PRINT "ANZAHL DES FRAMETYPS PERSON",FRA1
1510 PRINT "BELEGTE FRAMEDIMENSIONEN",TYD1
1520 PRINT "LEXEMBELEGUNGEN",TYL1
1530 PRINT "QUADRATSUMME DIMENSIONEN",QUA1
1540 PRINT "QUADRATSUMME LEXEMBELEGUNGEN",QUA2
1550 PRINT "ANZAHL DES FRAMETYPS GRUPPE",FRA2
1560 PRINT "BELEGTE FRAMEDIMENSIONEN",TYD2
1570 PRINT "LEXEMBELEGUNGEN",TYL2
1580 PRINT "QUADRATSUMME DIMENSIONEN",QUA3
1590 PRINT "QUADRATSUMME LEXEMBELEGUNGEN",QUA4
1600 PRINT "ANZAHL DES FRAMETYPS GEGENSTAND",FRA3
1610 PRINT "BELEGTE FRAMEDIMENSIONEN",TYD3
1620 PRINT "LEXEMBELEGUNGEN",TYL3
1630 PRINT "QUADRATSUMME DIMENSIONEN",QUA5
1640 PRINT "QUADRATSUMME LEXEMBELEGUNGEN",QUA6
1650 PRINT "ANZAHL DES FRAMETYPS SETTING",FRA4
1660 PRINT "BELEGTE FRAMEDIMENSIONEN",TYD4
1670 PRINT "LEXEMBELEGUNGEN",TYL4
1680 PRINT "QUADRATSUMME DIMENSIONEN",QUA7
1690 PRINT "QUADRATSUMME LEXEMBELEGUNGEN",QUA8
1700 PRINT "ANZAHL DES FRAMETYPS EPISODE/AKTION",FRA5
```

```
1710 PRINT "BELEGTE FRAMEDIMENSIONEN",TYD5
1720 PRINT "LEXEMBELEGUNGEN",TYL5
1730 PRINT "QUADRATSUMME DIMENSIONEN",QUA9
1740 PRINT "QUADRATSUMME LEXEMBELEGUNGEN",QUB1
1750 PRINT "ANZAHL DES FRAMETYPS ZUSTAND",FRA6
1760 PRINT "BELEGTE FRAMEDIMENSIONEN",TYD6
1770 PRINT "LEXEMBELEGUNGEN",TYL6
1780 PRINT "QUADRATSUMME DIMENSIONEN",QUB2
1790 PRINT "QUADRATSUMME LEXEMBELEGUNGEN",QUB3
1800 PRINT %OC%
1810 PRINT %OC%
1820 END
```

7.2.16. Weitere Anmerkungen zu den Computerprogrammen

Die Programme wurden vom Verfasser der vorliegenden Arbeit selbst geschrieben. Dies bedingt, daß sie in seinem Stil geschrieben sind, der auch die jeweiligen vorherigen Entwicklungsstufen anderer Programme reflektiert. Einige Programme könnten noch weiter vereinfacht werden, doch dies sind eben nur Stilfragen.

Nicht beschrieben wurden Spezialprogramme, die auch zur Kompensation von hardware-Fehlern erforderlich waren. Ebenso wurden nicht die Entwicklungsbausteine, die dann zu komplexen Programmen zusammengefügt wurden, beschrieben.

So könnte das oben beschriebene Zuordnungsanalyseprogramm z.B. verändert werden, so daß es ein beliebiges, einzugebendes Lexem auf sein Auftreten in der Datenmenge untersucht. Auf diese Weise wäre es möglich, Framebelegungen unmittelbar zu vergleichen und zu homogenisieren.

8. RESULTATE DER FRAME-EXTRAKTION

8.1. Quantitative Auswertung

Das oben als letztes vorgestellte Programm wertete die Framesystematisierung mit folgenden, tabellarisch zusammengefaßten Resultaten aus:

	Gesamtwerte	FRAMETYP PERSON	GRUPPE	GEGENSTAND	SETTING	EPISODE/AKTION	ZUSTAND
1. Anzahl der Frames	711	181	36	146	63	192	93
2. Anzahl der Framedimensionen	11792	1191	396	3066	504	5184	651
3. Belegte Framedimensionen	2860	713	158	563	235	967	224
4. Max.Lexembelegung	115787	19357	3852	30222	4851	51264	6231
5. Lexembelegung	5612	1427	328	1027	505	1892	433
6. Dimensionsbelegung in %	32,29	35,81	39,9	18,36	46,63	18,65	34,41
7. Lexembelegung in %	6,73	7,37	8,52	3,4	10,41	3,7	6,95
8. Lexembelegung des Framestyps in %		25,42	5,84	18,30	8,99	33,71	7,72
9. Anteil des Frametyps in % von den Frames		25,46	5,06	20,53	8,86	27,00	13,08

Da die Beschreibungen der Zahlenwerte in der Tabelle nur verkürzt erscheinen, sollen diese in der dortigen Reihenfolge charakterisiert werden.

Zeile 1: enthält die Anzahl der Frames des jeweiligen Typs

sowie deren Summe.

Zeile 2: enthält, wie in dem Programm beschrieben, die Anzahl der Framedimensionen des jeweiligen Typs sowie deren Summe.

Zeile 3: enthält die Anzahl der Framedimensionen des jeweiligen Typs, denen mindestens ein Lexem zugeordnet wurde, und deren Summe.

Zeile 4: enthält die Anzahl der maximal möglichen Lexemzuordordnungen zu einem Frametyp sowie deren Summe.

Zeile 5: enthält die Anzahl tatsächlich vorgenommener Zuordnungen zu dem jeweiligen Frametyp sowie deren Summe.

Zeile 6: enthält den prozentualen Anteil der belegten Framedimensionen bezogen auf die Gesamtheit der Framedimensionen des jeweiligen Frametyps, sowie deren Durchschnittswert.

Zeile 7: enthält den prozentualen Anteil der Lexembelegung bezogen auf die Gesamzahl der möglichen, maximalen Zuordnungen des jeweiligen Frametyps, sowie deren Durchschnittswert.

Zeile 8: Diese Zeile enthält die prozentuale Lexembelegung des jeweiligen Frametyps bezogen auf die Anzahl der allen Frames zugeordneten Lexeme.

Zeile 9: enthält den prozentualen Anteil des jeweiligen Frametyps bezogen auf die Gesamtzahl aller Frames der Systematisierung.

Die 5712 Lexeme aus Dornseiffs "Der deutsche Wortschatz nach Sachgruppen" wurden den Frames zugeordnet, die zur Repräsentation der 476 Lexeme kreiert worden waren, die das Stichprobenprogramm ausgewählt hat.

Wie auch in herkömmlichen Bedeutungserklärungen, sind für einige Lexeme aus Gründen der Polysemie bzw. der Homonymie mehrere Frames zu verwenden, so daß 711 Frames, also 1,5 Frames pro ausgewähltes Lexem, erforderlich waren.

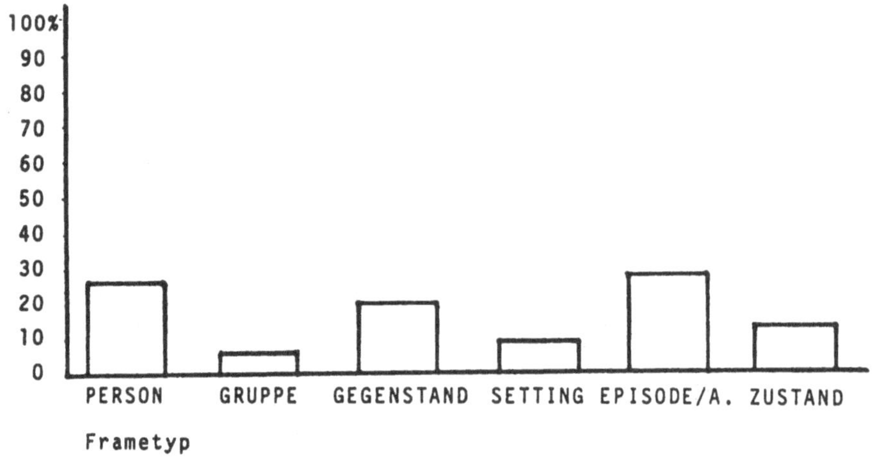

Graphik 1: Anteile der Frametypen

Die Graphik 1 veranschaulicht die prozentualen Anteile der einzelnen Frametypen an der Gesamtheit der Frames. Es wird deutlich, daß die Frametypen PERSON, GEGENSTAND und EPISODE/AKTION einen fast gleichgroßen Anteil verglichen mit GRUPPE, SETTING und ZUSTAND aufweisen, deren geringerer Anteil ebenfalls annähernd gleich ist.

Die folgenden Aussagen über die Anzahl der belegten Dimensionen und der Lexembelegungen sollten vor dem Hintergrund des Umfangs des gesamten Datenmaterials verstanden werden.

Eine Schätzung des Anteils der Substantive an dem gesamten Wortschatz der deutschen Sprache führt zu ca. 50%. [213)]

Lexikographen schätzen den Wortschatz des Deutschen auf mindestens 300.000 Lexeme. [214)] Somit enthielte der Wortschatz mindestens 150.000 Substantive. Die Datei DORN umfaßt dagegen ledigich 5712 Lexeme, d.h. 4,23% der Substantive des Deutschen.

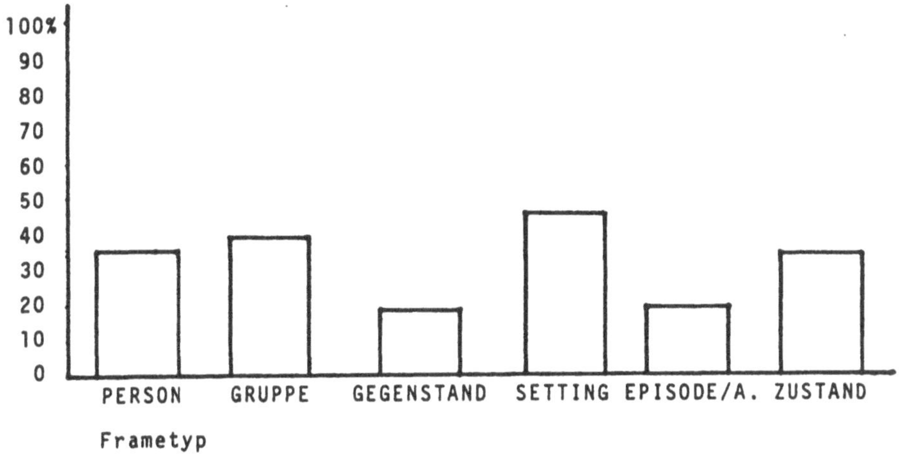

Graphik 2: Dimensionsbelegung

Die Graphik 2 zeigt die durchschnittliche prozentuale Belegung der Dimensionen des jeweiligen Frametyps.[215] Hier weisen der Frametyp GEGENSTAND und EPISODE/AKTION gleiche, deutlich niedrigere Werte auf.

Dies gilt auch für Graphik 3, welche den Anteil der vorgenommenen Zuordnungen der Lexeme zu den Frames bezogen auf die Gesamtzahl der möglichen Zuordnungen, die aus der Größe der Dimensionen folgt, darstellt.

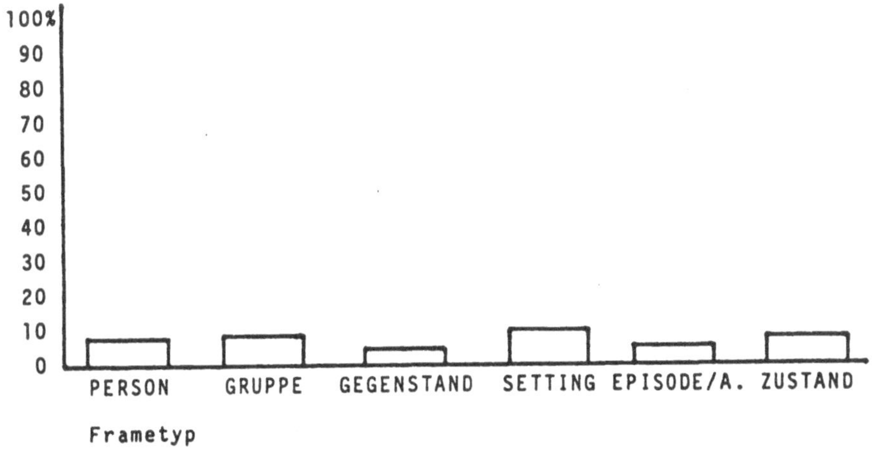

Graphik 3: Lexembelegung bezogen auf maximale Zuordnung

Bedenkt man jedoch, daß die Anzahl der der Repräsentation zugrundegelegten Substantive lediglich 4,23% der Substantive des Deutschen umfaßt, so liegen die Zahlen für die Belegung im Rahmen der zu erwartenden Größenordnungen.

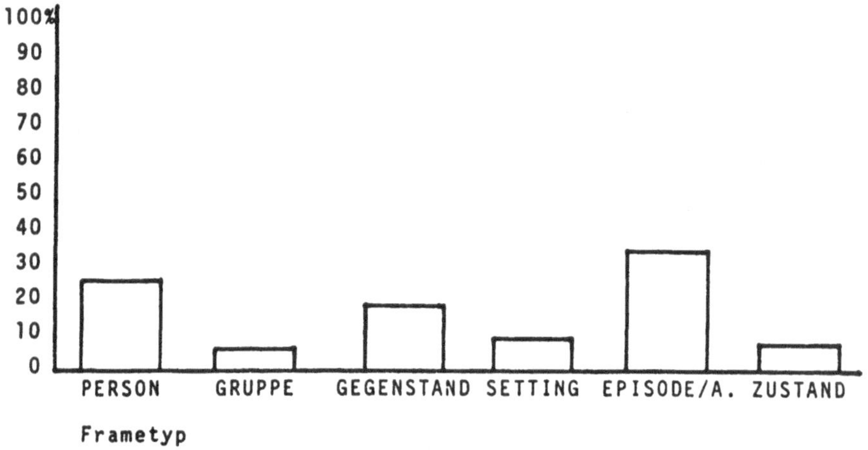

Graphik 4: Lexembelegung bezogen auf die Gesamtheit der 5712 zugeordneten Lexeme

Graphik 4 stellt die prozentuale Lexembelegung der Frametypen, bezogen auf die Gesamtheit der zugeordneten Lexeme dar.

Da hier nicht die unterschiedliche Anzahl der Framedimensionen der einzelnen Frametypen berücksichtigt wird, ergibt sich ein Graphik 1 sehr ähnliches Bild: Die Frametypen haben eine annähernd gleiche, ihrem prozentualen Anteil entsprechende systematisierende Kraft.

8.2. Diskussion von Beispielframes

8.2.1. Vorbemerkung

Nach der Darstellung der quantitativen Resultate der Framesystematisierung, die durch das Analyseprogramm ausgewertet wurde, sollen nun Beispielfarmes vorgestellt werden, die einen

Eindruck von der Leistungsfähigkeit und erforderlichen Weiterentwicklung der Frame-Theorie vermitteln können.

Da die durch Frames zu repräsentierenden Lexeme durch das oben beschriebene Stichprobenprogramm ausgewählt wurden, kann die Framesystematisierung in gewissem Sinne als Test der verwandten Frametypen angesehen werden. Da die Lexeme der Datenmenge jedoch lediglich 4,23% der Substantive des Deutschen umfassen, kann von einem Test im strengen Sinne nicht gesprochen werden. Weil die zuzuordnenden Lexeme nicht in der Datenmenge vorhanden waren, weisen viele Frames, wie die quantitative Auswertung bereits zeigte, sehr wenige Zuordnungen auf. Für die folgende Diskussion werden die Frames ausgewählt, deren Dimensionen durch die geringe Datenmenge einigermaßen hinreichend gefüllt werden konnten, bzw. die erforderliche Weiterentwicklungen illustrieren. Diese Diskussion wird im Anhang wieder aufgenommen.

Die Framedimensionen erscheinen im folgenden stets in Großbuchstaben, die Zuordnungen in normaler Schreibweise.

8.2.2. Der Frametyp PERSON

Der folgende Frame Putzfrau zeigt, welche Zuordnungen vorgenommen werden konnten.

FRAMETYP: PERSON
LEXEM: Putzfrau
SYNONYME
    Scheuerfrau
    Aufwartefrau
PERSONENBEZEICHNUNG
    Hausfrau
GRUPPENBEZEICHNUNG
GEGENSTANDBEZEICHNUNG
    Lappen
    Tuch
    Staub
    Schwamm
TIERBEZEICHNUNG
PFLANZENBEZEICHNUNG
SETTING
    Wohnung
    Haus

Wohnzimmer
Wohnraum
Wohnstätte
Toilette
Diele
Dusche
ORGANISATIONSBEZEICHNUNG
BEREICHSBEZEICHNUNG
EPISODEN/AKTIONSBEZEICHNUNG
Säuberung
DISPOSITIONSBEZEICHNUNG

Auch der folgende Frame Notar ist ein Beispiel für einen vergleichsweise vollständigen Frame.

FRAMETYP: PERSON
LEXEM: Notar
SYNONYME
PERSONENBEZEICHNUNG
Klient
Gehilfe
Sekretärin
GRUPPENBEZEICHNUNG
Anwaltskammer
GEGENSTANDBEZEICHNUNG
Urkunde
Gesetzblatt
Gesetz
TIERBEZEICHNUNG
PFLANZENBEZEICHNUNG
SETTING
Kanzlei
ORGANISATIONSBEZEICHNUNG
BEREICHSBEZEICHNUNG
Recht
EPISODEN/AKTIONSBEZEICHNUNG
Beratung
Bestätigung
Handel
DISPOSITIONSBEZEICHNUNG
Unabhängigkeit

8.2.3. Der Frametyp GRUPPE

Die quantitative Auswertung hat bereits ergeben, daß durch diesen Frametyp sehr wenige Lexeme der Datenmenge zu repräsentieren waren. Die verwandten Frametypen ermöglichen eine Unterscheidung der Aspekte, unter denen Lexeme wie Behörde interpretiert werden können, als Personengruppe, oder als Tätigkeitsrahmen, als SETTING. (Siehe Anhang).

FRAMETYP: GRUPPE
LEXEM: Behörde
SYNONYME
PERSONENBEZEICHNUNG
- Beamte
- Angestellte
- Bürger
- Inspektor
- Amtmann

GRUPPENBEZEICHNUNG
GEGENSTANDSBEZEICHNUNG
- Urkunde
- Antrag
- Eingabe
- Gesuch
- Bescheid
- Erlaß
- Stempel

TIERBEZEICHNUNG
PFLANZENBEZEICHNUNG
SETTING
- Büro

ORGANISATIONSBEZEICHNUNG
BEREICHSBEZEICHNUNG
- Exekutive

EPISODEN/AKTIONS-BEZEICHNUNG
- Regierung
- Rechtsprechung
- Kontrolle
- Überwachung
- Verwaltung
- Aufsicht

EMOTIONSBEZEICHNUNG

8.2.4. Der Frametyp ZUSTAND

Dieser Frametyp wurde konzipiert, um die Zustände sozialer Systeme repräsentieren zu können. Ein typisches Beispiel dafür ist der Frame Belagerungszustand.

FRAMETYP: ZUSTAND
LEXEM: Belagerungszustand
SYNONYME
    Ausnahmezustand
PERSONENBEZEICHNUNG
GRUPPENBEZEICHNUNG
    Bevölkerung
BEREICHSBEZEICHNUNG
VORHERIGE(R) ZUSTAND/EPISODE-AKTIONSBEZEICHNUNG
    Kriegserklärung
    Krieg
FOLGEEPISODE-/ZUSTANDSBEZEICHNUNG
    Aufhebung
EMOTIONSBEZEICHNUNG

Auch der Frame Schreckensherrschaft ist vergleichsweise vollständig:

FRAMETYP: ZUSTAND
LEXEM: Schreckensherrschaft
SYNONYME
PERSONENBEZEICHNUNG
    Tyrann
    Despot
    Junta
GRUPPENBEZEICHNUNG
    Bevölkerung
BEREICHSBEZEICHNUNG
VORHERIGE(R) ZUSTAND/EPISODE-AKTIONSBEZEICHNUNG
    Machtergreifung
    Putsch
    Revolution
FOLGEEPISODE-/ZUSTANDSBEZEICHNUNG

Unterjochung
EMOTIONSBEZEICHNUNG
Furcht

8.2.5. Der Frametyp EPISODE/AKTION

Bei diesem Frametyp mit seiner großen Anzahl Beschreibungsdimensionen wirkte sich der geringe Umfang der Datenmenge besonders nachteilig aus. Auch dieser Frametyp zeigt seine Leistungsfähigkeit bei Episoden/aktioen, die weitgehend normiert bzw. spezialisiert sind. Heiratsantrag oder Ehescheidung führen zu folgenden Repräsentationen:

FRAMETYP: EPISODE/AKTION
LEXEM: Heiratsantrag
SYNONYME
PERSONENBEZEICHNUNG
Braut
Bräutigam
GRUPPENBEZEICHNUNG
GEGENSTANDSBEZEICHNUNG
Ring
Geschenk
Kosename
Strauss
TIERBEZEICHNUNG
PFLANZENBEZEICHNUNG
Blume
Rose
SETTING
ORGANISATIONSBEZEICHNUNG
BEREICHSBEZEICHNUNG
ZUSTANDSBEZEICHNUNG
VORHERIGE(R) ZUSTAND/EPISODE-AKTIONSBEZEICHNUNG
Begegnung
Treffen
Werbung
Koserei
Liebeserklärung
Liebkosung
SIMULTANAKTIONENBEZEICHNUNG
AKTIVITÄTS/GEBRAUCHSPHASEN

INITIATIONSBEZEICHNUNG
TERMINATIONSBEZEICHNUNG
RESULTATBEZEICHNUNG
FOLGEEPISODE-/ZUSTANDSBEZEICHNUNG
    Hochzeit
    Trauung
    Vermählung
    Flitterwochen
    Honigmond
    Ehe
EMOTIONSBEZEICHNUNG
    Bewegung
    Leidenschaft
MOTIVBEZEICHNUNG
DISPOSITIONSBEZEICHNUNG
ZIELE/ZWECK-BEZEICHNUNG
    Ehe
PROBLEMBEZEICHNUNG
    Korb
    Ablehnung
    Laufpass
VORKEHRUNGSBEZEICHNUNG
REGULATIONSBEZEICHNUNG
ABWEICHUNGSBEZEICHNUNG
SANKTIONSBEZEICHNUNG
ZEITANGABENBEZEICHNUNG

FRAMETYP: EPISODE/AKTION
LEXEM: Ehescheidung
SYNONYME
    Scheidung
PERSONENBEZEICHNUNG
    Ehefrau
    Ehemann
    Anwalt
    Rechtsanwalt
    Richter
GRUPPENBEZEICHNUNG
    Ehepaar
GEGENSTANDSBEZEICHNUNG
TIERBEZEICHNUNG
PFLANZENBEZEICHNUNG
SETTING

Gerichtshof
ORGANISATIONSBEZEICHNUNG
BEREICHSBEZEICHNUNG
Recht
ZUSTANDSBEZEICHNUNG
VORHERIGE(R) ZUSTAND/EPISODE-AKTIONSBEZEICHNUNG
Ehebund
Ehe
Seitensprung
Untreue
Ehebruch
Entfremdung
Entzweiung
Verhältnis
Affäre
Treubruch
SIMULTANAKTIONENBEZEICHNUNG
Vernachlässigung
Zerwürfnis
AKTIVITÄTS/GEBRAUCHSPHASEN
Sitzung
Anklage
Prozeß
Verurteilung
INITIATIONSBEZEICHNUNG
TERMINATIONSBEZEICHNUNG
RESULTATBEZEICHNUNG
FOLGEEPISODE-/ZUSTANDSBEZEICHNUNG
Trennung
Einzelleben
EMOTIONSBEZEICHNUNG
MOTIVBEZEICHNUNG
DISPOSITIONSBEZEICHNUNG
ZIELE/ZWECK-BEZEICHNUNG
PROBLEMBEZEICHNUNG
VORKEHRUNGSBEZEICHNUNG
REGULATIONSBEZEICHNUNG
Gesetz
ABWEICHUNGSBEZEICHNUNG
SANKTIONSBEZEICHNUNG
ZEITANGABENBEZEICHNUNG

Bei dem zuletzt dargestellten Frame wird deutlich, daß die Anzahl möglicher Zuordnungen mit 10 zu gering veranschlagt wurde, weil SIMULTANAKTIONENBEZEICHNUNG Einträge enthält, die eigentlich der vorigen Dimension zugeordnet werden sollten.

8.2.6. Der Frametyp GEGENSTAND

Dieser Frametyp ist besonders für Gegenstände mit spezialisierten Verwendungsweisen bzw. Auftretensbedingungen geeignet, wie die Frames Myrtenkranz und Expander zeigen:

FRAMETYP: GEGENSTAND
LEXEM: Myrtenkranz
SYNONYME
PERSONENBEZEICHNUNG
    Braut
GRUPPENBEZEICHNUNG
KOMPONENTENBEZEICHNUNGEN
    Myrte
ÜBERGEORDNETER VERBAND
SETTING
    Kirche
EPISODEN/AKTIONS-BEZEICHNUNG
    Vermählung
    Hochzeit
AKTIVITÄTS/GEBRAUCHSPHASEN
ZIELE/ZWECK-BEZEICHNUNG
    Zierde
PROBLEMBEZEICHNUNG
VORKEHRUNGSBEZEICHNUNG
ZEITANGABENBEZEICHNUNG
FORMBEZEICHNUNG
GRÖSSENBEZEICHNUNG
FARBBEZEICHNUNG
GESCHWINDIGKEITSBEZEICHNUNG
GERÄUSCHBEZEICHNUNG
GERUCHSBEZEICHNUNG
MATERIALBEZEICHNUNG
GEWICHTSBEZEICHNUNG
GESCHMACKSBEZEICHNUNG

FRAMETYP: GEGENSTAND
LEXEM: Expander
SYNONYME
PERSONENBEZEICHNUNG
Sportler
GRUPPENBEZEICHNUNG
KOMPONENTENBEZEICHNUNGEN
Griff
Band
ÜBERGEORDNETER VERBAND
SETTING
Wohung
Turnhalle
EPISODEN/AKTIONS-BEZEICHNUNG
Freiübung
AKTIVITÄTS/GEBRAUCHSPHASEN
Spannung
Entspannung
ZIELE/ZWECK-BEZEICHNUNG
PROBLEMBEZEICHNUNG
VORKEHRUNGSBEZEICHNUNG
ZEITANGABENBEZEICHNUNG
FORMBEZEICHNUNG
GRÖSSENBEZEICHNUNG
FARBBEZEICHNUNG
GESCHWINDIGKEITSBEZEICHNUNG
GERÄUSCHBEZEICHNUNG
GERUCHSBEZEICHNUNG
MATERIALBEZEICHNUNG
GEWICHTSBEZEICHNUNG
GESCHMACKSBEZEICHNUNG

8.2.7. Der Frametyp SETTING

Den vorläufigen Abschluß der Diskussion der Diskussion der Framebeispiele bilden die Frames der Kategorie SETTING, worunter der Schauplatz für bestimmte Epsioden/Aktionen verstanden wird. Zunächst das SETTING Zuchthaus:

FRAMETYP: SETTING
LEXEM: Zuchthaus
SYNONYME

PERSONENBEZEICHNUNG
    Häftling
    Sträfling
    Gefangene
    Zuchthäusler
    Gefangenenwärter
    Direktor
GRUPPENBEZEICHNUNG
GEGENSTANDSBEZEICHNUNG
    Fessel
ORGANISATIONSBEZEICHNUNG
BEREICHSBEZEICHNUNG
    Recht
EPISODEN/AKTIONS-BEZEICHNUNG
    Haft
EMOTIONSBEZEICHNUNG

FRAMETYP: SETTING
LEXEM: Wartesaal
SYNONYME
PERSONENBEZEICHNUNG
    Reisende
    Vertreter
    Ausländer
    Durchreisende
    Globetrotter
    Tourist
GRUPPENBEZEICHNUNG
    Reisegesellschaft
GEGENSTANDSBEZEICHNUNG
    Reisetasche
ORGANISATIONSBEZEICHNUNG
    Bahn
BEREICHSBEZEICHNUNG
    Verkehr
EPISODEN/AKTIONS-BEZEICHNUNG
    Abschied
    Wiedersehen
    Aufenthalt
EMOTIONSBEZEICHNUNG

9. Abschließende Bemerkungen

Die Frame-Theorie als holistische Theorie kontextueller Strukturen postulierte qualitativ und quantitativ neue Repräsentationen semantischen Wissens.

Nach der Konstruktion eigener Frametypen auf der Grundlage der Analyse der verschiedensten Repräsentationsvorschläge wurde ein eigenes System von Computerprogrammen konzipiert und bis zur Lauffähigkeit entwickelt, welches die Repräsentation des introspektiv schwer zugänglichen semantischen Wissens über die den Lexemen einer umfangreichen Datenmenge in Frames zuzuordnenden Lexeme realisierte.

Der Einsatz der Frames durch das Framesystematisierungsprogramm gab Aufschluß über die Leistungsfähigkeit der eigenen Frametypen und Computerprogramme sowie deren mögliche Weiterentwicklung.

Zwar sind die in dieser Arbeit empirisch konstruierten Frames wegen des geringen Umfangs der zugrundegelegten Substantivmenge in vielen Fällen weniger vollständig als von Frametheoretikern vorgelegte Einzelbeispiele, die eigenen Frametypen sind jedoch genereller und ihr Einsatz durch das Programmsystem ermöglicht die über Einzelbeispiele hinausgehende Systematisierung umfangreicher Datenmengen für die lexikalische Semantik.

Vor dem Hintergrund der eigenen Arbeit läßt sich die weitere Forschungsstrategie für die lexikalische Frame-Theorie wie folgt skizzieren: Auf formaler Ebene wären die diskutierten Weiterentwicklungen der Frametypen und eine Vergrößerung ihrer Dimensionen zu nennen. Das Framesystematisierungsprogramm könnte umgestaltet werden, so daß nicht nur die Lexeme einer fest vorgegebenen Datenmenge, sondern, sollte die Repräsentation dies erfordern, auch neu aufzunehmende zu einer flexibleren Zuordnung führen könnten.

Das Framesystematisierungsprogramm listet bei der Zuordnung von Lexemen zu bereits existenten Frames stets nur diese auf. Für eine homogene Repräsentationstiefe wäre es wünschenswert, Frames auf dem Bildschirm simultan vergleichen zu können. Vor einer eigenen Weiterentwicklung ist jedoch auch zu prüfen, ob die gewünschten Leistungen nicht durch eine Anpassung von Standardsoftware erreicht werden könnten, die für die finanziell immer erreichbarer werdenden Microcomputer erhältlich ist.

Auf material-empirischer Ebene ist dann die Framesystematisierung eines umfangreicheren Wortschatzbereiches durchzuführen, die neben Substantiven Lexeme anderer Wortarten umfassen sollte.

Um in der täglichen lexikographischen Praxis angewandt werden zu können, sind noch Instruktionen für Lexikographen, [216)] die operationale Definition der Beschreibungsdimensionen und eine Klärung der Kooperation der Lexikographen bei der Repräsentation insgesamt, und bei der Repräsentation fachsprachlicher Lexeme, erforderlich.

Wie oben dargestellt, wird allgemein angenommen, daß die von Lexemen ausgehende Beschreibung zu Stereotypenrepräsentationen führt. Diese Hypothese wäre empirisch zu testen, wobei das System von Computerprogrammen in psycholinguistischen Experimenten einsetzbar ist.
Da das Programmsystem in der am weitesten verbreiteten Programmiersprache geschrieben ist, kann auch dadurch, daß andere Semantiker Framesystematisierungen vornehmen, die Frameforschung eine breitere empirische Grundlage erhalten.

Anwendbar sind die Resultate einer Framesystematisierung des Gesamtwortschatzes als Repräsentationen für ein explizites, onomasiologisches Wörterbuch, dessen Frames die deklarative epistemische Basis für geeignete Erkärungsprozeduren bilden, [217)] deren Resultate in ein semasiologisches Wörterbuch eingehen. Weitere Anwendungen sind in der expliziten Erklärung textueller Eigenschaften wie Kohärenz und semantischer Prozesse wie Metaphorizität zu sehen. [218)]

Für psycholinguistische Forschungen über die Ontogenese lexikalischer Kompetenz sind Frames wegen ihrer Erfahrungsnähe adäquatere Bezugsgrößen als die Strukturen global top-down systematiserender Thesauren. [219)]

Frames sind außerdem für die Wortschatzvermittlung im Fremdsprachenunterricht und bei der gezielten Unterstützung des Wortschatzerwerbs, z.B. gehörgeschädigter Kinder, sowie bei dem Wiedererwerb lexikalischer Strukturen in der Aphasie-Therapie einsetzbar.

Die Repräsentation des deutschen Wortschatzes in Frames ist durch den Einsatz des Computers als heuristisches Werkzeug der Lexikographie mit Framesystematisierungsprogrammen der entwickelten Art einer Realisierung näher gebracht worden.

ANHANG A: FORTSETZUNG DER DISKUSSION VON BEISPIELFRAMES

Durch die Kreation mehrerer Frames können Homonyme repräsentiert werden, wie die beiden folgenden Beispiele zeigen:

FRAMETYP: PERSON
LEXEM: Boxer
SYNONYME
PERSONENBEZEICHNUNG
- Gegner
- Ringrichter
- Trainer
- Leichtgewicht

GRUPPENBEZEICHNUNG
GEGENSTANDSBEZEICHNUNG
TIERBEZEICHNUNG
PFLANZENBEZEICHNUNG
SETTING
- Ring

ORGANISATIONSBEZEICHNUNG
- Verein

BEREICHSBEZEICHNUNG
- Sport

EPISODEN/AKTIONSBEZEICHNUNG
- Faustkampf
- Boxerei
- Faustschlag
- Hieb
- Schlag
- Schwinger
- Haken
- Beinarbeit
- Linke
- Niederschlag

DISPOSITIONSBEZEICHNUNG
- Härte

FRAMETYP: PERSON
LEXEM: Boxer
SYNONYME
PERSONENBEZEICHNUNG
Herr
GRUPPENBEZEICHNUNG
GEGENSTANDSBEZEICHNUNG
Maulkorb
Beißkorb
TIERBEZEICHNUNG
PFLANZENBEZEICHNUNG
SETTING
Zwinger
Wohnung
ORGANISATIONSBEZEICHNUNG
BEREICHSBEZEICHNUNG
EPISODEN/AKTIONSBEZEICHNUNG
Bewachung
Schutz
DISPOSITIONSBEZEICHNUNG

Der letzte Frame zeigt auch, daß die Dimension "Tierbezeichnung" einen weiteren Frametyp erforderlich macht.

Polyseme werden ebenfalls durch mehrere verschiedene Frames repräsentiert, wie die Frames für Reisende zeigen:

FRAMETYP: PERSON
LEXEM: Reisende
SYNONYME
PERSONENBEZEICHNUNG
Schaffner
Stationsvorsteher
Zugbegleiter
GRUPPENBEZEICHNUNG
Reisegesellschaft
GEGENSTANDSBEZEICHNUNG
Reisetasche
TIERBEZEICHNUNG
PFLANZENBEZEICHNUNG
SETTING
Zug
Bahnhof

ORGANISATIONSBEZEICHNUNG
BEREICHSBEZEICHNUNG
EPISODEN/AKTIONSBEZEICHNUNG
    Reise
DISPOSITIONSBEZEICHNUNG

FRAMETYP: PERSON
LEXEM: Reisende
SYNONYME
    Vertreter
    Handlungsreisende
PERSONENBEZEICHNUNG
    Kunde
    Einkäufer
GRUPPENBEZEICHNUNG
GEGENSTANDSBEZEICHNUNG
    Muster
    Reisetasche
TIERBEZEICHNUNG
PFLANZENBEZEICHNUNG
SETTING
    Zug
    Bahnhof
    Hotel
    Werbeabteilung
    Absatzgebiet
ORGANISATIONSBEZEICHNUNG
    Firma
BEREICHSBEZEICHNUNG
    Wirtschaft
EPISODEN/AKTIONSBEZEICHNUNG
    Werbung
    Handel
    Reise
DISPOSITIONSBEZEICHNUNG

Personenbezeichnende Lexeme sind jedoch nicht nur Berufsbezeichnungen, die wegen der Spezialisierung der Tätigkeiten durch Frames leicht repräsentierbar sind, sondern auch Dispositionsbezeichnungen, die durch Handlungsbezeichnungen zu repräsentieren sind. Die Beispiele Denunziant und Drückeberger veranschaulichen dies.

FRAMETYP: PERSON
LEXEM: Denunziant
SYNONYME
PERSONENBEZEICHNUNG
GRUPPENBEZEICHNUNG
GEGENSTANDSBEZEICHNUNG
TIERBEZEICHNUNG
PFLANZENBEZEICHNUNG
SETTING
    Amt
    Behörde
ORGANISATIONSBEZEICHNUNG
BEREICHSBEZEICHNUNG
    Recht
EPISODEN/AKTIONSBEZEICHNUNG
    Beschuldigung
    Verdächtigung
DISPOSITIONSBEZEICHNUNG
    Gehässigkeit
    Niedertracht
    Gemeinheit

FRAMETYP: PERSON
LEXEM: Drückeberger
SYNONYME
PERSONENBEZEICHNUNG
GRUPPENBEZEICHNUNG
GEGENSTANDSBEZEICHNUNG
TIERBEZEICHNUNG
PFLANZENBEZEICHNUNG
SETTING
ORGANISATIONSBEZEICHNUNG
BEREICHSBEZEICHNUNG
EPISODEN/AKTIONSBEZEICHNUNG
    Weigerung
    Nichtbefolgung
DISPOSITIONSBEZEICHNUNG

Eine andere Kategorie personenbezeichnender Lexeme könnte man soziologisch "Positionsbezeichnungen" nennen. Für diese ist typisch, daß Personen weniger unter dynamischem, als vielmehr statisch-relationalem Aspekt kategorisiert werden, wie das Beispiel Gatte zeigt:

FRAMETYP: PERSON
LEXEM: Gatte
SYNONYME
    Ehemann
    Ehegatte
    Eheherr
    Gemahl
PERSONENBEZEICHNUNG
    Gattin
    Ehegattin
    Gemahlin
    Ehehälfte
GRUPPENBEZEICHNUNG
    Ehepaar
    Eheleute
GEGENSTANDSBEZEICHNUNG
TIERBEZEICHNUNG
PFLANZENBEZEICHNUNG
SETTING
    Wohnung
ORGANISATIONSBEZEICHNUNG
BEREICHSBEZEICHNUNG
EPISODEN/AKTIONSBEZEICHNUNG
    Familienleben
    Ehe
    Ehebund
    Ehestand
DISPOSITIONSBEZEICHNUNG

Das folgende Beispiel macht deutlich, daß Frames für die Anwendung in der Lexikographie stilistische Angaben zur Verwendung des durch den Frame repräsentierten Lexems erfordern.

FRAMETYP: PERSON
LEXEM: Zahnklempner
SYNONYME
    Zahnarzt

Dentist
PERSONENBEZEICHNUNG
Patient
Schwester
GRUPPENBEZEICHNUNG
GEGENSTANDSBEZEICHNUNG
Zange
Spiegel
Haken
Stuhl
Licht
Zähne
Gebiss
Brücke
Krone
Loch
TIERBEZEICHNUNG
PFLANZENBEZEICHNUNG
SETTING
Raum
ORGANISATIONSBEZEICHNUNG
BEREICHSBEZEICHNUNG
EPISODEN/AKTIONSBEZEICHNUNG
Behandlung
Operation
DISPOSITIONSBEZEICHNUNG

Deskriptiv unterscheidet sich Zahnarzt nicht von Zahnklempner; in der Dimension SYNONYME müßte dies erfaßt werden. Abschließend noch zwei Tätigkeitsbezeichnungen. Bei Streik-posten z.B. fragt es sich, ob man innerhalb der Dimension PERSON nicht nochmals differenzieren sollte in Interaktions-partner und Kategorie, der die Person angehört. Dies gilt auch für die Dimension GRUPPE, da die Interaktionspartner auch eine Gruppe sein können, bzw. einer übergeordneten Gruppe angehören.

FRAMETYP: PERSON
LEXEM: Streikposten
SYNONYME
PERSONENBEZEICHNUNG
Arbeiter
Arbeitnehmer

Unternehmer
GRUPPENBEZEICHNUNG
Gewerkschaft
Polizei
GEGENSTANDSBEZEICHNUNG
Plakat
Armbinde
Flugschrift
TIERBEZEICHNUNG
PFLANZENBEZEICHNUNG
SETTING
Betrieb
ORGANISATIONSBEZEICHNUNG
BEREICHSBEZEICHNUNG
Wirtschaft
EPISODEN/AKTIONSBEZEICHNUNG
Streik
Ausstand
DISPOSITIONSBEZEICHNUNG

FRAMETYP: PERSON
LEXEM: Fährmann
SYNONYME
Ferge
PERSONENBEZEICHNUNG
Fahrgast
GRUPPENBEZEICHNUNG
GEGENSTANDSBEZEICHNUNG
Schiff
Kahn
TIERBEZEICHNUNG
PFLANZENBEZEICHNUNG
SETTING
Strom
See
ORGANISATIONSBEZEICHNUNG
BEREICHSBEZEICHNUNG
Verkehr
EPISODEN/AKTIONSBEZEICHNUNG
Beförderung
Fahrt
DISPOSITIONSBEZEICHNUNG

Wie bei den personenbezeichnenden Lexemen treten auch bei den Gruppenbezeichnungen Lexeme auf, die primär statische Kategorien darstellen. Eine soziale Einheit, wie durch Landgemein-de bezeichnet, ist nicht durch die Zuordnung bestimmter Handlungen charakterisierbar.

FRAMETYP: GRUPPE
LEXEM: Landgemeinde
SYNONYME
PERSONENBEZEICHNUNG
    Gemeindevorsteher
GRUPPENBEZEICHNUNG
    Bevölkerung
    Bauernvolk
    Gemeinderat
    Gemeindevorstand
GEGENSTANDSBEZEICHNUNG
TIERBEZEICHNUNG
PFLANZENBEZEICHNUNG
SETTING
    Land
    Provinz
ORGANISATIONSBEZEICHNUNG
BEREICHSBEZEICHNUNG
EPISODEN/AKTIONS-BEZEICHNUNG
EMOTIONSBEZEICHNUNG

Saalschutz ist ambig; es mag einerseits die Gruppe, andererseits die von der Gruppe wahrgenommene Aufgabe bezeichnen, so daß ein Frame des Typs GRUPPE und einer des Typs EPISODE/AKTION erforderlich sind.

FRAMETYP: GRUPPE
LEXEM: Saalschutz
SYNONYME
PERSONENBEZEICHNUNG
    Schläger
GRUPPENBEZEICHNUNG
    Publikum
GEGENSTANDSBEZEICHNUNG
    Helm

Knüppel
TIERBEZEICHNUNG
PFLANZENBEZEICHNUNG
SETTING
Wahlversammlung
Kundgebung
ORGANISATIONSBEZEICHNUNG
Partei
BEREICHSBEZEICHNUNG
EPISODEN/AKTIONS-BEZEICHNUNG
Wahlkampf
Demonstration
EMOTIONSBEZEICHNUNG
Kameradschaft

Die folgende Repräsentation von Kampfgruppe macht deutlich, daß die Framesystematisierung von fachsprachlichen Lexemen die Kooperation mit Experten aus den jeweiligen Fachgebieten erfordert. Die heuristische Funktion des Programmsystems und der Frames ermöglichen es lediglich, introspektiv schwer zugängliches semantisches Wissen zu aktivieren; eine Wissenserweiterung ist auf diese Weise nicht möglich. Wie in der Lexikographie üblich, sind in solchen Fällen Experten oder deren Werke, nun allerdings unter Verwendung der Framedimensionen zu befragen.

FRAMETYP: GRUPPE
LEXEM: Kampfgruppe
SYNONYME
PERSONENBEZEICHNUNG
Soldat
GRUPPENBEZEICHNUNG
Gegner
Feind
GEGENSTANDSBEZEICHNUNG
Waffe
TIERBEZEICHNUNG
PFLANZENBEZEICHNUNG
SETTING
Schlachtfeld
ORGANISATIONSBEZEICHNUNG
Militär

BEREICHSBEZEICHNUNG
    Verteidigung
EPISODEN/AKTIONS-BEZEICHNUNG
    Kampf
    Schlacht
    Feldschlacht
EMOTIONSBEZEICHNUNG
    Kameradschaft

Das Beispiel macht auch deutlich, daß die Frametypen sehr erfahrungsnah konstruiert wurden. Im Rahmen militärstrategischer Erwägungen wäre in diesem Fall nämlich auch eine andere Betrachtungsweise der Gruppe möglich, und zwar als Mittel zur Erreichung bestimmter Ziele. Die Dimension EMOTIONSBEZEICHNUNG wäre dann um die Dimension DISPOSITIONSBEZEICHNUNG zu ergänzen, da funktional betrachtet, bestimmte Wir-Gefühle die Gruppe zur Erreichung bestimmter Handlungsziele disponieren.

In der Datenmenge traten auch Lexeme auf, die abstraktere Zustände sozialer Systeme bezeichnen. Uneinigkeit wird durch die Entstehungsbedingungen und Konsequenzen charakterisiert.

FRAMETYP: ZUSTAND
LEXEM: Uneinigkeit
SYNONYME
PERSONENBEZEICHNUNG
GRUPPENBEZEICHNUNG
BEREICHSBEZEICHNUNG
VORHERIGE(R) ZUSTAND/EPISODE-AKTIONSBEZEICHNUNG
    Konflikt
    Meinungsverschiedenheit
    Streit
    Auseinandersetzung
FOLGEEPISODE-/ZUSTANDSBEZEICHNUNG
    Disharmonie
    Reibungen
    Reiberei
EMOTIONSBEZEICHNUNG

Der Frametyp ZUSTAND wurde auch als Hilfskategorie verwandt, um Eigenschaften bzw. Dispositionen zu repräsentieren.

FRAMETYP: ZUSTAND
LEXEM: Zügellosigkeit
SYNONYME
PERSONENBEZEICHNUNG
GRUPPENBEZEICHNUNG
BEREICHSBEZEICHNUNG
VORHERIGE(R) ZUSTAND/EPISODE-AKTIONSBEZEICHNUNG
FOLGEEPISODE-/ZUSTANDSBEZEICHNUNG
    Ausschweifung
    Exzess
    Ungehorsam
    Unbotmäßigkeit
EMOTIONSBEZEICHNUNG

Wie bereits die bisherigen Beispiele für diesen Frametyp zeigen, ist er in der Zuordnung schwierig zu handhaben. Lexeme wie Fortschritt, Selbstbestimmung oder Weltfrieden machen einen weiteren Frametyp erforderlich.
Nicht spezialisierte EPISODEN/AKTIONEN wie Auseinandersetzung werden wie folgt repräsentiert:

FRAMETYP: EPISODE/AKTION
LEXEM: Auseinandersetzung
SYNONYME
    Konflikt
PERSONENBEZEICHNUNG
    Gegner
GRUPPENBEZEICHNUNG
GEGENSTANDSBEZEICHNUNG
TIERBEZEICHNUNG
PFLANZENBEZEICHNUNG
SETTING
ORGANISATIONSBEZEICHNUNG
BEREICHSBEZEICHNUNG
ZUSTANDSBEZEICHNUNG
VORHERIGE(R) ZUSTAND/EPISODE-AKTIONSBEZEICHNUNG
    Meinungsverschiedenheit
    Unstimmigkeit
SIMULTANAKTIONENBEZEICHNUNG
AKTIVITÄTS/GEBRAUCHSPHASEN
INITIATIONSBEZEICHNUNG
TERMINATIONSBEZEICHNUNG

RESULTATBEZEICHNUNG
FOLGEEPISODE-/ZUSTANDSBEZEICHNUNG
Kompromiss
Diktat
Übereinkunft
Übereinkommen
Übereinstimmung
Ausgleich
Aussöhnung
Beilegung
EMOTIONSBEZEICHNUNG
MOTIVBEZEICHNUNG
DISPOSITIONSBEZEICHNUNG
Hartnäckigkeit
ZIELE/ZWECK-BEZEICHNUNG
Überlegenheit
PROBLEMBEZEICHNUNG
VORKEHRUNGSBEZEICHNUNG
REGULATIONSBEZEICHNUNG
ABWEICHUNGSBEZEICHNUNG
SANKTIONSBEZEICHNUNG
ZEITANGABENBEZEICHNUNG

Die folgenden Frames zeigen, daß unterschiedliche Lesarten unterschiedliche Frames erforderlich machen:

FRAMETYP: EPISODE/AKTION
LEXEM: Diktat
SYNONYME
PERSONENBEZEICHNUNG
Lehrer
Mitschüler
GRUPPENBEZEICHNUNG
GEGENSTANDSBEZEICHNUNG
Heft
Stift
Tintenkuli
TIERBEZEICHNUNG
PFLANZENBEZEICHNUNG
SETTING
Schule
ORGANISATIONSBEZEICHNUNG

BEREICHSBEZEICHNUNG
      Erziehung
ZUSTANDSBEZEICHNUNG
VORHERIGE(R) ZUSTAND/EPISODE-AKTIONSBEZEICHNUNG
SIMULTANAKTIONENBEZEICHNUNG
AKTIVITÄTS/GEBRAUCHSPHASEN
INITIATIONSBEZEICHNUNG
TERMINATIONSBEZEICHNUNG
RESULTATBEZEICHNUNG
FOLGEEPISODE-/ZUSTANDSBEZEICHNUNG
      Korrektur
      Zensur
EMOTIONSBEZEICHNUNG
MOTIVBEZEICHNUNG
DISPOSITIONSBEZEICHNUNG
ZIELE/ZWECK-BEZEICHNUNG
      Kontrolle
PROBLEMBEZEICHNUNG
      Schreibfehler
VORKEHRUNGSBEZEICHNUNG
REGULATIONSBEZEICHNUNG
ABWEICHUNGSBEZEICHNUNG
SANKTIONSBEZEICHNUNG
ZEITANGABENBEZEICHNUNG

FRAMETYP: EPISODE/AKTION
LEXEM: Diktat
SYNONYME
PERSONENBEZEICHNUNG
      Sekretärin
      Chef
GRUPPENBEZEICHNUNG
GEGENSTANDSBEZEICHNUNG
      Block
      Tintenkuli
      Stift
TIERBEZEICHNUNG
PFLANZENBEZEICHNUNG
SETTING
      Büro
ORGANISATIONSBEZEICHNUNG
      Betrieb
BEREICHSBEZEICHNUNG

Wirtschaft
ZUSTANDSBEZEICHNUNG
VORHERIGE(R) ZUSTAND/EPISODE-AKTIONSBEZEICHNUNG
SIMULTANAKTIONENBEZEICHNUNG
AKTIVITÄTS/GEBRAUCHSPHASEN
INITIATIONSBEZEICHNUNG
TERMINATIONSBEZEICHNUNG
RESULTATBEZEICHNUNG
FOLGEEPISODE-/ZUSTANDSBEZEICHNUNG
Tippen
EMOTIONSBEZEICHNUNG
MOTIVBEZEICHNUNG
DISPOSITIONSBEZEICHNUNG
ZIELE/ZWECK-BEZEICHNUNG
PROBLEMBEZEICHNUNG
Schreibfehler
VORKEHRUNGSBEZEICHNUNG
REGULATIONSBEZEICHNUNG
ABWEICHUNGSBEZEICHNUNG
SANKTIONSBEZEICHNUNG
ZEITANGABENBEZEICHNUNG

FRAMETYP: EPISODE/AKTION
LEXEM: Diktat
SYNONYME
Zwang
PERSONENBEZEICHNUNG
Sieger
Gewalthaber
GRUPPENBEZEICHNUNG
GEGENSTANDSBEZEICHNUNG
TIERBEZEICHNUNG
PFLANZENBEZEICHNUNG
SETTING
ORGANISATIONSBEZEICHNUNG
BEREICHSBEZEICHNUNG
ZUSTANDSBEZEICHNUNG
VORHERIGE(R) ZUSTAND/EPISODE-AKTIONSBEZEICHNUNG
Sieg
Überlegenheit
SIMULTANAKTIONENBEZEICHNUNG
AKTIVITÄTS/GEBRAUCHSPHASEN
INITIATIONSBEZEICHNUNG

TERMINATIONSBEZEICHNUNG
RESULTATBEZEICHNUNG
FOLGEEPISODE-/ZUSTANDSBEZEICHNUNG
Gehorsam
Erfüllung
EMOTIONSBEZEICHNUNG
MOTIVBEZEICHNUNG
DISPOSITIONSBEZEICHNUNG
ZIELE/ZWECK-BEZEICHNUNG
Kontrolle
Leitung
PROBLEMBEZEICHNUNG
VORKEHRUNGSBEZEICHNUNG
REGULATIONSBEZEICHNUNG
ABWEICHUNGSBEZEICHNUNG
SANKTIONSBEZEICHNUNG
ZEITANGABENBEZEICHNUNG

Angesichts dieser Framevielfalt zur Repräsentation von Lexemen liegt die Frage nahe, wie die Anzahl der erforderlichen Frames zu bestimmen ist. Handelt es sich um Lesarten, die durch unterschiedliche Frametypen zu repräsentieren sind, ist dies weniger problematisch, wie das Beispiel Kriegserklärung zeigt:

FRAMETYP: EPISODE/AKTION
LEXEM: Kriegserklärung
SYNONYME
PERSONENBEZEICHNUNG
Oberbefehlshaber
Minister
GRUPPENBEZEICHNUNG
GEGENSTANDSBEZEICHNUNG
TIERBEZEICHNUNG
PFLANZENBEZEICHNUNG
SETTING
Ministerium
ORGANISATIONSBEZEICHNUNG
BEREICHSBEZEICHNUNG
Verteidigung
ZUSTANDSBEZEICHNUNG
VORHERIGE(R) ZUSTAND/EPISODE-AKTIONSBEZEICHNUNG
Konflikt

Überfall
Grenzverletzung
Zwischenfall
SIMULTANAKTIONENBEZEICHNUNG
AKTIVITÄTS/GEBRAUCHSPHASEN
Verfassung
Übergabe
INITIATIONSBEZEICHNUNG
TERMINATIONSBEZEICHNUNG
RESULTATBEZEICHNUNG
FOLGEEPISODE-/ZUSTANDSBEZEICHNUNG
Angriff
Krieg
EMOTIONSBEZEICHNUNG
MOTIVBEZEICHNUNG
DISPOSITIONSBEZEICHNUNG
ZIELE/ZWECK-BEZEICHNUNG
Nachricht
PROBLEMBEZEICHNUNG
VORKEHRUNGSBEZEICHNUNG
REGULATIONSBEZEICHNUNG
ABWEICHUNGSBEZEICHNUNG
SANKTIONSBEZEICHNUNG
ZEITANGABENBEZEICHNUNG

FRAMETYP: GEGENSTAND
LEXEM: Kriegserklärung
SYNONYME
PERSONENBEZEICHNUNG
Oberbefehlshaber
Minister
GRUPPENBEZEICHNUNG
KOMPONENTENBEZEICHNUNGEN
Text
Paragraph
Satz
Wort
ÜBERGEORDNETER VERBAND
SETTING
Ministerium
EPISODEN/AKTIONS-BEZEICHNUNG
Konflikt
Krieg

AKTIVITÄTS/GEBRAUCHSPHASEN
ZIELE/ZWECK-BEZEICHNUNG
    Nachricht
PROBLEMBEZEICHNUNG
VORKEHRUNGSBEZEICHNUNG
ZEITANGABENBEZEICHNUNG
FORMBEZEICHNUNG
GRÖSSENBEZEICHNUNG
FARBBEZEICHNUNG
GESCHWINDIGKEITSBEZEICHNUNG
GERÄUSCHBEZEICHNUNG
GERUCHSBEZEICHNUNG
MATERIALBEZEICHNUNG
GEWICHTSBEZEICHNUNG
GESCHMACKSBEZEICHNUNG

Bei Lexemen wie Gefangennahme ist die Repräsentation durch mehrere Frames bisweilen nur durch die Aktivierung des semantischen Wissens z.B. durch Lexeme wie Kriegsgefangener, Strafgefangener oder Kriegsgefangenschaft und Gefängnisaufent-halt in der Datenmenge möglich. Während der Framesystematisie-rung trat mehrfach der Fall ein, daß beim "Blättern" am Bild-schirm die Kreation eines Frametyps für ein Lexem die Kreation eines weiteren Frames für ein bereits bearbeitetes erforderte.

Die Diskussion dieses Frametyps wird durch die Repräsentation von Startsprung abgeschlossen:

FRAMETYP: EPISODE/AKTION
LEXEM: Startsprung
SYNONYME
PERSONENBEZEICHNUNG
    Sportler
    Zeitnehmer
GRUPPENBEZEICHNUNG
    Publikum
GEGENSTANDSBEZEICHNUNG
    Badehose
TIERBEZEICHNUNG
PFLANZENBEZEICHNUNG
SETTING
    Stadion
    Wasser

ORGANISATIONSBEZEICHNUNG
BEREICHSBEZEICHNUNG
    Sport
ZUSTANDSBEZEICHNUNG
VORHERIGE(R) ZUSTAND/EPISODE-AKTIONSBEZEICHNUNG
SIMULTANAKTIONENBEZEICHNUNG
AKTIVITÄTS/GEBRAUCHSPHASEN
    Kopfsprung
    Sprung
INITIATIONSBEZEICHNUNG
    Pfiff
    Schuß
TERMINATIONSBEZEICHNUNG
RESULTATBEZEICHNUNG
FOLGEEPISODE-/ZUSTANDSBEZEICHNUNG
    Anschlag
EMOTIONSBEZEICHNUNG
MOTIVBEZEICHNUNG
DISPOSITIONSBEZEICHNUNG
ZIELE/ZWECK-BEZEICHNUNG
PROBLEMBEZEICHNUNG
VORKEHRUNGSBEZEICHNUNG
REGULATIONSBEZEICHNUNG
ABWEICHUNGSBEZEICHNUNG
SANKTIONSBEZEICHNUNG
ZEITANGABENBEZEICHNUNG

Auch bei dem Frametyp GEGENSTAND zeigt sich, daß die Repräsentation sehr stark von der Spezialisiertheit der Verwendungsweisen des Gegenstandes abhängt, der durch das Lexem bezeichnet wird.

FRAMETYP: GEGENSTAND
LEXEM: Maulkorb
SYNONYME
    Beißkorb
PERSONENBEZEICHNUNG
    Hund
    Hofhund
    Bulldogge
    Kettenhund
GRUPPENBEZEICHNUNG

KOMPONENTENBEZEICHNUNGEN
ÜBERGEORDNETER VERBAND
SETTING
    Zwinger
    Hof
EPISODEN/AKTIONS-BEZEICHNUNG
AKTIVITÄTS/GEBRAUCHSPHASEN
ZIELE/ZWECK-BEZEICHNUNG
    Schutz
PROBLEMBEZEICHNUNG
VORKEHRUNGSBEZEICHNUNG
ZEITANGABENBEZEICHNUNG
FORMBEZEICHNUNG
GRÖSSENBEZEICHNUNG
FARBBEZEICHNUNG
GESCHWINDIGKEITSBEZEICHNUNG
GERÄUSCHBEZEICHNUNG
GERUCHSBEZEICHNUNG
MATERIALBEZEICHNUNG
    Leder
GEWICHTSBEZEICHNUNG
GESCHMACKSBEZEICHNUNG

Für Kategoriebezeichnungen wie Brettspiel können durch allgemeinere Zuordnungen repräsentiert werden:

FRAMETYP: GEGENSTAND
LEXEM: Brettspiel
SYNONYME
PERSONENBEZEICHNUNG
    Spieler
GRUPPENBEZEICHNUNG
KOMPONENTENBEZEICHNUNGEN
    Stein
    Figur
    Damebrett
    Domino
ÜBERGEORDNETER VERBAND
SETTING
    Wohnung
EPISODEN/AKTIONS-BEZEICHNUNG
    Spiel

AKTIVITÄTS/GEBRAUCHSPHASEN
ZIELE/ZWECK-BEZEICHNUNG
    Unterhaltung
    Vergnügen
    Spaß
    Zeitvertreib
PROBLEMBEZEICHNUNG
VORKEHRUNGSBEZEICHNUNG
ZEITANGABENBEZEICHNUNG
FORMBEZEICHNUNG
GRÖSSENBEZEICHNUNG
FARBBEZEICHNUNG
GESCHWINDIGKEITSBEZEICHNUNG
GERÄUSCHBEZEICHNUNG
GERUCHSBEZEICHNUNG
MATERIALBEZEICHNUNG
GEWICHTSBEZEICHNUNG
GESCHMACKSBEZEICHNUNG

Lexeme wie Waffe oder Werkzeug legen eine weitere Differenzierung des Frametyps Gegenstand nahe. Gegenwärtig könnte die Abstraktheit der Bezeichnungen lediglich durch die partielle Füllung der Frames repräsentiert werden, wie die Frames für Wort und Nachricht zeigen:

FRAMETYP: GEGENSTAND
LEXEM: Wort
SYNONYME
PERSONENBEZEICHNUNG
    Sprecher
GRUPPENBEZEICHNUNG
KOMPONENTENBEZEICHNUNGEN
ÜBERGEORDNETER VERBAND
    Satz
    Paragraph
    Text
SETTING
EPISODEN/AKTIONS-BEZEICHNUNG
AKTIVITÄTS/GEBRAUCHSPHASEN
ZIELE/ZWECK-BEZEICHNUNG
    Verständigung
PROBLEMBEZEICHNUNG

VORKEHRUNGSBEZEICHNUNG
ZEITANGABENBEZEICHNUNG
FORMBEZEICHNUNG
GRÖSSENBEZEICHNUNG
FARBBEZEICHNUNG
GESCHWINDIGKEITSBEZEICHNUNG
GERÄUSCHBEZEICHNUNG
GERUCHSBEZEICHNUNG
MATERIALBEZEICHNUNG
GEWICHTSBEZEICHNUNG
GESCHMACKSBEZEICHNUNG

FRAMETYP: GEGENSTAND
LEXEM: Nachricht
SYNONYME
    Botschaft
PERSONENBEZEICHNUNG
GRUPPENBEZEICHNUNG
KOMPONENTENBEZEICHNUNGEN
    Wort
    Satz
    Text
ÜBERGEORDNETER VERBAND
SETTING
EPISODEN/AKTIONS-BEZEICHNUNG
AKTIVITÄTS/GEBRAUCHSPHASEN
ZIELE/ZWECK-BEZEICHNUNG
    Verständigung
    Überlieferung
    Übertragung
PROBLEMBEZEICHNUNG
VORKEHRUNGSBEZEICHNUNG
ZEITANGABENBEZEICHNUNG
FORMBEZEICHNUNG
GRÖSSENBEZEICHNUNG
FARBBEZEICHNUNG
GESCHWINDIGKEITSBEZEICHNUNG
GERÄUSCHBEZEICHNUNG
GERUCHSBEZEICHNUNG
MATERIALBEZEICHNUNG
GEWICHTSBEZEICHNUNG
GESCHMACKSBEZEICHNUNG

Neben Kategoriebezeichnungen erfordern Körperteile bezeichnende Substantive die Möglichkeit differenzierterer Zuordnung innerhalb der Framedimension "Übergeordneter Verband", wie Achsel und Stirn zeigen:

FRAMETYP: GEGENSTAND
LEXEM: Achsel
SYNONYME
PERSONENBEZEICHNUNG
GRUPPENBEZEICHNUNG
KOMPONENTENBEZEICHNUNGEN
ÜBERGEORDNETER VERBAND
Schulter
Person
SETTING
EPISODEN/AKTIONS-BEZEICHNUNG
AKTIVITÄTS/GEBRAUCHSPHASEN
ZIELE/ZWECK-BEZEICHNUNG
PROBLEMBEZEICHNUNG
VORKEHRUNGSBEZEICHNUNG
ZEITANGABENBEZEICHNUNG
FORMBEZEICHNUNG
GRÖSSENBEZEICHNUNG
FARBBEZEICHNUNG
GESCHWINDIGKEITSBEZEICHNUNG
GERÄUSCHBEZEICHNUNG
GERUCHSBEZEICHNUNG
MATERIALBEZEICHNUNG
GEWICHTSBEZEICHNUNG
GESCHMACKSBEZEICHNUNG

FRAMETYP: GEGENSTAND
LEXEM: Stirn
SYNONYME
PERSONENBEZEICHNUNG
GRUPPENBEZEICHNUNG
KOMPONENTENBEZEICHNUNGEN
ÜBERGEORDNETER VERBAND
Haupt
Person
SETTING
EPISODEN/AKTIONS-BEZEICHNUNG

AKTIVITÄTS/GEBRAUCHSPHASEN
ZIELE/ZWECK-BEZEICHNUNG
PROBLEMBEZEICHNUNG
VORKEHRUNGSBEZEICHNUNG
ZEITANGABENBEZEICHNUNG
FORMBEZEICHNUNG
GRÖSSENBEZEICHNUNG
FARBBEZEICHNUNG
GESCHWINDIGKEITSBEZEICHNUNG
GERÄUSCHBEZEICHNUNG
GERUCHSBEZEICHNUNG
MATERIALBEZEICHNUNG
GEWICHTSBEZEICHNUNG
GESCHMACKSBEZEICHNUNG

Als recht vollständig angesichts der geringen, der Repräsentation zugrundegelegten Datenmenge können die beiden letzten Frames des Typs Gegenstand angesehen werden:

FRAMETYP: GEGENSTAND
LEXEM: Schmerzensgeld
SYNONYME
PERSONENBEZEICHNUNG
GRUPPENBEZEICHNUNG
KOMPONENTENBEZEICHNUNGEN
ÜBERGEORDNETER VERBAND
SETTING
EPISODEN/AKTIONS-BEZEICHNUNG
AKTIVITÄTS/GEBRAUCHSPHASEN
Verletzung
Klage
Zuspruch
Gewährung
Zahlung
ZIELE/ZWECK-BEZEICHNUNG
Ausgleich
Kompensation
Entschädigung
PROBLEMBEZEICHNUNG
VORKEHRUNGSBEZEICHNUNG
ZEITANGABENBEZEICHNUNG
FORMBEZEICHNUNG

GRÖSSENBEZEICHNUNG
FARBBEZEICHNUNG
GESCHWINDIGKEITSBEZEICHNUNG
GERÄUSCHBEZEICHNUNG
GERUCHSBEZEICHNUNG
MATERIALBEZEICHNUNG
GEWICHTSBEZEICHNUNG
GESCHMACKSBEZEICHNUNG

FRAMETYP: GEGENSTAND
LEXEM: Ordensspange
SYNONYME
Orden
PERSONENBEZEICHNUNG
Soldat
GRUPPENBEZEICHNUNG
KOMPONENTENBEZEICHNUNGEN
Band
ÜBERGEORDNETER VERBAND
Uniform
SETTING
EPISODEN/AKTIONS-BEZEICHNUNG
AKTIVITÄTS/GEBRAUCHSPHASEN
ZIELE/ZWECK-BEZEICHNUNG
Anerkennung
Ehrung
Repräsentation
PROBLEMBEZEICHNUNG
VORKEHRUNGSBEZEICHNUNG
ZEITANGABENBEZEICHNUNG
FORMBEZEICHNUNG
GRÖSSENBEZEICHNUNG
FARBBEZEICHNUNG
GESCHWINDIGKEITSBEZEICHNUNG
GERÄUSCHBEZEICHNUNG
GERUCHSBEZEICHNUNG
MATERIALBEZEICHNUNG
GEWICHTSBEZEICHNUNG
GESCHMACKSBEZEICHNUNG

Bei dem Frametyp Setting können wiederum unterschiedliche Lesarten zur Verwendung mehrerer Frames führen, wie die folgenden

Repräsentationen von Kasino zeigen:

FRAMETYP: SETTING
LEXEM: Kasino
SYNONYME
PERSONENBEZEICHNUNG
Spieler
GRUPPENBEZEICHNUNG
GEGENSTANDSBEZEICHNUNG
Roulett
ORGANISATIONSBEZEICHNUNG
BEREICHSBEZEICHNUNG
EPISODEN/AKTIONS-BEZEICHNUNG
Glücksspiel
EMOTIONSBEZEICHNUNG
Spannung
FRAMETYP: SETTING
LEXEM: Kasino
SYNONYME
PERSONENBEZEICHNUNG
Offizier
Ordonnanz
GRUPPENBEZEICHNUNG
GEGENSTANDSBEZEICHNUNG
ORGANISATIONSBEZEICHNUNG
Militär
BEREICHSBEZEICHNUNG
Verteidigung
EPISODEN/AKTIONS-BEZEICHNUNG
Mahl
Gelage
EMOTIONSBEZEICHNUNG

Das Lexem Bahnhof wurde als Setting und als Gegenstand repräsentiert, da durch dieses Vorgehen die materiellen Aspekte der Settings repräsentiert werden konnten. Für die zukünftige Arbeit wären die Dimensionen "Übergeordneter Verband" und "Komponenten" des Frametyps Gegenstand auch in den Frametyp Setting aufzunehmen, um dies zu berücksichtigen.

FRAMETYP: GEGENSTAND
LEXEM: Bahnhof
SYNONYME
    Station
PERSONENBEZEICHNUNG
GRUPPENBEZEICHNUNG
KOMPONENTENBEZEICHNUNGEN
    Wartesaal
    Bahnsteig
    Restaurant
ÜBERGEORDNETER VERBAND
    Dorf
    Kleinstadt
    Stadt
SETTING
EPISODEN/AKTIONS-BEZEICHNUNG
    Verkehr
AKTIVITÄTS/GEBRAUCHSPHASEN
ZIELE/ZWECK-BEZEICHNUNG
    Aufnahme
    Beförderung
PROBLEMBEZEICHNUNG
VORKEHRUNGSBEZEICHNUNG
ZEITANGABENBEZEICHNUNG
FORMBEZEICHNUNG
GRÖSSENBEZEICHNUNG
FARBBEZEICHNUNG
GESCHWINDIGKEITSBEZEICHNUNG
GERÄUSCHBEZEICHNUNG
GERUCHSBEZEICHNUNG
MATERIALBEZEICHNUNG
GEWICHTSBEZEICHNUNG
GESCHMACKSBEZEICHNUNG

FRAMETYP: SETTING
LEXEM: Bahnhof
SYNONYME
    Station
PERSONENBEZEICHNUNG
    Reisende
    Fahrgast
    Schaffner
    Stationsvorsteher

Kontrolleur
Ausländer
Handlungsreisende
Bremser
Durchreisende

GRUPPENBEZEICHNUNG

Reisegesellschaft
Globetrotter
Tourist
Zugbegleiter
Zugführer

GEGENSTANDSBEZEICHNUNG

Zug
Lokomotive
Wagen
Eisenbahn

ORGANISATIONSBEZEICHNUNG

Bahn

BEREICHSBEZEICHNUNG

Verkehr

EPISODEN/AKTIONS-BEZEICHNUNG

Reise
Ankunft
Abfahrt
Abschied
Abschiedsszene
Wiedersehen
Aufenthalt
Ausflug
Badereise
Dienstreise

EMOTIONSBEZEICHNUNG

Exkursion
Fahrt

Bei einigen wenigen Lexemen wie dem obigen wird deutlich, daß die Anzahl maximaler Zuordnungen mit 10 zu gering festgelegt wurde, wodurch die jeweils folgende Dimension mit Elementen der vorhergehenden belegt wurde.

Wenig spezialisierte Setting-Bezeichnungen wie Weg führen zu vergleichsweise unspezifischen Zuordnungen:

FRAMETYP: SETTING
LEXEM: Weg
SYNONYME
PERSONENBEZEICHNUNG
    Fußgänger
    Radfahrer
    Wandersmann
GRUPPENBEZEICHNUNG
GEGENSTANDSBEZEICHNUNG
ORGANISATIONSBEZEICHNUNG
BEREICHSBEZEICHNUNG
EPISODEN/AKTIONS-BEZEICHNUNG
    Lauf
    Gang
    Fahrt
EMOTIONSBEZEICHNUNG

Die abschließenden Bemerkungen in Kapitel 9 enthalten eine zusammenfassende Wertung der Resultate.

ANHANG B: LEXEMLISTE

Die nachfolgende Liste der Lexeme aus Dornseiffs "Der deutsche Wortschatz nach Sachgruppen" liegt der Framesystematisierung zugrunde. Diese rund 6000 Substantive allein konnten in den Frames verwandt werden. Durch ihre Darstellung wird dem Leser oder der Leserin die Beschränktheit möglicher Zuordnungen deutlich.

Aas	Abbau	Abdankung
Abdecker	Abendgesellschaft	Abenteuer
Abenteurer	Abfahrt	Abfahrtslauf
Abfall	Abfindung	Abfütterung
Abfuhr	Abgang	Abgeordnete
Abgeordnetenhaus	Abgesandte	Abgeschiedenheit
Abgott	Ablass	Ablasszettel
Ableger	Ablehnung	Abmahnung
Aneignung	Abonnent	Abordnung
Abrechnung	Abreibung	Abrüstung
Absatzgebiet	Abschaum	Abscheu
Abschied	Abschiedsbecher	Abschiedsbrief
Abschiedsszene	Abschiedsurkunde	Abschlag
Abseits	Absetzung	Absolution
Absolutismus	Absonderung	Abspannung
Abstammung	Abstecher	Absteigequartier
Abstimmung	Abstoß	Abstufung
Abteilung	Abtretung	Abtrünniger
Abwehr	Abweichung	Abzeichen
Abzug	Achse	Achsel
Achselband	Achselstück	Achselträger
Achselzucken	Acht	Achtung
Adel	Adelsgeschlecht	Adelsherrschaft
Adelsstand	Adjutant	Administration
Admiral	Adoptivkind	Adressbuch
Adresse	Ächtung	Ältermutter
Ältervater	Ängstigung	Äppel
Ärgernis	Aeronautik	Ästhet
Äußerlichkeit	Affäre	Affe
Affront	Agent	Agentur
Aggressor	Agitation	Agitator
Agrarier	Agronom	Ahndung
Ahnen	Akademiker	Akklamation

Akrreditiv
Akquisiteur
Akrobat
Aktiengesellschaft
Aktiv
Alarm
Aldermann
Alimente
Alleingang
Alleinherrschaft
Alleinherrscher
Allianz
Allmende
Alm
Altar
Altenteil
Altersgrenze
Amateur
Amazone
Amman
Amme
Amnestie
Amphitheater
Amt
Amtmann
Amtsantritt
Amtsenthebung
Amtsgewalt
Amtsmiene
Amtsperson
Amtsrichter
Amtsschimmel
Amtssiegel
Amtstracht
Amüsement
Anachoret
Anarchie
Anarchist
Anatom
Anbetung
Andenken
Andeutung
Androhung
Aneignung
Anerbe
Anerbieten
Anerkennung
Anfall
Anfechtung
Anforderung
Anführer
Angabe
Angeber
Angeberei
Angebinde
Angebot
Angehöriger
Angel
Anhänger
Angelrute
Angestellte
Angreifer
Angriff
Anhang
Animierkneipe
Anklage
Anklang
Ankunft
Anlaß
Anlauf
Anliegen
Anlieger
Anmarsch
Anmaßung
Annäherung
Annahme
Anordnung
Anpflanzung
Anprall
Anrede
Anregung
Anreiz
Ansager
Anschein
Anschiß
Anschlag
Ansehen
Ansiedler
Ansiedlung
Ansinnen
Anspielung
Ansporn
Anspruch
Anstalt
Anstand
Anstößigkeit
Anstandsdame
Anstandswauwau
Anstellung
Anstifter
Anstoß
Anstreicher
Ansuchen
Antagonismus
Antifaschist
Antiquar
Antrag
Antragsteller
Anverwandte
Anwalt
Anwaltschaft
Anwaltskammer
Anwandlung
Anweisung
Anwerbung
Anwurf
Anzüglichkeit
Apologet
Apologie
Apotheker
Apotheose
Appell
Appellation
Approbation
Aprilnarr
Arbeit
Arbeiter
Arbeitgeber
Arbeitnehmer
Arbeitsamt
Arbeitsdienst
Arbeitseinstellung

Arbeitshaus	Arbeitslager	Arbeitsraum
Arbeitssoldat	Arbeitsteilung	Architekt
Arena	Arg	Aristokratie
Aristokrat	Armbinde	Armenpfleger
Armsünderschmalz	Arrest	Arrestant
Arroganz	Arschkriecher	Artigkeit
Artigkeiten	Artillerie	Artilleriefeuer
Artillerist	Artist	Arzt
Aschenbrödel	Asphaltpresse	Aspirant
Assessor	Assistent	Assoziation
Astrolog	Astronom	Asyl
Aszendenz	Athlet	Attache
Attacke	Aufbau	Aufbegehren
Aufbegehrer	Aufenthalt	Aufenthaltsort
Auffahrt	Auffangstellung	Aufforderung
Aufführung	Aufgabe	Aufgeblasenheit
Aufgebot	Aufhebung	Aufklärer
Aufküdigung	Auflage	Auflassung
Auflauf	Auflehnung	Auflockerung
Aufmachung	Aufmarsch	Aufmerksamkeit
Aufnahme	Aufpasser	Aufrührer
Aufregung	Aufruf	Aufruhr
Aufsage	Aufschneider	Aufschneiderei
Aufschub	Aufschwung	Aufsehen
Aufseher	Aufsicht	Aufstand
Aufstellung	Aufstieg	Auftrag
Auftritt	Aufwallung	Aufwartefrau
Aufwartung	Aufwiegler	Augendiener
Augendienerei	Augenspiel	Augensprache
Augenweide	Auktionator	Aus
Ausbruchsversuch	Ausdehnung	Auseinandersetzung
Ausfahrt	Ausfall	Ausfalltor
Ausflug	Ausführung	Ausgang
Ausgangsstellung	Ausgehtag	Ausgelassenheit
Ausgleich	Aushilfe	Ausländer
Auslösung	Ausmarsch	Ausnahme
Ausnahmefall	Ausnahmestellung	Ausnahmezustand
Ausputzer	Ausrede	Ausrufer
Ausschank	Ausschlag	Ausschuß
Ausschweifung	Aussenwerk	Aussöhnung
Ausspannung	Ausstand	Ausstellung
Auster	Austrag	Austreibung
Auswanderer	Auswanderung	Ausweg
Ausweichbewegung	Ausweisung	Auswurf

Auszeichnung	Auszug	Autogrammjäger
Autokrat	Autokratie	Automatenrestaurant
Autonomie	Autorennen	Autorität
Avus	Baas	Baas
Babel	Backenstreich	Badegast
Badehose	Bäcker	Bader
Badereise	Bagage	Bahn
Bahnhof	Bahnsteig	Bajadäre
Bajazzo	Bajonettangriff	Bakel
Baldachin	Balgerei	Ball
Ballerina	Ballet	Balleteuse
Ballistik	Ballmutter	Ballschläger
Ballspiel	Bambusrohr	Band
Bande	Banden	Bandenführer
Bank	Bankett	Bankier
Bann	Banner	Bannfluch
Bannformel	Bannspruch	Bannstrahl
Bar	Bär	Barbar
Barbarei	Bärbeißigkeit	Barbier
Bärenmütze	Bärenzwinger	Barett
Baron	Baronesse	Barras
Barren	Barriere	Barrikade
Barschheit	Bartkratzer	Base
Basilisk	Basketball	Bastard
Bastei	Bastion	Bataillon
Batterie	Bauchtanz	Bauer
Bäuerin	Bauerndirne	Bauernfänger
Bauernkrieg	Bauernmädchen	Bauernstand
Bauernvolk	Baukasten	Baumeister
Baumwachs	Beachtung	Beamte
Bearbeitung	Beauftragte	Beckmesser
Bedeutsamkeit	Bedeutung	Bedientenseele
Bediente	Bedienung	Bedrängnis
Bedrängung	Bedrücker	Beduine
Beeinträchtigung	Befähigung	Befehl
Befehlshaber	Befehlsverweigerung	Befestigung
Beflissenheit	Beförderung	Befreier
Befreiung	Befriedigung	Befugnis
Begegnung	Begehr	Begeisterung
Begierde	Beglaubigung	Beglaubigungsschreiben
Begleiter	Beglückwünschung	Begnadigung
Begnadigungsrecht	Behandlung	Beharrlichkeit
Beharrungsvermögen	Behausung	Behelf
Behörde	Beifall	Beifallsäußerung

Beifallsbezeigung	Beigeordnete	Beilager
Beilegung	Beileid	Beileidsbezeugung
Beinarbeit	Beischlaf	Beisel
Beißkorb	Beistand	Beisteuer
Beistimmung	Beitrag	Beitreibung
Beitritt	Bekämpfung	Bekannte
Bekanntschaft	Belagerer	Belagerung
Belagerungszustand	Belegschaft	Beleidigung
Belieben	Beliebtheit	Belohnung
Belustigungen	Bemäkelung	Bemannung
Benefizvorstellung	Benehmen	Bengel
Benimm	Beobachter	Beobachtungsposten
Beratung	Beräucherung	Berechtigung
Bereich	Bereitschaft	Bergarbeiter
Bergbahn	Bergegeld	Bergelohn
Bergfeuer	Bergfex	Bergluft
Bergmann	Bergsteiger	Berserkerwut
Berücksichtigung	Beruf	Berufsberater
Berufsberatung	Berufswahl	Berufung
Beruhigung	Besatzung	Bescheid
Bescheidenheit	Beschimpfung	Beschirmer
Beschirmung	Beschiß	Beschlagnahme
Beschluß	Beschmutzung	Beschränkung
Beschuldigung	Beschuß	Beschützer
Beschwerde	Beschwerdeführer	Beschwörung
Besetzung	Besichtigung	Besitznahme
Besprechung	Besserungsanstalt	Besserwisser
Bestallung	Bestallungsbrief	Bestätigung
Bestechung	Bestechungsversuch	Bestimmung
Besuch	Besucher	Besudelung
Betbruder	Beteuerung	Betonklotz
Betörung	Betragen	Betrieb
Betriebsleiter	Betrug	Betrüger
Betrügerei	Betschwester	Bettel
Bettelbrief	Bettelei	Bettgenosse
Betthase	Bettler	Bettschatz
Beunruhigung	Beute	Beutelschneider
Bevölkerung	Bevollmächtigter	Bevollmächtigung
Bevormundung	Bewachung	Bewältigung
Bewegung	Bewerber	Berwerbung
Bewilligung	Bewohner	Bewunderung
Bezahlung	Bezichtigung	Beziehungen
Bezirksamt	Bezirkskommando	Bierjunge
Bierkeller	Biesterei	Bigamie

Bildhauer
Bildung
Billard
Billigung
Binder
Binnenschiffahrt
Binokel
Bischof
Bischofsmütze
Bischofsstab
Bittbrief
Bitte
Bitterkeit
Bittgang
Bittschrift
Bittsteller
Biwak
Blanko
Blase
Blasphemie
Blaustrumpf
Blechner
Bleibe
Bleikammer
Bleiklumpen
Bleisoldaten
Blender
Blendwerk
Blick
Blindekuh
Block
Blockade
Blockbildung
Blockhaus
Bloßstellung
Blume
Blumenarrangement
Blumenflor
Blumenhändler
Blumenkranz
Blumenverkäuferin
Bluse
Blut
Blutbad
Blutbann
Blutrache
Blutschande
Blutschuld
Blutstrom
Blutsverwandtschaft
Blutvergießen
Bob
Bobrennen
Bock
Bocksprung
Bodega
Bogen
Bogenschütze
Boheme
Bojar
Bolero
Bollwerk
Bombardement
Bombast
Bombe
Bonne
Bonze
Boogie-Woogie
Bootsmann
Bordell
Bordfunker
Börse
Bosheit
Boston
Bote
Botenfrau
Botmäßigkeit
Botokude
Botschaft
Botschafter
Boxer
Boxerei
Boy
Boykott
Bramarbas
Branche
Brandbrief
Brandmarkung
Brandopfer
Brauch
Brauer
Braut
Brautgemach
Brautgeschenk
Bräutigam
Brautleute
Brautpaar
Brautschatz
Brautschau
Brautstand
Bravo
Breitengrad
Breitseite
Bremser
Brettspiel
Briefträger
Brigade
Brigadechef
Brigadier
Brille
Brot
Brotgeber
Brotneid
Bruch
Brücke
Brückenkopf
Bruder
Brüderlichkeit
Bruderschaft
Brummbär
Brunft
Brunst
Brust
Brustharnisch
Brustschwimmen
Brüstung
Brustwehr
Brut
Bruttoregistertonnen
Bube
Buberei
Buchbinder

Buchdrucker	Buchhalter	Buchhaltung
Buchhändler	Büchsenmacher	Bückling
Budenzauber	Buhle	Buhlerin
Bühne	Bühnenerfolg	Bulldogge
Bulle	Bummel	Bums
Bund	Bundesgenosse	Bundesrat
Bundesstaat	Bundestag	Bündnis
Bundschuh	Bunker	Burg
Bürger	Bürgerkrieg	Bürgermeister
Bürgermeisterei	Bürgerrecht	Bürgerschaft
Bürgerstand	Bürgertum	Burgfriede
Burggraf	Bürgschaft	Burleske
Büro	Bürokrat	Bürokratie
Bürokratismus	Bursche	Burschenschaft
Bürstenbinder	Busenfreund	Busse
Büßergewand	Büßerhemd	Bußpredigt
Bußtag	Bußübung	Büttel
Byzantinismus	Cafe	Campingausrüstung
Cancan	Caesar	Champagner
Champion	Charge	Charleston
Chauffeur	Chausseefloh	Chauvinismus
Chauvinist	Chef	Chemiker
Chirurg	Choreograph	Christabend
Christenverfolgung	Cicerone	Claque
Claqueur	Coiffeur	Conferencier
Cousin	Crack	Creme
Dach	Dachdecker	Dalmatika
Dame	Damebrett	Damespiel
Dampfer	Dampfschiffahrt	Danaergeschenk
Dandy	Dank	Dankbarkeit
Darwinismus	Daumen	Daumschraube
Dazwischenkunft	Dazwischentreten	Debatte
Decke	Deckschicht	Deckung
Defensive	Degen	Degenfähnrich
Degenfechten	Degradation	Dei
Deichgraf	Dekan	Dekanat
Dekorateur	Dekoration	Dekorationsmaler
Dekorum	Dekret	Delegation
Delegierte	Demagog	Demagogie
Demarche	Demimonde	Demission
Demokratie	Demonstration	Demut
Demütigung	Denkfreiheit	Denkmal
Denkzettel	Dentist	Denunziant
Deputat	Deputation	Deputierte

Derby
Deserteur
Desorganisation
Despot
Despotismus
Destille
Detektiv
Dey
Dezernent
Diadem
Diäten
Dichter
Dicktuerei
Diele
Diener
Dienerin
Dienerschaft
Dienst
Dienstalter
Dienstbarkeit
Dienstbolzen
Dienstbote
Dienstfertigkeit
Dienstherr
Dienstmädchen
Dienstmann
Dienstordnung
Dienstpersonal
Dienstreise
Dienstverpflichtung
Dienstweg
Differenz
Diktat
Diktatfriede
Diktator
Diktatur
Diktum
Ding
Diplom
Diplomat
Diplomatie
Direktion
Direktor
Direktorin
Direktorat
Direktorium
Direktrice
Dirigent
Dirne
Disharmonie
Diskus
Diskuswerfen
Dispens
Disposition
Disput
Dissonanz
Distinktion
Disziplin
Diva
Divergenz
Diversant
Division
Divisionskommandeur
Diwan
Doge
Doktor
Doktorat
Doktordiplom
Doktorhut
Dolmetscher
Domestike
Domino
Domizil
Donnerwetter
Doppelehe
Doppelkopf
Doppelspiel
Doppelzüngigkeit
Dorf
Dorfbewohner
Dorfschulze
Dornenkrone
Drachen
Drachensaat
Dragoner
Drahtpuppe
Drahtseilbahn
Drahtverhau
Drahtzieher
Drang
Drassem
Draufgänger
Drechsler
Dreher
Dreibund
Dreisatz
Dreispitz
Dreisprung
Dresche
Drilling
Drogist
Drohung
Drolligkeit
Druck
Drückeberger
Drucken
Drucker
Druckfehler
Duckmäuser
Duell
Duellant
Duldsamkeit
Duldung
Duma
Dünkel
Dunst
Durchbruch
Durchfahrt
Durchgang
Durchlaucht
Durchreisende
Durchzug
Dusche
Düsenjäger
Dynast
Dynastie
Eckensteher
Eckstein
Edeldame
Edeling
Edelknabe
Edelmann

Eden
Ehe
Ehebruch
Ehegatte
Ehehälfte
Ehekontrakt
Ehemann
Ehestand
Ehevertrag
Ehre
Ehrenbogen
Ehrendienst
Ehrengehalt
Ehrenjungfrau
Ehrenkränkung
Ehrenname
Ehrenpreis
Ehrensitz
Ehrentitel
Ehrenzeichen
Ehrgefühl
Ehrsucht
Ei
Eidam
Eigenbrötler
Eilbote
Einbildung
Einehe
Einfluss
Eingabe
Einhalt
Einigkeit
Einkesselung
Einmarsch
Einpeitscher
Einsamkeit
Einschließung
Einsehen
Einsiedler
Einstimmigkeit
Eintracht
Einvernehmen
Einwanderer
Einwilligung

Edikt
Ehebett
Ehebund
Ehegattin
Eheherr
Eheleute
Ehepaar
Ehestifter
Ehrabschneider
Ehrenamt
Ehrenbürger
Ehrenerklärung
Ehrengericht
Ehrenkleid
Ehrenkreuz
Ehrenpforte
Ehrensache
Ehrensold
Ehrenwache
Ehrerbietung
Ehrgeiz
Ehrung
Eiche
Eidgenossenschaft
Eigenlob
Einäscherung
Einbruch
Einfahrt
Einfuhr
Eingang
Einheirat
Einkäufer
Einklang
Einmischung
Einquartierung
Einsatz
Einschränkung
Einsetzung
Einspruch
Einstimmung
Eintreiber
Einverständnis
Einwanderung
Einwirkung

Effekt
Ehebrecher
Ehefrau
Ehegespons
Ehejoch
Ehelosigkeit
Ehescheidung
Eheversprechen
Ehrbarkeit
Ehrenbezeigung
Ehrendame
Ehrengabe
Ehrenhandel
Ehrenkompanie
Ehrenmitglied
Ehrenplatz
Ehrenschuld
Ehrentag
Ehrenwort
Ehrfurcht
Ehrlosigkeit
Ehrwürden
Eid
Eigenart
Eigensinn
Einberufung
Eindämmung
Einfall
Einführung
Eingeborene
Einheit
Einkerkerung
Einladung
Einöde
Einrede
Einschlag
Einschüchterung
Einsiedelei
Einstand
Eintänzer
Eintreibung
Einwand
Einwendung
Einwohner

Einwurf
Einzäunung
Einzelgänger
Einzelhaft
Einzelleben
Einzelmensch
Einzelwesen
Einzug
Eisbahn
Eisdiele
Eisen
Eisenbahn
Eisenfresser
Eisfläche
Eishockey
Eiskunstlauf
Eislaufen
Eisschnellauf
Eissegeln
Eissport
Eistanz
Eklat
Elefant
Elegant
Elektrische
Elemente
Elfmeter
Elite
Eltern
Elternhaus
Emanzipation
Embargo
Emblem
Emeritus
Emigrant
Emigration
Eminenz
Emir
Emissär
Empfang
Empfangsabend
Empfangsschein
Empfangstag
Empfehlung
Empfehlungsbrief
Empfindlichkeit
Empörer
Emporkömmling
Empörung
Endsieg
Endspurt
Engagement
Enge
Enkel
Enklave
Entbindung
Entehrung
Entente
Enterhaken
Entfremdung
Entführung
Entgegenkommen
Entgelt
Enthaltsamkeit
Entkräftung
Entlassung
Entlassungsgesuch
Entlastung
Entlohnung
Entnazifizierung
Entsagung
Entsatz
Entschädigung
Entschuldigung
Entsetzung
Entspannung
Entthronung
Entwaffnung
Entweihung
Entweihung
Entwicklung
Entwürdigung
Entziehung
Entzweiung
Enzyklika
Epaulette
Epigone
Epigramm
Epiphanias
Erbarmen
Erbfeind
Erbfolge
Erbitterung
Erdloch
Eremit
Eremitage
Erfindung
Erfolg
Erfordernis
Erforscher
Erfüllung
Ergebung
Erhabenheit
Erhebung
Erheiterung
Erhöhung
Erinnerung
Erinnyen
Erkältung
Erkenntlichkeit
Erkennender
Erkundungsflug
Erlass
Erlassung
Erlaubnis
Erlaubnisschein
Erlaucht
Erlöser
Erlösung
Ermächtigung
Ermahnung
Ernennung
Ernennungsschreiben
Ernennungsurkunde
Erniedrigung
Ernst
Ernstfall
Erntedankfest
Erntefest
Eroberung
Erörterung
Erpresser

Erpressung	Errungenschaft	Ersatz
Ersatzmann	Ersatzmittel	Erwähnung
Erwerbszweig	Erwiderung	Erzbischof
Erzeuger	Erzfeind	Erzherzog
Erzieherin	Erziehung	Erzlump
Erzmarschall	Eselsbrücke	Eskadron
Eskapade	Eskorte	Esplanade
Etappe	Etappenhengst	Etikette
Eule	Eulenspiegelei	Eumeniden
Eunuch	Exekutive	Exil
Enklave	Exkommunikation	Exkursion
Expander	Expedition	Exponent
Extraordinarius	Extratour	Extremist
Exzellenz	Exzess	Fabrikant
Fabrikbesitzer	Fach	Facharbeiter
Facharzt	Fachgruppe	Fackelzug
Fahne	Fahneneid	Fahnenflucht
Fahnenjunker	Fähnlein	Fähnrich
Fahrer	Fahrgast	Fahrlässigkeit
Fährmann	Fahrrad	Fahrt
Fakir	Faktor	Faktotum
Falkner	Falle	Fallgatter
Fallgitter	Fallgrube	Fallschirmjäger
Fallstrick	Falltür	Fälscher
Falschmünzer	Falschspieler	Fälschung
Fama	Familie	Familienglück
Familienleben	Familienname	Familienzwist
Famulus	Fandango	Fanfare
Fang	Färber	Farmer
Faschine	Fasching	Faschist
Fassung	Fastnacht	Fatzke
Faun	Fauna	Faustball
Faustkampf	Faustrecht	Faustschlag
Fechtboden	Fechtbruder	Fechthandschuh
Fechtkunst	Federball	Federbusch
Federfuchser	Federführung	Federhut
Federkrieg	Federstrich	Fegefeuer
Fehde	Fehdehandschuh	Fehler
Fehltritt	Feier	Feierlichkeit
Feiertag	Feigenblatt	Feinbäckerei
Feind	Feindflug	Feindschaft
Feindseligkeit	Feingefühl	Fellache
Feld	Feldgeistlicher	Feldgendarm
Feldgeschrei	Feldherr	Feldherrnstab

Feldhüter	Feldjäger	Feldlager
Feldmarschall	Feldschlacht	Feldwache
Feldwebel	Feldzug	Fellache
Ferge	Fessel	Fesselung
Fest	Festabend	Festbeleuchtung
Festessen	Festigkeit	Festivität
Festlichkeit	Festmahl	Festordner
Festschrift	Festung	Festungsmauer
Festungswerk	Festzeit	Festzug
Fett	Feuer	Feuerstoß
Feuerüberfall	Feuerwerk	Feuerwerker
Figur	Finanzbeamte	Finderlohn
Finger	Finte	Firma
Firmelung	Firmling	Firnis
Fischer	Fischerhütte	Fischerring
Fittiche	Flachrennen	Flagellant
Flaggschiff	Flak	Flaksoldat
Flaps	Flausenmacher	Fläz
Flecken	Flegel	Flegelei
Fleischer	Fleischeslust	Fleischlichkeit
Flieger	Fliegerbombe	Fliesenleger
Flittchen	Flitter	Flitterstaat
Flitterwochen	Florettfechten	Flösser
Flotte	Flottenkommandant	Flottille
Fluch	Flucht	Flüchtling
Fluchwort	Flug	Flügel
Flügeladjutant	Flügelmann	Flugmaschine
Flugschrift	Flugsport	Flugzeug
Flugzeugführer	Flugzeugträger	Flunkerer
Flurschütze	Föderation	Folgsamkeit
Folter	Fopperei	Forderung
Formalität	Formation	Formel
Former	Förmlichkeit	Forscher
Forschungsreise	Forschungsreisender	Förster
Forsthaus	Försterhaus	Fort
Fortschritt	Foxtrott	Francaise
Franctireur	Franziskaner	Frau
Frauenemanzipation	Fräulein	Frechdachs
Frechheit	Frechling	Freibrief
Freier	Freifrau	Freifräulein
Fregabe	Freigeist	Freiheit
Freiheitsberaubung	Freiheitsdrang	Freiheitsdurst
Freiheitsliebe	Freiheitsstrafe	Freiheitstrieb
Freiherr	Freiin	Freikorps

Freilassung	Freilos	Freimachung
Freimaurerei	Freimaurerloge	Freischar
Freischärler	Freispruch	Freistaat
Freistil	Freistoß	Freiübung
Freiwerber	Freiwild	Freiwilliger
Freizeit	Freizügigkeit	Fremde
Fremdenheim	Fremdenlegion	Fremdenlegionär
Fremder	Fremdherrschaft	Fremdling
Freude	Freudenfeuer	Freudengeschrei
Freudenhaus	Freudenmädchen	Freudentag
Freund	Freundin	Freundlichkeit
Freundlschaft	Freundschaftsbande	Frevelwort
Friede	Friedensabschluß	Friedensbedingungen
Friedensbewegung	Friedensbruch	Friedensengel
Friedensfahrt	Friedensfreund	Friedensgöttin
Friedenshand	Friedenskämpfer	Friedenspfeife
Friedensschluß	Friedensstifter	Friedensstörer
Friedenstaube	Friedfertigkeit	Friseur
Fröhlichkeit	Frohlocken	Frohsinn
Frömmelei	Fron	Frondienst
Fronfeste	Front	Frontabschnitt
Frontbegradigung	Frontschwein	Frontsoldat
Frontwechsel	Froschkönig	Frucht
Fuchsjagd	Fuchtel	Fügsamkeit
Fügung	Führer	Fuhrmann
Führung	Fünfkampf	Fünfminutenbrenner
Fünfuhrtee	Funktionär	Fürbitte
Fürbitter	Furcht	Furie
Fürsprache	Fürsprecher	Fürst
Fürstin	Fürstendiener	Fürstenhaus
Fürstenhof	Fürstenhut	Fürstensitz
Fürstentum	Füsilier	Fußangel
Fußball	Fußfall	Fußgänger
Fußlatscher	Fußreise	Gabe
Gage	Gala	Galan
Galanterie	Galavorstellung	Galerie
Galgenstrick	Galgenvogel	Gallach
Galle	Gallop	Galoppsport
Gang	Gängelband	Garcon
Garde	Garderobier	Gardinenpredigt
Gardist	Garküche	Garn
Garnison	Garnitur	Gärtner
Gärtnerei	Gärung	Gassendirne
Gast	Gästehaus	Gasterei

Gastfreund	Gastfreunschaft	Gastgeber
Gasthaus	Gasthof	Gastlichkeit
Gastmahl	Gaststätte	Gastwirt
Gatte	Gattertür	Gattin
Gau	Gaudi	Gaudium
Gaukelei	Gaukelspiel	Gaukler
Gauner	Gavotte	Gebärde
Gebarung	Gebet	Gebieter
Gebieterin	Gebiß	Gebot
Gebrauch	Gebrüder	Gebühr
Geburt	Geburtsstätte	Geburtstag
Geck	Gedächtnisfeier	Gedankenfreiheit
Gedenkfeier	Geduld	Geduldsspiel
Gefahrenzone	Gefährte	Gefallene
Gefälligkeit	Gefangenenwärter	Gefangene
Gefangennahme	Gefangenschaft	Gefängnis
Gefängniswärter	Gefecht	Gefechtsstand
Geflunker	Gefolge	Gefolgschaft
Gefreiter	Gefügigkeit	Gegenangriff
Gegenbefehl	Gegenklage	Gegenleistung
Gegenmaßregel	Gegenpart	Gegenpartei
Gegenrevolution	Gegensatz	Gegenschlag
Gegenseite	Gegenspieler	Gegenstoß
Gegenwehr	Gegenwind	Gegenwirkung
Gegner	Gehalt	Gehässigkeit
Gehege	Geheimbund	Geheimnisse
Geheimpolizei	Geheimrat	Geheiß
Gehilfe	Gehorsam	Geifer
Geiferer	Geilheit	Geißel
Geißelung	Geist	Gejauchze
Gekeife	Geklatsche	Gekreisch
Gelächter	Gelage	Geldheirat
Gelehrtenwelt	Gelehrter	Geleitzug
Gelichter	Gelindigkeit	Gelöbnis
Geltung	Geltungsbereich	Gelübde
Gelüste	Gemahl	Gemahlin
Gemeinde	Gemeindediener	Gemeinderat
Gemeindeverwaltung	Gemeindevorstand	Gemeindevorsteher
Gemeine	Gemeingut	Gemeinheit
Gemeinschaft	Gemeinwesen	Gemetzel
Gemunkel	Gemüt	Genealogie
Genehmigung	General	Generalfeldmarschall
Generalität	Generalleutnant	Generalmajor
Generaloberst	Generalpardon	Generalstab

Geniste	Genosse	Genossenschaft
Gent	Gentleman	Genugtuung
Genuß	Gepäckmarsch	Geplänkel
Gepräge	Gerber	Gerechtigkeit
Gerechtsame	Gerede	Gereiztheit
Gerichtsdiener	Gerichtshof	Gerichtvollzieher
Geringschätzung	Gernegroß	Gerte
Gerücht	Gesandter	Gesandtschaft
Gesang	Geschäftsführer	Geschäftsmann
Geschäftsträger	Geschenk	Geschicklichkeitsspiel
Geschimpfe	Geschlecht	Geschlechtstrieb
Geschmack	Geschmeidigkeit	Geschmeiß
Geschrei	Geschützbedienung	Geschwader
Geschwätzigkeit	Geschwisterkind	Geselle
Geselligkeit	Gesellschaft	Gesellschafter
Gesellschafterin	Gesetz	Gesetzblatt
Gesetzgeber	Gesetzgebung	Gesetzlosigkeit
Gesinde	Gesindel	Gesinnung
Gesittung	Gesocks	Gespiele
Gespielin	Gespött	Gesprächigkeit
Gereiztheit	Gestellungsbefehl	Gesuch
Getändel	Getue	Gewahrsam
Gewährung	Gewalt	Gewalthaber
Gewaltherrschaft	Gewalttat	Gewalttätigkeit
Gewehrfeuer	Geweih	Gewerbe
Gewerkschaft	Gewicht	Gewichtheben
Gewichtigkeit	Gewissensehe	Gewohnheit
Gewühl	Gezänk	Geziertheit
Gezische	Gezücht	Gießer
Giftkoch	Gigolo	Gilde
Gimpel	Girlande	Gittertür
Glacis	Gladiator	Gladiatorenkampf
Glanz	Glaser	Glaube
Glaubensfreiheit	Glaubenskampf	Gleichschaltung
Gleichstellung	Gliederpuppe	Globetrotter
Glocke	Glöckner	Glorie
Glorienschein	Gloriole	Glück
Glückspilz	Glücksspiel	Glückwunsch
Glückwunschadresse	Glückwunschtelegramm	Gnade
Goldkette	Goldschmied	Golf
Gondoliere	Gong	Gönner
Gönnerschaft	Gottesgericht	Gottesgnadentum
Gouvernante	Gouverneur	Graben
Grad	Graf	Gräfin

Grafschaft	Grämlichkeit	Grande
Graphologe	Gratifikation	Gratulant
Gratulationscour	Gratulationskarte	Grausamkeit
Graveur	Grenadier	Grenzverletzung
Grenzwächter	Griesgram	Grieswärtel
Griff	Grillen	Grimasse
Grimm	Grobheit	Grobian
Groll	Gros	Größe
Großeltern	Großherzog	Großherzogtum
Großkampftag	Großmacht	Großmaul
Großmogul	Großmutter	Großneffe
Großnichte	Großonkel	Großsprecher
Großsprecherei	Großstadt	Großtante
Großtuer	Großvater	Großwesir
Groteske	Gründer	Grundsatz
Gruppe	Gruß	Guerilla
Guerillakrieg	Gunst	Gürtel
Gürtler	Gutdünken	Güte
Gutheißung	Gutmütigkeit	Gutsbesitzer
Gynäkolog	Haarkünstler	Haarspalter
Haarspalterei	Hader	Haderlump
Haferqueller	Haft	Häftling
Hagestolz	Hahn	Hahnrei
Häkelei	Haken	Halali
Halbbruder	Halbmond	Halbrechte
Halbwelt	Halbzeit	Halfter
Halle	Halma	Halsstarrigkeit
Halt	Haltestelle	Haltung
Halunke	Hammelherde	Hammelsprung
Hammerschmied	Hammerwerfen	Hampelmann
Handball	Handbuch	Handdruck
Händeklatschen	Handel	Handelsherr
Handelskompanie	Handelsmann	Handelsmarine
Händelsucht	Handgemenge	Handhabung
Handkuß	Handlanger	Händler
Handlungsgehilfe	Handlungsreisende	Handschlag
Handschuhmacher	Handstreich	Handwerker
Handwerkskammer	Hansa	Hanse
Hantel	Harakiri	Harder
Harlekin	Harmonie	Harnisch
Härte	Hartherzigkeit	Hartnäckigkeit
Hasardspiel	Hass	Hasser
Hatz	Haudegen	Haue
Hauer	Haufe	Haupt

Häuptling	Hauptmacht	Hauptmann
Hauptmasse	Hauptperson	Hauptprobe
Hauptquartier	Hauptschlag	Hauptstadt
Haus	Hausangestellte	Hausangestellter
Hausarrest	Hausbesuch	Hausdame
Hausdrache	Hausehre	Hauseigentümer
Häusermakler	Hausfrau	Hausfreund
Hausfriede	Hausgehilfin	Hausgemeinschaft
Haushalt	Haushälterin	Haushaltung
Haushaltungsvorstand	Hausherr	Haushofmeister
Hausierer	Hauskreuz	Häusler
Häuslichkeit	Hausmädchen	Hausmeister
Hausschlüssel	Haustochter	Hauswart
Hauswirt	Hauszierde	Hautevolee
Hebamme	Hebe	Hebel
Hechelei	Hecht	Hechtsprung
Heckenschütze	Heer	Heerbann
Heeresgruppe	Heersäule	Heerschar
Heerschau	Hefe	Heft
Heftigkeit	Hegemonie	Heger
Hegezeit	Heide	Heiduck
Heil	Heiland	Heiligenschein
Heiligkeit	Heiligsprechung	Heiligtum
Heilpraktiker	Heilrufe	Heim
Heimat	Heimatliebe	Heimatrecht
Heimkehrer	Heimlichkeit	Heimstätte
Heimtücke	Heimweh	Heirat
Heiratsantrag	Heiratsurkunde	Heizer
Held	Heldentod	Heldin
Helfer	Hellseher	Helm
Helot	Hemmnis	Hemmung
Hemmschuh	Henker	Herabsetzung
Herabwürdigung	Herausforderung	Herberge
Herbergsvater	Herd	Herde
Herdenmensch	Heringsbändiger	Herkommen
Herkunft	Hermelin	Heroine
Herold	Heros	Herr
Herrenhaus	Herrenpartie	Herrenreiter
Herrenschnitt	Herrlichkeit	Herrschaft
Herrschaften	Herrscher	Herrschertum
Herrschsucht	Hervorruf	Hetzblatt
Herzensfreund	Herzlichkeit	Herzlosigkeit
Herzog	Herzogtum	Hetäre
Hetzblatt	Hetze	Hetzer

Hetzerei	Hetzjagd	Hetzpropaganda
Heuchelei	Heuchler	Heuer
Hexenkessel	Hieb	Hiebe
Hierarchie	Hilfe	Hilfsbereitschaft
Hilfskreuzer	Hilfstruppe	Himmel
Himmelfahrtskommando	Hindernis	Hindernislauf
Hinderung	Hintansetzung	Hinterhalt
Hintermänner	Hintersass	Hintertreffen
Hintertür	Hinterwäldler	Hippodrom
Hirsch	Hirschgeweih	Hirte
Hirtenstab	Hoch	Hochachtung
Hochbahn	Hochbetrieb	Hochburg
Hochgenuß	Hochgeschrei	Hochmut
Hochschätzung	Hochsprung	Hochstapler
Hochwohlgeboren	Hochwürden	Hochzeit
Hochzeitsbitter	Hochzeitsfest	Hochzeitsgedicht
Hochzeitsgeschenk	Hochzeitsschmaus	Hockey
Hof	Hofdame	Hoffart
Hofhaltung	Hofhund	Hofknicks
Hofleben	Höflichkeit	Höflichkeitsphrase
Höfling	Hofmann	Hofmarschall
Hofmeister	Hofnarr	Hofschranze
Hofstaat	Hoftracht	Höhe
Hoheit	Hoheitsrechte	Höherentwicklung
Höhle	Höhlenbewohner	Hohn
Hohnlächeln	Hohnlachen	Höker
Hokuspokus	Holländer	Hölle
Holzauge	Holzerei	Holzfäller
Holzhacker	Homeier	Honigmond
Honorar	Honoratioren	Hopser
Horde	Hörigkeit	Horizontale
Horn	Hornist	Hornsignal
Hosianna	Hospiz	Hotel
Hufeisen	Hufnagel	Hühnerstall
Huld	Huldigung	Hülle
Humanität	Hund	Hundertmeterlauf
Hundertschaft	Hundsfott	Hundstage
Hupe	Hürde	Hürdenlauf
Hürdenrennen	Husar	Husarensrück
Hüter	Hydra	Hymen
Hymne	Hypnose	Idealist
Igelstellung	Illumination	Illusion
Imbißstube	Imker	Immunität
Imperator	Imperialismus	Impertinenz

Imponderabilien
Impressario
Inauguration
Index
Individuum
Industrielle
Infant
Infanterie
Infanterist
Ingenieur
Inhaber
Injurie
Innung
Innsasse
Insiegel
Insolenz
Inspektor
Inspizient
Installateur
Installation
Instanz
Instrumentenbauer
Insubordination
Insurgent
Insurrektion
Inszenierung
Intellektueller
Intelligenzbestie
Intendant
Interdikt
Interesse
Interessensphäre
Internierung
Interpellation
Intervention
Intimitäten
Intimus
Intrige
Invasor
Invektive
Investitur
Inzest
Inzucht
Ironie
Irrenanstalt
Irrenhaus
Irrtum
Isegrimm
Isolierung
Jagd
Jagdgeschichte
Jagdhund
Jagdrecht
Jagdruf
Jagdschutz
Jagdspringen
Jäger
Jägerball
Jägerhaus
Jägerlatein
Jahresfeier
Jahrestag
Jahrmarkt
Janhagel
Jazz
Jiu-Jitsu
Joch
Jockei
Journaille
Journalist
Jubel
Jubelfeier
Jubelgesang
Jubilar
Jubiläum
Judaskuss
Jugendfreund
Junge
Jungfer
Jungfernschaft
Jungfrau
Jungfräulichkeit
Junggeselle
Junggesellenwirtschaft
Junker
Junkerherrschaft
Junkertum
Junta
Juwelier
Jux
Kabarett
Kabinett
Kadavergehorsam
Kader
Kadett
Kaff
Kaffeeklatsch
Kaffeeschwester
Kaffer
Käfig
Kahn
Kaiser
Kaiserreich
Kalauer
Kalendertag
Kalfaktor
Kalif
Kälte
Kamarilla
Kamerad
Kameradschaft
Kameradschaftsehe
Kaminkehrer
Kammer
Kammerdiener
Kämmerer
Kammerherr
Kammerjäger
Kammerkätzchen
Kammerzofe
Kampagne
Kampf
Kämpfe
Kämpfer
Kampfflugzeug
Kampfgebiet
Kampfgeist
Kampfgewühl
Kampfgruppe
Kampfhahn
Kampfplatz
Kampfrichter

Kampfzone	Kanaille	Kandarre
Kandidat	Kannibale	Kanon
Kanonade	Kanone	Kanonenboot
Kanonendonner	Kanonenfutter	Kanonier
Kanthaken	Kantine	Kanzel
Kanzlei	Kanzler	Kapaun
Kapazität	Kapellmeister	Kaperbrief
Kapitän	Kapitänleutnant	Kapitel
Kapitulation	Kappenabend	Kapriole
Karawane	Karawanserei	Kardinalshut
Karikatur	Karneval	Karriere
Karrieremacher	Karte	Kartell
Kartenlegerin	Kartenspiel	Kartenstelle
Karusell	Karzer	Kaschemme
Kasematte	Kasernenhofton	Kasino
Kassation	Kassierer	Kästchen
Kaste	Kastell	Kastellan
Kasten	Kastengeist	Katerbummel
Katze	Katzenbuckel	Katzenkopf
Katzenmusik	Käufer	Kaufherr
Kaufmann	Kauz	Kavalier
Kavallerie	Kavallerist	Kebse
Keckheit	Kegel	Kegelbahn
Kegeln	Kegler	Keil
Keilerei	Kellermeister	Kellner
Kellnerin	Kennkarte	Kerker
Kerl	Kerntruppe	Kessel
Kesselflicker	Kesseltreiben	Kette
Kettenhund	Keule	Keuschheit
Kicker	Kiesel	Kilometer
Kind	Kinderfrau	Kindergärtnerin
Kindermädchen	Kinderspiel	Kinderstube
Kindertag	Kinderwärterin	Kindeskinder
Kinnhaken	Kirche	Kirchenbann
Kirchenjahr	Kirchweih	Kirmes
Kiste	Kittchen	Kläffer
Klage	Klamauk	Klapperschlange
Klatsch	Klause	Klausner
Klavierstimmer	Kleinbürgertum	Kleinkrieg
Kleinstadt	Klempner	Klient
Klimbim	Klingel	Klinkenputzer
Klitsche	Kloben	Kloster
Klosterbruder	Klotz	Klub
Klüngel	Klunker	Knalleffekt

Knappe	Knebel	Knecht
Knechtung	Kneipe	Kneiperei
Knicker	Knicks	Kniefall
Kniff	Knittelvers	Knochenmann
Knochensammeln	Knopfloch	Knoten
Knotenpunkt	Knüller	Knüppel
Knute	Knüttel	Koalition
Koch	Köchin	Koexistenz
Köhler	Kohorte	Kokarde
Koketterie	Kokotte	Kollege
Kollegialität	Kollegium	Kollektiv
Kollision	Kolonie	Kolonist
Kolonne	Kolonnenangriff	Kolporteur
Kombüse	Komiker	Komitee
Kommandant	Kommanditgesellschaft	Kommando
Kommandostab	Komment	Kommers
Kommerzienrat	Kommilitone	Kommis
Kommissar	Komisshengst	Kommission
Kommissionär	Kommode	Kommune
Komödiant	Komödie	Kompanie
Kompensation	Kompetenz	Komplex
Kompliment	Komplize	Komplott
Kompromiss	Komtur	Konditorei
Kondottiere	Kondukteur	Konfektionär
Konferenz	Konfetti	Konfirmation
Konflikt	Konfirmation	Konföderation
Kongregation	Kongreß	König
Königin	Königreich	Königskrone
Königtum	Konklave	Konkubinat
Konkubine	Konkurrenz	Konnexionen
Konnubium	Konsens	Konsistorium
Konsorten	Konsortium	Konspiration
Konstitution	Konsul	Konsum
Kontakt	Konteradmiral	Konterbande
Kontertanz	Kontingent	Kontinuität
Kontorist	Kontrakt	Kontre
Kontrolle	Kontrolleur	Kontroverse
Konvenienz	Konevntikel	Konvention
Konzentrationslager	Konzern	Konzert
Konzession	Konzil	Koofmich
Kopfnicken	Kopfnuß	Kopfschütteln
Kopfsprung	Kopulation	Korb
Korbball	Korbmacher	Kordialität
Kordon	Körner	Kornett

Korona
Körperschaft
Korporal
Korporation
Korps
Korpsgeist
Korrektur
Korso
Korvettenkapitän
Koryphäe
Kosak
Kosename
Koserei
Kostgänger
Kostümfest
Kotau
Kotillon
Kraal
Krach
Kradschütze
Kraftfahrer
Kraftfeld
Krähwinkel
Krakeel
Krakeeler
Krämer
Kränkung
Kranz
Kränzchen
Kranzjungfer
Kratzfuß
Kraul
Krautjunker
Krawall
Kreatur
Krebs
Kredit
Kreis
Kreisamt
Kreise
Kreisel
Kreuz
Kreuzer
Kreuzworträtsel
Kreuzzug
Kriecher
Kriecherei
Krieg
Krieger
Kriegführung
Kriegsbeil
Kriegsberichterstatter
Kriegsdienst
Kriegserklärung
Kriegsfreiwillige
Kriegsfurie
Kriegsgebiet
Kriegsgefangene
Kriegskunst
Kriegsmarine
Kriegsplan
Kriegsschauplatz
Kriegsschiff
Kriegsverbrecher
Kritik
Kritikaster
Krittelei
Krittler
Krocket
Krone
Kronprinz
Krönung
Krückstock
Krug
Krummholz
Krummstab
Kübler
Kuckuck
Küfer
Kugelstoßen
Kuli
Kultur
Kumpan
Kumpel
Kunde
Kundgebung
Kündigung
Kunst
Kunstgewerbler
Kunstgriff
Kunstmaler
Kunststopferin
Kupferschmied
Kuppelei
Kuppelpelz
Kuppler
Kür
Kurant
Kürassier
Kuratel
Kurator
Kurfürst
Kurgast
Kurie
Kurier
Kurort
Kurpfuscher
Kürschner
Kurtisane
Kurzweil
Kuß
Kußhand
Küstenbatterie
Küster
Kustos
Kutscher
Lachs
Lackierer
Ladendieb
Ladenschwengel
Ladung
Laffe
Lage
Lager
Lakei
Lama
Lametta
Lamm
Lammsgeduld

Land
Landadel
Landaufenthalt
Landbewohner
Landesfürst
Landesherr
Landesmutter
Landesvater
Landgemeinde
Landgraf
Ländler
Landmann
Landser
Landsknecht
Landsmann
Landstreicher
Landsturm
Landsturmmann
Landtag
Landungsboot
Landungsstelle
Landwehr
Landwirt
Langlauf
Lappen
Lärm
Larve
Lasso
Lastenausgleich
Lästermaul
Lästerrede
Lästerung
Lästerzunge
Latsche
Latte
Lattenkammer
Lauer
Lauf
Laufbahn
Laufbursche
Läufer
Laufgraben
Laufpass
Laune
Lausbub
Lebehoch
Lebemann
Lebensart
Lebensbund
Lebensgefährte
Lebenskamerad
Lebewohl
Leder
Legat
Legationsrat
Legespiele
Legion
Legionär
Legislative
Legitimation
Legitimität
Lehen
Lehensmann
Lehnsträger
Lehre
Lehrer
Lehrkörper
Lehrling
Lehrsatz
Lehrstand
Leibeigenschaft
Leibeserbe
Leibgarde
Leibjäger
Leibwache
Leichenfeld
Leichenfrau
Leichenschändung
Leichtathlet
Leichtgewicht
Leichtgläubigkeit
Leidenschaft
Leidenschaftlichkeit
Leim
Leimrute
Leisetreter
Leisetreter
Leistung
Leiter
Leithammel
Leitung
Lektion
Lenker
Leseabend
Leserkreis
Lesung
Leuchte
Leumund
Leute
Leuteschinder
Leutnant
Leutseligkeit
Levante
Liäson
Liberalismus
Licht
Lichtreklame
Lichtschein
Liebedienerei
Liebenwürdigkeit
Liebesblick
Liebesbote
Liebebrief
Liebesdienst
Liebeserklärung
Liebesgabe
Liebesheirat
Liebkosung
Liebschaft
Lied
Liederlichkeit
Liga
Linie
Linienschiff
Linke
Lippe
List
Literat
Litze
Livree
Lizenz
Lob

Lobgesang	Lobhudelei	Lobhudler
Loblied	Lobrede	Lobredner
Loch	Lockspeise	Lockvogel
Lohgerber	Lohn	Lohnarbeiter
Lohndiener	Lohnkampf	Löhnung
Lokal	Lokalisierung	Lokomotive
Lokomotivführer	Lorbeer	Lorbeerkranz
Lord	Lore	Loskaufen
Lossagung	Losung	Lötkolben
Lotse	Lotterbube	Lotterieeinnehmer
Lotto	Löwe	Lückenbüßer
Luder	Luft	Luftfahrt
Luftkampf	Luftlandetruppe	Luftraum
Luftschiff	Luftsprung	Luftwaffe
Luftwaffenhelfer	Lug	Lügner
Lumen	Lümmel	Lump
Lumpengesindel	Lumpensammler	Lumperei
Lust	Lustbarkeit	Lüsternheit
Lustgreis	Lüstling	Lustmolch
Lustspiel	Lustwandeln	Maat
Mache	Machenschaft	Macht
Machtbefugnis	Machtbereich	Machtergreifung
Machthaber	Machtvollkommenheit	Mädchen
Maffia	Magazin	Magd
Magistrat	Magnat	Magnifizenz
Maharadscha	Mahl	Mahlzeit
Mahnung	Mai	Maibaum
Maikäfer	Majestät	Major
Majorität	Makel	Makler
Mal	Maler	Malice
Mama	Mambo	Mamsell
Manager	Mandarin	Mandat
Manier	Manieren	Manipulation
Mann	Mannen	Mannequin
Mannschaft	Manöver	Mantel
Maquis	Marathonlauf	Marchese
Marine	Marinesoldat	Marionette
Marke	Markgraf	Marktflecken
Marktschreier	Marktweib	Marodeur
Marquis	Mars	Marsch
Marschall	Marschallstab	Marseillaise
Marter	Martertod	Maschine
Maschinist	Maske	Maskenball
Maskenfest	Maskerade	Maß

Massaker	Masse	Massengrab
Massenversammlung	Masseur	Masseurin
Mäßigkeit	Mäßigung	Maßlosigkeit
Matador	Match	Materialismus
Materialschlacht	Matriarchat	Matrose
Matte	Mätzchen	Mauer
Maulheld	Maulkorb	Maulschelle
Maurer	Maxime	Mazurka
Mechaniker	Meckerer	Medaille
Medizinball	Medizinmann	Meeting
Mehlwurm	Mehrheit	Mehrkampf
Meier	Meinungsverschiedenheit	
Meister		
Meisterschaft	Melker	Menetekel
Menge	Menschenfeind	Menschenmaterial
Menschenrecht	Menschenscheu	Menschenschlag
Menschheit	Menschlichkeit	Mensur
Menuett	Mesner	Messe
Messer	Messerschmied	Metropole
Metzelei	Metzger	Meuterei
Meuterer	Mieter	Mietling
Mietspartei	Mikado	Milchbar
Milde	Milieu	Militär
Militärarzt	Militärdienstpflicht	Militärgericht
Militärherrschaft	Militarismus	Miliz
Mimik	Mimikry	Mimose
Mine	Minenfeld	Minenräumboot
Minensuchboot	Minister	Ministerium
Ministerrat	Misanthrop	Mischmasch
Mischpoke	Miss	Mißachtung
Mißbilligung	Mißfallen	Mißgeburt
Mißgriff	Mißheirat	Mißhelligkeiten
Mission	Missionar	Mißkredit
Mißvergnügen	Mißverständnis	Mistvieh
Mitbewerber	Mitbewohner	Mitbürger
Mitgefühl	Mitgift	Mitglied
Mitkämpfer	Mitleid	Mitra
Mitschüler	Mittelklasse	Mittelsmann
Mittelsatnd	Mittler	Mob
Mode	Modepuppe	Modus
Mohr	Moment	Monarch
Monarchie	Mönch	Monogamie
Monopol	Monsignore	Monteur
Monument	Mops	Möpse

Moralpauke
Morgen
Morgengabe
Motorradfahrer
Möwe
Mucker
Mufti
Mühle
Muhme
Müller
Mummenschanz
Mündel
Mündigsprechung
Mundschenk
Mundwerk
Münze
Münzrecht
Murks
Murmel
Muschel
Museum
Musikdirektor
Musiker
Musikmeister
Musketier
Muster
Mützchen
Mutter
Muttererde
Mutterland
Mutterrecht
Mutti
Mutwille
Myrte
Myrtenkranz
Mythos
Nachbar
Nachbarschaft
Nachdruck
Nachfahre
Nachgeburt
Nachgiebigkeit
Nachhut
Nachkomme
Nachkommenschaft
Nachrede
Nachricht
Nachrichtentruppe
Nachruhm
Nachschlag
Nachschub
Nachsicht
Nächstenliebe
Nachteule
Nachtschwärmer
Nachtschwärmerei
Nachtwächter
Nachwelt
Nachzügler
Nagaika
Näherin
Nahkampf
Name
Namenlosigkeit
Namensänderung
Namenstag
Narr
Narrenhaus
Narrenseil
Narrenpossen
Narretei
Narziss
Nase
Naserümpfen
Naseweisheit
Nassauer
Nation
Nationalgefühl
Nationalhymne
Nationalismus
Nationalist
Nationalität
Nationalstolz
Nautik
Nebenbuhler
Nebenbuhlerei
Nebenfrau
Neckerei
Neffe
Neigung
Nemesis
Nepotismus
Nest
Netz
Neubauer
Neubürger
Neujahr
Neujahrswunsch
Neuling
Neusiedler
Nichtachtung
Nichtbeachtung
Nichtbefolgung
Nichte
Niederlage
Niederlassung
Niederschlag
Niedertracht
Niemandsland
Nigger
Nihilismus
Nihilist
Nimbus
Nomade
Nonne
Nörgler
Not
Notabeln
Notar
Nötigung
Notnagel
Notwendigkeit
Notzucht
November
Null
Nuntius
Nuß
Obdach
Ober
Oberamtmann
Oberarzt
Oberaufseher

Oberaufsicht	Oberbefehlshaber	Obergewalt
Oberhand	Oberhaupt	Oberhaus
Oberherrschaft	Oberhoheit	Oberleitung
Oberleutnant	Oberwasser	Obligation
Obmann	Obrigkeit	Obrigkeitsstaat
Obstruktion	Ochse	Ochsenziemer
Öde	Ökonom	Ölbaum
Offensive	Offerte	Offizier
Oheim	Ohnmacht	Ohrenbläser
Ohrfeige	Okkupant	Oligarchie
Olympier	Oma	Omnibus
Onanie	Onestep	Onkel
Opa	Oper	Operation
Opfer	Opponent	Opportunist
Opposition	Optiker	Orden
Ordensband	Ordensspange	Order
Ordnung	Ordonnanz	Orgelbauer
Orgie	Original	Orkan
Ort	Ortschaft	Ostern
Ovation	Paar	Paarlauf
Paarung	Pächter	Pack
Packer	Packesel	Page
Paket	Paladin	Palast
Palisade	Palme	Pamphlet
Pantoffel	Panzer	Panzerhemd
Panzerkreuzer	Panzerspähwagen	Papa
Papierdrachen	Papierkorb	Papierkrieg
Parade	Paradeschritt	Paragraph
Parasit	Parasitismus	Pardon
Parforcejagd	Paria	Parlament
Parlamentär	Parlamentarier	Parlamentsgebäude
Parodie	Parole	Partei
Parteilichkeit	Parteiung	Parteiungen
Partie	Partikularismus	Partikularist
Partisan	Partisanenkrieg	Partner
Party	Pascha	Pasquill
Pass	Passagier	Passah
Passant	Passivität	Pastor
Pate	Patenschaft	Patent
Patentanwalt	Pater	Patience
Patient	Patriziat	Patrizier
Patron	Patrouille	Patsche
Paukboden	Paukenschlag	Pauker
Paukerei	Pause	Pavillon

Pazifist	Pedant	Pedell
Peitsche	Pelz	Pennbruder
Pension	Pensionär	Pensionierung
Perfidie	Perle	Persiflage
Person	Personal	Persönlichkeit
Personalchef	Perückenmacher	Petition
Petschaft	Pfadfinder	Pfaffe
Pfahlwerk	Pfänderspiel	Pfand
Pfanne	Pfannkuchen	Pfarrer
Pfau	Pfeife	Pfeifkonzert
Pferch	Pferdebahn	Pferdeknecht
Pferdelänge	Pferdesport	Pfiff
Pfifferling	Pfiffigkeit	Pfingsten
Pfingstochse	Pflanzer	Pflaster
Pflaume	Pflegekind	Pflegemutter
Pfleger	Pflegschaft	Pflicht
Pflichterfüllung	Pflichtvergessenheit	Pförtner
Pfuscherei	Phalanx	Phantasie
Phantast	Pharao	Pharisäer
Phase	Philippika	Philister
Photograph	Phrase	Physiker
Pickelhaube	Pickelhering	Pickwick
Pilger	Pilgrim	Pille
Pillendreher	Pilot	Pingpong
Pinscher	Pinsel	Pinte
Pionier	Pirsch	Pistole
Plagiat	Plakat	Plan
Plänkelei	Plane	Platz
Platzanweiserin	Plauderstunde	Plebejer
Plebiszit	Plebs	Plünderer
Plumpsack	Plutokratie	Pöbel
Pokal	Poker	Polemik
Polier	Politiker	Politur
Polizei	Polizeistaat	Polizist
Polka	Polo	Polonaise
Polterer	Polygamie	Popularität
Pornographie	Portefeuille	Portepee
Portier	Position	Posse
Possenreißer	Postbote	Posten
Posthalter	Postillon	Postulat
Potentat	Pracht	Prädikat
Präfekt	Prägung	Prahler
Prahlerei	Prahlhans	Praktikum
Prälat	Prämie	Pranger

Präsens	Präses	Präsident
Präsidentschaft	Präsidium	Prediger
Preis	Preislied	Preller
Prellerei	Premier	Prestige
Priester	Priesterin	Priesterweihe
Primaballerina	Primadonna	Primas
Primizfeier	Prinz	Prinzessin
Prinzip	Prinzipal	Privatleben
Privatunterhaltung	Privileg	Probe
Professional	Professor	Profi
Profoß	Prokrustesbett	Prokurator
Prokurist	Proletariat	Proletarier
Promenade	Prominenz	Promiskuität
Propaganda	Propeller	Prosit
Proskription	Prospekt	Prostituierte
Prostitution	Protektion	Protektorat
Protest	Protz	Provinz
Provinzstadt	Provision	Provokation
Prozeß	Prozession	Prüderie
Prügel	Prügelei	Prügelstrafe
Prunk	Prunksucht	Psychologe
Psychologie	Psychotherapeut	Publikum
Pudel	Puff	Pulk
Pünktlichkeit	Pulver	Punkt
Punktsieg	Puppe	Puritaner
Purpur	Purzelbaum	Putsch
Putz	Putzer	Putzfrau
Putzmacherin	Pyrrhussieg	Quacksalber
Quacksalberei	Quadrat	Quadrille
Quäler	Quarantäne	Quartett
Quelle	Quengler	Querköpfigkeit
Querkopf	Querulant	Quetsche
Quittung	Rabenaas	Rache
Rachegöttin	Rachgier	Rachsucht
Rad	Radau	Radball
Radfahrer	Rädelsführer	Radler
Radrennen	Radschlagen	Radsport
Raffke	Ramsch	Rand
Rang	Rangliste	Ränke
Ränkeschmied	Rangordnung	Rappe
Räsonierer	Raserei	Rasse
Rassel	Rätselraten	Rat
Rathaus	Ratsherr	Räuber
Räuberhauptmann	Ratskeller	Räuberpistole

Räucherung	Raubvogel	Raubzug
Rauchfahne	Raufbold	Raufer
Rauferei	Rauhbein	Rauheit
Raum	Rausschmeißer	Razzia
Reaktion	Rebell	Rebellion
Rechenschaft	Rechner	Rechnung
Recht	Rechtfertigung	Rechthaber
Rechthaberei	Rechtlosigkeit	Rechtsanwalt
Rechtssprechung	Rechtsverdreher	Reck
Redaktion	Redefreiheit	Redensart
Redner	Redoute	Reeder
Referendar	Referent	Regatta
Regel	Regelung	Regenbogen
Regent	Regentschaft	Regierung
Regierungsantritt	Regierungsbezirk	Regierungsgewalt
Regierungsrat	Regiment	Regimentskommandeur
Regisseur	Reglement	Regulierung
Reiberei	Reibungen	Reibungsfläche
Reich	Reichsacht	Reichsinsignien
Reichskanzler	Reichstag	Reichtum
Reigen	Reihe	Reihentanz
Reinheit	Reis	Reise
Reisegesellschaft	Reisende	Reiseonkel
Reisetasche	Reißen	Reißer
Reiter	Reitknecht	Reitschule
Reiz	Reizbarkeit	Reklamation
Reklame	Rekord	Rekrut
Rektor	Relief	Remilitarisierung
Rendezvous	Rennbahn	Rennen
Rennfahrer	Rennmaschine	Rennwagen
Renommee	Rentner	Replik
Repräsentant	Repräsentantenhaus	Repräsentation
Repressalie	Republik	Requisition
Reservat	Reserve	Reservist
Residenz	Residenzstadt	Resignation
Resistenz	Respekt	Respektsperson
Restaurant	Restauration	Retourkutsche
Reiter	Rettung	Reue
Reunion	Reuter	Revanche
Reverenz	Revision	Revolte
Revolution	Revolutionär	Revoluzzer
Revolver	Revolverblatt	Revolverschnauze
Rezept	Rheinländer	Rhönrad
Richter	Richterstuhl	Richtlinie

Richtschnur	Richtung	Riegel
Riemenschneider	Rigorist	Ring
Ringelpiez	Ringer	Ringkampf
Ringrichter	Ringtausch	Ringverein
Ringwechsel	Rippe	Rippenstoß
Riß	Rist	Ritt
Ritter	Ritterkreuz	Ritterlichkeit
Ritterschlag	Rittmeister	Ritzenschieber
Rivale	Robe	Rodelschlitten
Roheit	Rohrstock	Rolle
Rollschuh	Rommee	Rondo
Rose	Rosine	Ross
Rösselsprung	Roßkamm	Rotte
Rotz	Rotzlöffel	Rotznase
Roulett	Rowdy	Rübenschwein
Rücken	Rückenschwimmen	Rückhalt
Rückhand	Rückkehr	Rückkehrer
Rückschlag	Rücksicht	Rücksichtslosigkeit
Rücktritt	Rückwanderer	Rückzug
Ruder	Ruf	Rüffel
Rüge	Rugby	Ruhe
Ruhestand	Ruhm	Ruhmestitel
Ruhmredigkeit	Ruhmsucht	Rumba
Rummel	Runde	Rundfunksprecher
Rundlauf	Rundling	Rundreise
Rüpel	Rüster	Rüstung
Rute	Saalschutz	Saat
Säbel	Säbelfechten	Säbelrasseln
Sabotage	Sache	Sachschaden
Sachverständige	Sachwalter	Sack
Sadismus	Sadist	Saite
Salonlöwe	Salto	Salut
Salve	Samariter	Samba
Samen	Sanftmut	Sänger
Sanitäter	Sanktion	Sans-Culotte
Sarabande	Sarkasmus	Satellit
Satire	Satrap	Sattel
Sattler	Satz	Sau
Säuberung	Soße	Saufgelage
Saum	Saumseligkeit	S-Bahn
Schabernack	Schach	Schacht
Schachturnier	Schädel	Schadenersatz
Schadenfreude	Schaf	Schäfer
Schäferstündchen	Schaffner	Schaffnerin

Schafskopf
Scham
Schamlosigkeit
Schänder
Schandmal
Schank
Schar
Scharfrichter
Scharlatanerie
Schatten
Schätzung
Schauermann
Schaukelpferd
Schauspiel
Scheffel
Scheide
Scheinangriff
Scheinwerfer
Schelmerei
Scherbengericht
Scheu
Schick
Schickung
Schiedsgericht
Schießsport
Schiffahrtsurkunde
Schiffsjunge
Schiffswirt
Schildwache
Schimpf
Schimpfwort
Schippe
Schirmherr
Schlächter
Schlachtkreuzer
Schlachtplan
Schlaffheit
Schlagball
Schläger
Schlange
Schleier
Schleppenträger
Schlichtung
Schlinge

Schah
Schamane
Schamröte
Schandfleck
Schandmaul
Schankstube
Schärfe
Scharfschütze
Scharmützel
Schatz
Schau
Schaufler
Schaukelpolitik
Schauspieler
Scheibenschießen
Scheidung
Scheinheiligkeit
Schellen
Schelte
Scherenschleifer
Scheuerfrau
Schicklichkeit
Schieber
Schiedsrichter
Schiff
Schiffer
Schiffskoch
Schikane
Schimmel
Schimpferei
Schinder
Schipper
Schirmherrschaft
Schlachtfeld
Schlachtlinie
Schlachtruf
Schlaffittchen
Schlagbaum
Schlägerei
Schlawiner
Schleimscheißer
Schlepper
Schließer
Schlitten

Schall
Schamgefühl
Schande
Schändlichkeit
Schändung
Schanze
Scharfmacher
Scharlatan
Scharwenzelei
Schätzer
Schaubude
Schaukel
Schaumschläger
Schaustellung
Scheich
Schein
Scheinmanöver
Schelm
Schenke
Scherz
Schicht
Schicksal
Schiebung
Schiedsspruch
Schiffahrt
Schiffsführer
Schiffsmannschaft
Schild
Schimmer
Schimpfrede
Schinken
Schirm
Schlacht
Schlachtgewühl
Schlachtordnung
Schlachtschiff
Schlag
Schlager
Schlagetot
Schleichweg
Schlenderschritt
Schleuderball
Schliff
Schlittenfahren

Schlittenfahrt	Schlittschuh	Schlittschuhlauf
Schloß	Schlosser	Schloßverwalter
Schlot	Schlotbaron	Schlüpfrigkeit
Schlupfwinkel	Schlüssel	Schlüsselbund
Schlüsselgewalt	Schlüsselstellung	Schmach
Schmähbrief	Schmährede	Schmähschrift
Schmähsucht	Schmähung	Schmälerung
Schmarotzer	Schmarotzertum	Schmatz
Schmaus	Schmeichelei	Schmeichelkatze
Schmeichelrede	Schmeichelwort	Schmeichler
Schmerz	Schmerzensgeld	Schmetterling
Schmetterlingsstil	Schmied	Schmiegsamkeit
Schminke	Schmiß	Schmöker
Schmus	Schnake	Schnapphahn
Schnaps	Schnauze	Schnecke
Schneeschuh	Schneider	Schnellboot
Schnepfe	Schnippchen	Schnitt
Schnitzeljagd	Schnitzer	Schnorrer
Schnur	Schnurre	Schöffe
Schöntuer	Schonung	Schonungslosigkeit
Schoppen	Schornsteinfeger	Schoßhund
Schößling	Schranken	Schranze
Schraube	Schreckensherrschaft	Schreiber
Schreibfehler	Schreiner	Schriftart
Schriftsteller	Schritte	Schrittmacher
Schroffheit	Schuft	Schuh
Schuhmacher	Schuhplattler	Schuld
Schuldigkeit	Schule	Schulfuchs
Schulkamerad	Schulmeister	Schulter
Schultheiß	Schürhaken	Schurke
Schürzenjäger	Schuß	Schüssel
Schuster	Schutz	Schütze
Schützenfest	Schutzengel	Schützenhaus
Schützenkönig	Schützenlinie	Schützer
Schutzfarbe	Schutzgeist	Schutzhaft
Schutzheilige	Schutzherrschaft	Schützling
Schwäche	Schwächung	Schwadron
Schwadroneur	Schwager	Schwägering
Schwalbe	Schwang	Schwank
Schwanz	Schwarm	Schwarzfahrer
Schwarzkünstler	Schwebebahn	Schwefelbande
Schweigen	Schweinehund	Schweinerei
Schweinigel	Schweizer	Schwemme
Schwenkung	Schwerathletik	Schwerenöter

Schwerpunkt Schwertfeger Schwertleite
Schwerttanz Schwester Schwesternschaft
Schwiegermutter Schwiegersohn Schwiegertochter
Schwiegervater Schwierigkeit Schwindel
Schwindler Schwinger Schwippschwager
Schwof Schwulst Schwung
Schwur Sechsundsechzig See
Seebär Seefahrer Seefahrt
Seekadett Seele Seelenmesse
Seemann Seemannsgarn Seeoffizier
Seeschlacht Segel Segelfliegen
Segen Segnung Sehenswürdigkeit
Seifenkistenrennen Seifensieder Seil
Seiler Seilhüpfen Seiltänzer
Seite Seiten Seitenhieb
Seitensprung Sekretär Sekretärin
Sekte Sekundant Selbst
Selbständigkeit Selbstbeherrschung Selbstbestimmung
Selbstdisziplin Selbsterhaltung Selbsterniedrigung
Selbstherrschaft Selbstlob Selbstschutz
Selbstüberschätzung Selbstverleugnung Selbstverteidigung
Selbstzufriedenheit Selektion Seligkeit
Senat Senator Sendbote
Sendung Seneschall Sensation
Sensationslust Serail Serenade
Serenissimus Sergeant Setzer
Sicherheit Sichtwerbung Sie
Siedelung Siedler Siedlung
Sieg Siegel Siegelring
Sieger Siegerkranz Siegerpreis
Siegesfeier Signal Silberschmied
Sims Sinneslust Sinnenrausch
Sinnlichkeit Sippe Sippschaft
Sirenengesang Sitte Sittenlosigkeit
Sittenrichter Sittlichkeit Sittsamkeit
Sitz Sitzung Sitzungssaal
Skandal Skat Ski
Skilauf Sklave Skaverei
Slalom Slowfox Snob
Sohle Sohn Soiree
Sold Soldat Söldling
Söldner Solidarität Solist
Solo Sonderling Sonderung
Sonne Sonnenlicht Sophisterei

Sorge	Souverän	Souveränität
Sowjet	Sozialismus	Sozius
Spagat	Spähtrupp	Spalier
Spaltung	Spannung	Spartakus
Spaß	Spaßmacher	Spaziergang
Speck	Speckschwarte	Spectabilität
Spediteur	Speditionsfirma	Speerwerfen
Speichel	Speichellecker	Speichelleckerei
Speisehaus	Spelunke	Spende
Spengler	Sperrfeuer	Spezialarzt
Spezialist	Sphäre	Spiegel
Spiel	Spieler	Spielerei
Spielkamerad	Spielmann	Spielraum
Spielzeug	Spieß	Spießbürger
Spießer	Spießgeselle	Spießrute
Spinner	Spion	Spitzbube
Spitze	Spitzel	Spitzer
Spitzname	Sporn	Sport
Sportlehrer	Sportler	Sportschule
Sportwagen	Spott	Spöttelei
Spötter	Spottgedicht	Spottrede
Spottsucht	Spottvers	Sprachrohr
Sprecher	Sprechchor	Sprinter
Spritzenhaus	Spritztour	Sprödigkeit
Spross	Sprößling	Spruch
Sprung	Sprunglauf	Sprungschanze
Spur	Staat	Staatenbund
Staatsakt	Staatsangehörige	Staatsanwalt
Staatsbegräbnis	Staatsfeiertag	Staatsgewalt
Staatsmann	Staatsoberhaupt	Staatsrat
Staatsschiff	Staatswissenschaft	Stab
Stabhochsprung	Stabsarzt	Stabsoffizier
Stacheldraht	Stadion	Stadt
Stadbewohner	Städter	Stadtklatsch
Stadtkommandant	Stadtrat	Stadtstaat
Staffel	Staffellauf	Stahlbad
Stahlhelm	Staket	Stall
Stalljunge	Stallknecht	Stallmeister
Stamm	Stammbaum	Stammbuch
Stammgast	Stammhalter	Stand
Standarte	Ständchen	Ständekammer
Standesamt	Ständestaat	Standpauke
Standpunkt	Stange	Stänker
Stänkerei	Stänkerer	Star

Stärke	Starrheit	Starrsinn
Start	Starter	Startsprung
Station	Stationsvorsteher	Statistiker
Statthalter	Statthalterschaft	Stattlichkeit
Status	Statut	Staub
Stauer	Stecken	Stehbierhalle
Steher	Stein	Steinmetz
Steinschneider	Steinstoßen	Steißtrommler
Stelldichein	Stelle	Stellennachweis
Stellenvermittlung	Stellenwert	Stellung
Stellungskrieg	Stellungswechsel	Stellvertreter
Stellvertretung	Stempel	Stenograph
Stern	Sterndeuter	Sternenbanner
Steuer	Steuermann	Steuerung
Steuerzahler	Steward	Stich
Stichelei	Stichelrede	Stiefbruder
Stiefel	Stiefkind	Stiefmutter
Stiefschwester	Stiefsohn	Stieftochter
Stiefvater	Stiergefecht	Stierkämpfer
Stift	Stigma	Stil
Stilleben	Stimmung	Stimmungsmache
Stipendiat	Stippvisite	Stirn
Stirnrunzeln	Stock	Stockfisch
Stockhaus	Stolz	Stopper
Störfeuer	Stoß	Stößel
Stoßtrupp	Strafanstalt	Strafaufschub
Strafe	Straferlaß	Straffreiheit
Strafkompanie	Sträfling	Strafpredigt
Strafraum	Strafrede	Strang
Stränge	Straßenbahn	Straßenfeger
Straßengraben	Straßenrennen	Straßenzug
Strategie	Strauchdieb	Strauss
Streber	Streich	Streichholz
Streifzug	Streik	Streikposten
Streit	Streitaxt	Streiter
Streitfrage	Streithahn	Streithammel
Streitigkeit	Streitkräfte	Streitpunkt
Streitsucht	Stränge	Strich
Strick	Strohhalm	Strohmann
Strohwitwe	Strohwitwer	Strolch
Strom	Stromer	Stubenhocker
Stubenmädchen	Stück	Studienreise
Stufe	Stuhl	Stunde
Stunk	Sturm	Stürmer

Sturmhaube	Sturz	Sturzflug
Stütze	Stutzer	Stützpunkt
Subjekt	Subordination	Substitut
Südfrucht	Sudeler	Suggestion
Sühne	Sühngeld	Suite
Sultan	Sündenbock	Sündopfer
Superintendent	Suppe	Suprematie
Surrogat	Suspendierung	Süßholz
Süßholzraspler	Swing	Sympathie
Syndikat	Synode	Szene
Tabu	Tadel	Tadelsucht
Tadler	Tafelfreuden	Tafelrunde
Tag	Tagegeld	Tagelöhner
Tagung	Takt	Taktik
Taktlosigkeit	Talar	Talk
Tambour	Tamtam	Tändelei
Tango	Tanker	Tante
Tanz	Tanzbein	Tänzer
Tänzerin	Tanzschritt	Tapezierer
Tarantella	Tarock	Tartuffe
Tasche	Taschenspieler	Taschenspielerei
Täschner	Tat	Tatsache
Tattersall	Tatze	Taube
Taubenschlag	Taucherglocke	Taufe
Tauziehen	Taverne	Taxator
Techniker	Techtelmechtel	Teekessel
Teerjacke	Teil	Teilhaber
Teilnehmer	Telemark	Tennis
Tennisturnier	Teppich	Terminus
Terror	Terrorist	Teufel
Text	Theater	Thing
Thron	Thronfolger	Tiara
Tiefe	Tier	Tierarzt
Tiergarten	Tiger	Tilde
Tingeltangel	Tintenkuli	Tippen
Tippelbruder	Tippse	Tisch
Tischler	Tischtennis	Titel
Tochter	Tochtermann	Tod
Todfeind	Toga	Toilette
Toleranz	Tollhaus	Ton
Tonart	Tonkünstler	Tontaubenschießen
Töpfer	Tor	Toreador
Torero	Torpedoboot	Torschütze
Toto	Toupet	Tour

Tourist	Tournee	Trab
Trabant	Tracht	Träger
Trägheit	Tragikomödie	Trainer
Träne	Transportwesen	Traube
Traum	Trauschein	Trauung
Trauzeuge	Travestie	Treffen
Treiber	Trennung	Trense
Tretmühle	Treubruch	Treue
Treuhänder	Tribun	Tribut
Trichterfeld	Trillerpfeife	Trimmer
Trinkgeld	Trinkspruch	Trinkstube
Trip	Tritt	Triumph
Triumphbogen	Triumphpforte	Triumphzug
Triumvirat	Trödler	Trommel
Trommelfeuer	Trommelwirbel	Trommler
Trompete	Trompetengeschmetter	Tropf
Trophäe	Troß	Tröster
Trostpreis	Trotz	Trübe
Trubel	Truchseß	Trümmerfeld
Trupp	Truppe	Truppenkörper
Truppenmacht	Trust	Truthahn
Tschako	Tuch	Tugendbold
Tumult	Tüncher	Tunke
Turbine	Turf	Türhüter
Türke	Turm	Turmspringen
Turnen	Turnhalle	Turnier
Turteltaube	Tusch	Twostep
Tyrann	Tyrannei	Tyrannis
U-Bahn	U-Boot	Übereinkommen
Übereinkunft	Übereinstimmung	Überfall
Übergabe	Übergewicht	Übergriff
Überhebung	Überläufer	Überlegenheit
Überlieferung	Überlistung	Übermacht
Übermensch	Übermut	Überredung
Überrumpelung	Übertragung	Übertreibung
Übertretung	Überwachung	Überwältigung
Überweisung	Überwinder	Üppigkeit
Uhrmacher	Ukas	Ulk
Ultimatum	Ultra	Umarmung
Umbruch	Umgänglichkeit	Umgang
Umgangsformen	Umgebung	Umgehung
Umschiffung	Umschlingung	Umsegelung
Umsiedelung	Umsiedler	Umsturz
Umtrieb	Umwälzung	Umzäunung

Umzug
Unabhängigkeit
Unachtsamkeit
Unanständigkeit
Unart
Unaufrichtigkeit
Unbändigkeit
Unbarmherzigkeit
Unbeholfenheit
Unberührtheit
Unbescheidenheit
Unbeugsamkeit
Unbildung
Unbill
Unbotmäßigkeit
Unechtheit
Unehre
Uneinigkeit
Unerbittlichkeit
Unerschütterbarkeit
Unflat
Unfolgsamkeit
Unfreundlichkeit
Unfriede
Unfug
Ungebührlichkeit
Ungebundenheit
Ungefääligkeit
Ungehorsam
Ungeschlachtheit
Ungeselligkeit
Ungesetzlichkeit
Ungezogenheit
Ungnade
Unhöflichkeit
Unhold
Uniform
Union
Unkenntnis
Unredlichkeit
Unreinheit
Unruhe
Unruhestifter
Unschuld
Unsittlichkeit
Unsterblichkeit
Unstimmigkeit
Unterbringung
Untergang
Untergebene
Unterhändler
Unterhaltung
Unterhandlung
Unterhaus
Unterjochung
Unterkunft
Unterlassung
Unterlassungssünde
Untermieter
Unternehmer
Unternehmung
Unteroffizier
Unterordnung
Unterschlagung
Unterschleif
Unterschlupf
Unterseebot
Unterstand
Untersuchungshaft
Untertan
Unterwelt
Unterwerfung
Unterwürfigkeit
Unterzeichnete
Untreue
Unverschämtheit
Unweiblichkeit
Unwille
Unwürdigkeit
Unzucht
Unzüchtigkeit
Unzufriedenheit
Unzuträglichkeit
Urbanität
Ureinwohner
Urenkel
Urgroßvater
Urheberschaft
Urkunde
Urlaub
Urlaubsschein
Ursprünglichkeit
Usurpation
Usurpator
Vagabund
Vagand
Valet
Vandale
Variable
Varietee
Vasall
Vater
Vaterhaus
Vaterland
Vaterlansliebe
Vaterstadt
Venus
Verabschiedung
Verächter
Verachtung
Veranda
Veranstaltung
Verantwortung
Verband
Verbannung
Verbesserung
Verbeugung
Verbindlichkeit
Verbindung
Verbindungen
Verbitterung
Verbot
Verbrecher
Verbrüderung
Verbundenheit
Verdächtigung
Verdammung
Verderben
Verdienst
Verdrehung
Verdrießlichkeit
Verdruß

Verehelichung
Verehrung
Verein
Vereinbarung
Vereinshaus
Vereinsmeierei
Verfall
Verfassung
Verfechter
Verfeinerung
Verfemung
Verfluchung
Verfügung
Verführer
Verführungskunst
Vergatterung
Vergebung
Vergehen
Vergeltung
Vergesellschaftung
Vergessenheit
Vergewaltigung
Vergleich
Vergnügen
Vergnügungsfahrt
Vergolder
Vergünstigung
Vergütung
Verhaftung
Verhältnis
Verhau
Verheiratung
Verheißung
Verherrlichung
Verhinderung
Verhöhnung
Verkäufer
Verkehr
Verkehrspolizei
Verkleidung
Verkleinerung
Verlangen
Verlassenheit
Verleger
Verleihung
Verletzung
Verleumder
Verleumdung
Verlies
Verlöbnis
Verlobung
Verlobungsanzeige
Verlockung
Vermählung
Vermessenheit
Vermittler
Vermittlung
Vernachlässigung
Verneigung
Verneinung
Vernichtung
Vernunft
Vernunftehe
Vernunftheirat
Verordnung
Verpfändung
Verpflichtung
Verrat
Verräter
Verrichtung
Verringerung
Verruf
Verrufenheit
Versammlung
Versäumnis
Verschanzung
Verschlag
Verschlossenheit
Verschreibung
Verschwörer
Verschwörung
Versehen
Versetzung
Versicherung
Versöhnlichkeit
Versöhnung
Verspottung
Versprechen
Verständigung
Versteck
Verstecken
Versteigerer
Verstoß
Verteidiger
Verteidigung
Verteidigungswaffe
Verteiler
Vertrauen
Vertraulichkeit
Vertrautheit
Vertreibung
Vertreter
Vertretung
Verunglimpfung
Verurteilung
Verwahr
Verwahrer
Verwahrung
Verwalter
Verwaltung
Verwandte
Verwandtschaft
Verwarnung
Verwechselung
Verwegenheit
Verweigerung
Verweis
Verweisung
Verwendung
Verweser
Verwesung
Verworfenheit
Verwünschung
Verwüstung
Verzagtheit
Verzeihung
Verzicht
Verzechtleistung
Veto
Vetter
Viecherei
Vielehe

Vielliebchen	Vielmännerei	Vielweiberei
Vier	Viertel	Villa
Villenviertel	Visier	Visite
Vivat	Vize-	Vize
Vizeadmiral	Vizekönig	Vizepräsident
Vogel	Vogelsteller	Vogt
Vogtei	Volk	Völkerball
Volksentscheid	Volksgemeinschaft	Volkskammer
Volkstanz	Volkssturm	Volksversammlung
Volksvertreter	Volksvertretung	Vollblut
Vollmacht	Vollstreckung	Vollzug
Volontär	Vorarbeiter	Vorbehalt
Vorbeimarsch	Vorbesprechung	Vordermann
Voreiligkeit	Vorfahr	Vorführdame
Vorgetzte	Vorhaltung	Vorhand
Vorhut	Vorladung	Vorläufer
Vorleben	Vorleseung	Vorliebe
Vormund	Vormundschaft	Vormundschaftsgericht
Vorname	Vornehmheit	Vornehmheit
Vorort	Vorposten	Vorrang
Vorrecht	Vorredner	Vorschlag
Vorschrift	Vorsitz	Vorsitzende
Vorspiegelung	Vorstadt	Vorstand
Vorsteher	Vorstellung	Vorstoß
Vorteil	Vortritt	Vorwand
Vorwerk	Vorwitz	Vorwurf
Vorzug	Wachboot	Wache
Wachs	Wächter	Wachtmeister
Wachtpsten	Waffe	Waffengang
Waffengewalt	Waffenruhe	Waffenschmied
Waffenstillstand	Wagen	Wagenburg
Wahl	Wahlkampf	Wahlversammlung
Wahrheit	Wahrsager	Wahrung
Waise	Waldhüter	Waldmeister
Wall	Wallach	Wallfahrer
Wallfahrt	Walstatt	Walze
Walzer	Wand	Wandel
Wanderer	Wanderredner	Wanderschaft
Wandersmann	Wandertag	Wanderung
Wandervogel	Wanne	Wanzenvertilgungsmittel
Wappen	Wappenschild	Warnung
Warte	Wärter	Wärterin
Wartesaal	Wäscherin	Waschfrau
Waschkommode	Wasser	Wasserball

Wasserkante	Wassersport	Wassertreten
Wauwau	Weber	Wechsel
Weg	Wegweiser	Wehe
Wehfrau	Wehr	Wehrdienst
Wehrmacht	Wehrpass	Weib
Weiberfeind	Weibergeschwätz	Weidmann
Weigerung	Weihe	Weihrauch
Weiler	Weinbauer	Weinberg
Weinstube	Weisung	Weite
Weitsprung	Welt	Weltenbrand
Weltfrieden	Weltgewandtheit	Weltkenntnis
Weltkrieg	Weltmann	Weltmeister
Weltreich	Weltrekord	Weltruf
Weltruhm	Weltstadt	Weltumsegelung
Werbeabteilung	Werbefeldzug	Werbeleiter
Werber	Werbung	Werkmeister
Werkzeug	Wert	Werte
Wertschätzung	Wesen	Wesir
Wespennest	Wettbewerb	Wettbewerber
Wetteifer	Wetter	Wettkampf
Wettkämpfer	Wettlauf	Wettrennen
Wettspiel	Wettstreit	Whist
Wichse	Wicht	Wichtigkeit
Wichtigmacher	Wickel	Widerlegung
Widerpart	Widerrede	Widerruf
Widersacher	Widersetzlichkeit	Widerspenstigkeit
Widerspruch	Widerspruchsgeist	Widerstand
Widerstandslosigkeit	Widerstandsnest	Widerstreit
Widerwille	Widmung	Wiedersehen
Wiege	Wiegenfest	Wiese
Wigwam	Wilde	Wildnis
Wille	Willfährigkeit	Willkür
Willkürherrschaft	Wind	Windbeutel
Wink	Winter	Wintersport
Winzer	Wirkung	Wirt
Wirtin	Wirtschaft	Wirtschafterin
Wirtshaus	Wischer	Witfrau
Witmann	Witwe	Witwenball
Witwer	Witzelei	Woche
Wochenschau	Wohl	Wohlwollen
Wohnhaus	Wohnort	Wohnraum
Wohnsitz	Wohnstatt	Wohnstätte
Wohnung	Wohnungsamt	Wohnviertel
Wohnzimmer	Wolf	Wolfsgrube

Wolle	Wollust	Wonne
Wonnemonat	Wonnemond	Wort
Worte	Wortgefecht	Wortschwall
Wortspiel	Wortstreit	Wortwechsel
Wucht	Wühler	Wühlmaus
Wunde	Wunderdoktor	Wünsche
Würde	Würden	Würdenträger
Würdigung	Würfel	Würfelspiel
Wurfscheibe	Wurst	Wurstkessel
Wurzel	Wurzen	Wüste
Wüstenbewohner	Wüstensohn	Wüstheit
Wüstling	Xanthippe	Zahlmeister
Zahlung	Zahmheit	Zähmung
Zahnarzt	Zähne	Zahnklempner
Zahnradbahn	Zange	Zank
Zankapfel	Zanken	Zänkerei
Zanksucht	Zapfenstreich	Zar
Zarentum	Zarewitsch	Zartgefühl
Zärtlichkeit	Zauber	Zauberei
Zauberformel	Zauberkünstler	Zaum
Zaun	Zaunpfahl	Zecher
Zecherei	Zehnkampf	Zeichen
Zeichner	Zeigefinger	Zeit
Zeitgenosse	Zeitgeschmack	Zeitnehmer
Zeitvertreib	Zelle	Zelt
Zelter	Zensor	Zensur
Zentrale	Zeppelin	Zepter
Zeremonie	Zeremoniell	Zeremonienmeister
Zerstörer	Zerwürfnis	Zeug
Zeuge	Zeugungskraft	Ziegenbock
Ziehmutter	Ziel	Zielrichter
Zieraffe	Zierde	Ziererei
Zierpuppe	Ziffer	Zigarre
Zigeuner	Zimmer	Zimmerherr
Zimmermann	Zimperlichkeit	Zinken
Zinne	Zinsen	Zirkel
Zirkus	Zischen	Zitadelle
Zivil	Zivilehe	Zivilisation
Zivilist	Zobel	Zofe
Zölibat	Zoll	Zöllner
Zoo	Zorn	Zote
Zucht	Züchter	Zuchthaus
Zuchthäusler	Züchtigung	Zuchtlosigkeit
Zuchtrute	Zufluchtsort	Zug

Zugang	Zugbegleiter	Zugbrücke
Zugehörigkeit	Zügel	Zügellosigkeit
Zugeständnis	Zugführer	Zugeständnis
Zuhause	Zulassung	Zuneigung
Zunft	Zunftwesen	Zunge
Zungenheld	Zurückgezogenheit	Zurücknahme
Zurückweisung	Zuruf	Zusage
Zusammenklang	Zusammenkunft	Zusammenprall
Zusammenrottung	Zusammenstoß	Zuschneider
Zuschuß	Zusicherung	Zuspruch
Zuständigkeit	Zustimmung	Zuträger
Zuversichtlichkeit	Zuvorkommen	Zuvorkommenheit
Zuweisung	Zuwiderhandlung	Zwang
Zwangsarbeit	Zwangsjacke	Zwangsmaßregel
Zwangsmittel	Zwangsvollstreckung	Zweck
Zweideutigkeit	Zweig	Zweikampf
Zweispänner	Zwickel	Zwiespalt
Zwietracht	Zwilling	Zwinger
Zwingherr	Zwirn	Zwischendeck
Zwischenfall	Zwischenträger	Zwist
Zwistigkeit	Zwölfender	Zyniker
Zynismus		

ANMERKUNGEN

1)Hierunter fallen nicht nur Bedeutungserklärungen aus einsprachigen Wörterbüchern, worunter ich mit Zgusta "overall descriptive monolingual dictionaries" verstehe, sondern auch holistische Repräsentationen, die systematisch die inhaltlichen Beziehungen eines Lexems zu einer Gruppe anderer Lexeme darstellen.

2)Lewis, David: General Semantics. In: Davidson, D. u. Harman, G. (Hrsg.): Semantics of Natural Language. Dordrecht 1972. S. 169-218.

3)Lyons, John: Semantics. 2 Bde. Cambridge 1977. hier: S. 590 f.

4)Lewis, David: General Semantics.S. 173 ff.

5)Lewis, David: General Semantics.S. 174.

6)Vgl. Lewis, David: General Semantics. S. 169f.

7)"I distinguish two topics: first, the description of possible languages or grammars as abstract semantic systems whereby symbols are associated with aspects of the world; and second, the description of the psychological and sociological facts whereby a particular one of these abstract semantic systems is the one used by a person or population." Lewis, David: General Semantics. S. 170.

8)Chomsky, Noam: Aspekte der Syntax-Theorie. Frankfurt/M. 1971. S. 13 f.

9)Gregory, Michael u. Carroll, Susanne: Language and Situation. London 1978. Hier: S. 74, S. 88.

10)Putnam, Hilary: Mind, Language and Reality. Bd. 1. Cambridge 1975. S. 149.

11)Putnam, Hilary: Mind, Language and Reality. S. 227.

12)Putnam, Hilary: Mind, Language and Reality. S. 140.

13)Putnam, Hilary: Mind, Language and Reality. S. 143.

14)Kripke, Saul A.: Naming and Necessity. In: Davidson, D. u. Harman, G. (Hrsg.): Semantics of Natural Language. Dordrecht 1972. S. 253-355.

15)Putnam, Hilary: Mind, Language and Reality. S. 141.

16)Putnam, Hilary: Mind, Language and Reality. S. 242 f.

17)Searle, John: Speech Acts. Cambridge 1970. S. 89.

18)Putnam, Hilary: Mind, Language and Reality. S. 227 f.

19)Putnam, Hilary: Mind, Language and Reality. S. 269.

20)Putnam, Hilary: Mind, Language and Reality. S. 140.

21)Putnam, Hilary: Mind, Language and Reality. S. 251.

22)Putnam, Hilary: Mind, Language and Reality. S. 228 f.

23)Putnam, Hilary: Mind, Language and Reality. S.256.

24)Rich, Elaine: User Modelling via Stereotypes. In: Cognitive Science 3, 1979. S. 329 - 354.

25)Putnam, Hilary: Mind, Language and Reality. S. 152.

26)Ähnlich begründet dies Keenan durch sein efficiency requirement. Vgl. Keenan, Edward L.: Meaning and Translation. In: Guentner, F.u. Guentner-Reutter, M.(Hrsg.): Meaning and Translation. London 1978. S. 157-191. Vgl. auch: Fillmore, Charles J.: Scenes-and-Frames Semantics. In: Zampolli, Antonio (Hrsg.): Linguistic Structures Processing. Amsterdam, New York 1977. S. 55 - 83.

27)Putnam, Hilary: Mind, Language and Reality. S. 148.

28)Dies war nämlich das Problem der Skizze einer Semantik-Theorie von Katz, Jerrold J. u. Fodor, Jerry A.: Die Struktur einer semantischen Theorie. In: Steger, M. (Hrsg.): Vorschläge für eine strukturale Grammatik des Deutschen. Darmstadt 1970. S. 202-220. Vgl. auch: Bierwisch, Manfred: Semantics. In: Lyons, John (Hrsg.): New Horizons in Linguistics. Harmondsworth 1970. S. 166-185. Hier: S. 169 f.

29)Hofstadter, Douglas R.: Gödel, Escher, Bach: an Eternal Golden Braid. Hassocks 1979. S. 305.

30)Günter Drosdowski: Nachdenken über Wörterbücher. In: Henne, H., Drosdowski, G., Wiegand, H.E.: Nachdenken über Wörterbücher. Mannheim 1977. Der Gesamtwortschatz wird auf 300.000 - 500.000 Lexeme geschätzt. S. 107.

31)Zu dieser Distinktion vgl. Wiegand, Herbert Ernst: On the Structure and Contents of a General Theory of Lexicography. In: Proceedings of the International Conference on Lexicography. Exeter 1983.

32)Helmut Henne sieht Vorwegnahmen des Wortfeldbegriffs schon im 18. Jahrhundert. Henne, Helmut: Nachdenken über Wörterbücher: Historische Erfahrungen. In: Henne, H., Drosdowski, G., Wiegand, H.E.: Nachdenken über Wörterbücher. Mannheim 1977.S.24

33)z.B. Bergenholtz, Henning: Das Wortfeld "Angst". Stuttgart 1980.

34)Eine Darstellung wichtiger wortfeldtheoretischer Schriften enthält das Werk von Bergenholtz. Vgl. außerdem die Darstellung der Geschichte der Wortfeldtheorie aus strukturalistischer Sicht:Coseriu, E. u. Geckeler, H.: Linguistics and Semantics. In: Sebeok, Th.(Hrsg.): Current Trends in Linguistics. Bd. 12. Den Haag 1975. S. 103-171. Vgl. auch die konzise Darstellung der Wortfeldtheorie in Lyons, John: Semantics. Bd.1. Cambridge 1977. S. 250 ff.

35)Pottier, Bernhard: Die semantische Definition in den Wörterbüchern. In: Schmidt, L. (Hrsg.): Wortfeldforschung. Darmstadt 1973. S. 402-411. Hier: S. 404.
Hartmann, Reinhard R. K.: Über die Grenzen der kontrastiven Lexikologie. In: Moser, H. (Hrsg.): Probleme der Lexikologie und Lexikographie. Düsseldorf 1976. S.181-199. Diese Werk enthält eine Liste untersuchter Wortfelder.

36)Lyons, John: Semantics. Bd. 1. S. 332.

37)Blanke, Gustav: Einführung in die semantische Analyse. München 1973. S. 67.

38)Auf die erste Möglichkeit weist Bergenholtz, Henning: Das Wortfeld "Angst". S. 50 hin. Zu der anderen Problematik vgl: Hartmann, Reinhard R. K.: Semantics Applied to English - German Lexical Structure. In: Folia Linguistica 7. 1975. S. 357-370 Hier: S. 360.

39)Bergenholtz, H.: Das Wortfeld "Angst". S. 58.

40)Coseriu definiert:"Das Wortfeld ist eine paradigmatische Struktur, die aus sich eine gemeinsame Bedeutungszone teilenden und in unmittelbarer Opposition zueinander stehenden lexikalischen Einheiten ("Lexemen") besteht; ... "
Coseriu, E.: Die funktionelle Betrachtung des Wortschatzes. In: Moser,H.(Hrsg.): Probleme der Lexikologie und Lexikologie. Düsseldorf 1976. S. 2 - 25. S. 20. Ansätze zur Erfassung syntagmatischer Strukturen durch wortfeldtheoretische Forschungen beschränkten sich bei Porzigs "wesenhaften Bedeutungsbeziehungen" typischerweise auf zweigliedrige Relationen, so daß auch diese theoretische Variante keine weiterreichenden Begründungen für die Aufnahme von Elementen in eine Bedeutungsrepräsentation vorsieht.

41)Coseriu, E.: Die funktionelle Betrachtung des Wortschatzes. S. 13.

42)Dieses Argument stammt aus: Gipper, Helmut: Die feldhafte Gliederung des Wortschatzes und das Problem ihrer Formalisierbarkeit. In: Moser, H: (Hrsg.): Probleme der Lexikologie und Lexikographie. Düsseldorf 1976. S. 26 -49. S. 29.

43)Wiegand, Herbert Ernst: Nachdenken über Wörterbücher: Aktuelle Probleme In: Henne, H., Drosdowski, G., Wiegand, H.E.:Nachdenken über Wörterbücher. Mannheim 1977. S. 51-102. S. 63.

44)Vgl. Reynolds, Vernon: The Biology of Human Action. 2. Aufl. Oxford 1980. S. 205 ff. Lorenz, Konrad: Die Rückseite des Spiegels. München 1977. S. 148 ff., 220 f., 226 ff. Riedl, Rupert: Biologie der Erkenntnis. Berlin, Hamburg 1980. S. 98, 112.

45)Zu deren Einfluß auf konzeptuelle Strukturen vgl: Kutschera, Franz von : Grundfragen der Erkenntnistheorie. Berlin, New York 1982. S. 441 f.

46)Ansätze in dieser Richtung, die von dem Situationsbegriff P. Wegeners ausgehen, sind bei sehr globalen Situationsstrukturen stehengeblieben. Vgl.Gregory, Michael u. Carroll, Susanne: Language and Situation. London 1978. S.86 ff.

47)Lyons, John: Semantics. Bd. 1. S. 317 ff.

48)Lyons, John: Semantics. Bd. 1. S. 326.

49)Lehrer, Adrienne: Semantic Fields and Lexical Structure. Amsterdam 1974. S. 67 f. Nida, Eugene: Componential Analysis of Meaning. The Hague, Paris 1975. S. 58 ff.

50)Vgl. Katz, Jerold J. u. Fodor, Jerry, A.: Die Struktur einer semantischen Theorie. S. 230 ff.

51)Bolinger, Dwight : The Atomization of Meaning. In: Language 41. 1965. S. 555 - 573. S. 568 f.

52)Damit ist auch die oben diskutierte Problematik einer Unterscheidung ohne adäquate inhaltliche Charakterisierung gemeint. Vgl. die Beispiele bei Nida, E.: Componential Anaylsis of Meaning. S. 40 ff., 47 ff.

53)Hörmann, Hans: Meinen und Verstehen. Frankfurt/M. 1976. S. 79

54)Hörmann, Hans: Meinen und Verstehen. S. 80.

55)Stegmüller, Wolfgang: Hauptströmungen der Gegenwartsphilosophie. 4. Aufl. Stuttgart 1969. Bd. 1. S. 399 ff.

56)Hempel, Carl Gustav: Philosophie der Naturwissenschaften. München 1975. S. 27.

57)Hörmann, Hans: Meinen und Verstehen. S. 80.

58)Die Annahme liegt Quines These der Indeterminiertheit von Übersetzungen zugrunde. Vgl. Quine, Willard Van Orman: Word and Object. 8. Aufl. Massachusetts 1973. S. 29.

59)Kutschera, Franz von: Sprachphilosophie. München 1971. S. 212

60)Wiegand, Herbert E.: Nachdenken über Wörterbücher: Aktuelle Probleme. S. 86.

61)Bever,Thomas G. u. Rosenbaum, Peter S.: Some Lexical Structures and Their Empirical Validity. In: Steinberg, D. D. u. JaKobovits, C. A.(Hrsg.): Semantics. Cambridge 1971. S. 586-599. S. 590.

62)Wiegand, Herbert E.: Nachdenken über Wörterbücher: Aktuelle Probleme. S. 86.

63)Bever,Thomas G. u. Rosenbaum, Peter S.: Some Lexical Structures and Their Empirical Validity. S. 590.

64)Riedl, Rupert: Biologie der Erkenntnis. S. 108

65)Riedl, Rupert: Biologie der Erkenntnis. S. 108

66)Hörmann, Hans: Einführung in die Psycholinguistik. Darmstadt 1981. S. 71.

67)Hörmann, Hans: Einführung in die Psycholinguistik. S. 72.

68)Anderson, John R.: Cognitive Psychology and Its Implications. San Francisco 1980. S. 132.

69)Koch, Walter A.: Semiogenesis: Some Perspectives for Its Analysis. In: Koch, Walter A. (Hrsg.): Semiogenesis. Fankfurt, Bern 1981. S. 15-104.

70)Als "metalexikographisch" im Sinne H. E. Wiegands sind auch die Arbeiten von Bergenholtz, Henning: Das Wortfeld "Angst". und Schaeder, Burkhard: Lexikographie als Praxis und Theorie. zu bezeichnen, obwohl diese Arbeiten auch Vorschläge für Einträge in ein Wörterbuch enthalten.

71)"Ein schwerwiegenderes Argument, das nicht von den Generativisten hervorgebracht wird, dürfte das Fehlen einer begründeten Methodik der Corpusauswertung sein." Bergenholtz, Henning: Das Wortfeld "Angst". S. 55. Vgl. auch die Funktionsbestimmungen eines Corpus in Schaeder, Burkhard: Lexikographie als Praxis und Theorie. S. 72.

72)Schaeder, Burkhard: Lexikographie als Praxis und Theorie. S. 74 ff.

73)Dies gilt für nicht-usuelle Verwendungen, für die ein Ausleseverfahren nötig wäre.

74) So Adelung, zit. nach Henne, Helmut: Nachdenken über Wörterbücher: Historische Erfahrungen. S. 18. Aber auch Logiker schreiben über die lexikalische Definition: "... it is a difficult matter to do well." Robinson, Richard: Definition. 2. Aufl. Oxford 1968. S. 58.

75)Henne, Helmut: Prinzipien einsprachiger Lexikographie. In: Moser, H. (Hrsg.): Probleme der Lexikologie und Lexikographie. Düsseldorf 1976.S. 95 -118. S. 105. Eine neue Position in der Lexikographie vertritt: Wiegand, Herbert Ernst: Eine neue Auffassung der sog. lexikographischen Definition. In: Hyldgaard-Jensen, K. u. Zettersen, A. (Hrsg.): Symposium on Lexicography II. Tübingen 1985. S. 15-100. Dieser Artikel erreichte mich erst nach der Fertigstellung der vorliegenden Arbeit, so daß er erst in einem zukünftigen Beitrag gewürdigt werden kann.

76)Robinson, Richard: Definition. S. 142.

77)Die Darstellung folgt weitgehend der Monographie Robinsons. Neben dem in Anm. 75 genannten Werk Wiegands enthält der folgende Beitrag weitere Literaturhinweise zur lexikographischen Definition: Wiegand, Herbert Ernst: On the Structure and Contents of a General Theory of Lexicography. In: Proceedings of the International Conference on Lexicography. Exeter 1983.

78)Robinson, Richard: Definition. S. 143.

79)Die lexikographische Definition wäre in Robinsons Diktion eine "nominale Wort-Ding-Definition".

80)Robinson, Richard: Definition. S. 143.

81)Abelson, Raziel: Definition. In: Edwards, P. (Hrsg.): Encyclopedia of Philosophy. New York, London. 1967. S. 314-320.S.320

82)Robinson, Richard: Definition. S. 144.

83)Robinson, Richard: Definition. S. 132. Zum Verhältnis von Definiens und Definiendum vgl. auch: Wiegand, Herbert Ernst: Synonymie und ihre Bedeutung für die einsprachige Lexikographie. In: Moser, H. (Hrsg.): Probleme der Lexikologie und Lexikographie. Düsseldorf 1976. S. 118-181. Probleme der Testbarkeit der Synonymie diskutiert Schreyer, Rüdiger: Synonyms in Context. Trier 1976.

84)Robinson, Richard: Definition. S. 122. Zur Möglichkeit der Verwendung einer (echten, nicht-leeren) Teilmenge des Wortschatzes als Erklärungsvokabular vgl. auch:
Weinreich, Uriel: Lexicographic Definition in Descriptive Semantics. In: Householder, F.W. u. Saporta, S.(Hrsg.): Problems in Lexicography. Bloomington 1967. S. 25-44. S. 36 ff. Beispiele von Definitionen in Basic English diskutiert Johnson-Laird, P. N.: Mental Models. Cambridge 1983. S. 218.

85)Robinson, Richard: Definition. S. 146.

86)Klaus, Georg: Moderne Logik. 5. Aufl. Berlin 1970. S. 203.

87)Robinson, Richard: Definition. S. 147.

88)Kutschera, Franz von: Elementare Logik. Wien, New York 1967. S. 357.

89)Vgl. die Diskussion in:
Knudsen, Tryge u. Sommerfelt, Alf: Principles of Unilingual

Dictionary Definitions. In:Proceedings of the Eigth International Congress of Linguistics. Oslo 1958. S. 92-115. S. 112.

90)Wunderlich, Dieter: Grundlagen der Linguistik. Reinbek 1974. S. 279.

91)Robinson, Richard: Definition. S. 147.

92)Savigny, Eike von: Grundkurs im wissenschaftlichen Definieren. 3. Aufl. München 1973. S. 28.

93)Wiegand, Herbert E.: Nachdenken über Wörterbücher: Aktuelle Probleme. S. 69.
Doroszewski, Witold: Elements of Lexicology and Semiotics. Den Haag 1973. S. 281.
Taylor, Peter A.: The Problems of the Definer. In: Wilson, K.G. Hendrickson ,R. H.(Hrsg.): Harbrace Guide to Dictionaries. New York 1963. S. 120 ff.
Hanks, P.: To what Extent does a Dictionary Definition Define? In: Hartmann, R. R. K. (Hrsg.): Dictionaries and Their Users. Exeter 1979. S. 32 - 39. S. 37.
Wiegand, Herbert Ernst: Synonymie und ihre Bedeutung für die einsprachige Lexikographie. In: Moser, H. (Hrsg.): Probleme der Lexikologie und Lexikographie. Düsseldorf 1976. S. 118-181. S.121 ff. Vergleiche auch die ähnlichen Beispiele in:
Wiegand, Herbert Ernst: On the Structure and Contents of a General Theory of Lexicography. In: Proceedings of the International Conference on Lexicography. Exeter 1983.

95)Weinreich, Uriel: Lexicographic Definition in Descriptive Semantics. In: Householder, F.W. u. Saporta, S.(Hrsg.): Problems in Lexicography. Bloomington 1967. S. 25-44. S. 42.

96)Wiegand, Herbert E.: Nachdenken über Wörterbücher: Aktuelle Probleme. S. 62 f.

97)Minsky, Marvin: Frame-System Theory. In: Johnson-Laird, P.N. u. Wason, P.C. (Hrsg.): Thinking. Cambridge 1977. S. 355-377. S. 355.

98)Hanks, P.: To what Extent does a Dictionary Definition Define? In: Hartmann, R. R. K. (Hrsg.): Dictionaries and Their Users. Exeter 1979. S. 32 - 39. S. 37.

99)Die sozialwissenschaftlichen Ansätze zur Frame-Theorie, z.B. von Goffman, können hier nicht diskutiert werden. Übersichten über die Artificial Intelligence enthalten folgende Werke:
Bundy, A., Burstall, R.M., Weir, S., Young, R. M.: Artificial Intelligence: An Introductory Course. Edinburgh 1978.
Nilsson, Nils J.: Principles of Artificial Intelligence. Palo Alto 1980.
Hunt, Earl B.: Artificial Intelligence. New York, San Francisco 1975.
Den Hintergrund der Artificial Intelligence erhellt aus einer mehr persönlichen Perspektive: McCurdock, Pamela: Machines Who

Think. San Francisco 1979. Auch prinzipielle Fragen diskutieren: Boden, Margaret A.: Artificial Intelligence and Natural Man. Hassocks 1977.
Ringle, Martin (Hrsg.): Philospohical Perspectives in Artificial Intelligence. Hassocks 1979.
Sloman, Aaron: The Computer Revoltution in Philosophy: Philosophy, Science and Models of Mind. Hassocks 1978.
Weizenbaum, Joseph: Die Macht der Computer und die Ohnmacht der Vernunft. Frankfurt/M. 1978.
Wichtige Beiträge über die Sprachverarbeitung enthält: Zampolli, Antonio (Hrsg.): Linguistic Structures Processing. Amsterdam, New York 1977.
Da sich die Artificial Intelligence als junge Disziplin noch in einem präparadigmatischen Entwicklungsstadium befindet, werden in der Diskussion die unterschiedlichsten disziplinären Zuordnungen und Charakterisierungen angetroffen, wie z.B.: "Ingenieurwissenschaft", "Naturwissenschaft", "theoretische Psychologie", "angewandte Epistemologie".

100)Boden, Margaret: Artificial Intelligence.... S. 117.

101)Boden, Margaret: Artificial Intelligence.... S. 107.

102)Vgl. auch die kritische Darstellung in:
Boden, Margaret: Artificial Intelligence.... S. 106 ff.

103)Boden, Margaret: Artificial Intelligence.... S. 106.

104)Colby, Kenneth Mark: Simulations of Belief Systems. In: Schank, R.C. u. Colby, K.M. (Hrsg.): Computer Models of Thought and Language. San Francisco 1977. S. 251-286. S. 280.

105)Margaret Boden diskutiert ELIZA und PARRY in einem Abschnitt mit der Überschrift "Programs that Pass as Persons", wodurch die Simulationen bereits implizit kritisiert werden.

106)Weizenbaum, Joseph: Die Macht der Computer ... . S. 19 f.

107)Hofstadter, Douglas R.: Gödel, Escher, Bach: an Eternal Golden Braid. Hassocks 1979. enthält eine "Unterhaltung" zwischen PARRY und DOCTOR, aus dem ELIZA entstand. Hier werden die Schwächen der Systeme deutlich.

108)Hunt, Earl B.: Artificial Intelligence .S. 346 ff.

109)Wegner, Immo: Frame-Theorie und Lexikalische Semantik. In: Deutsche Sprache 4. 1979. S. 298 -314. S. 299.

110)Boden, Margaret: Artificial Intelligence.... S. 221 ff.

111)Schank, Roger C. u. Abelson, Richard P.: Scripts, Plans and Knowledge. In: Johnson-Laird, P. N. u. Wason, P. C. (Hrsg.): Thinking. Cambridge 1977. S.421 - 443. S. 427.

112)Ebd.

113)Ebd.

114)Schank, Roger C. u. Abelson, Richard P.: Scripts, Plans and Knowledge. S. 424.

115)Schank, Roger C. u. Abelson, Richard P.: Scripts, Plans and Knowledge. S. 421. Bei Schanks "conceptual dependency diagrams" tritt sowohl das Übersetzungsproblem vom natürlichsprachlichen Input in die Theoriesprache als auch das Interpretationsproblem Katz/Fodorscher Marker auf.
PTRANS steht für: Bewegung physischer Objekte
ATTEND steht für: Aufmerksamkeit richten auf
MBUILD steht für: Überlegen
MOVE steht für: Körperbewegung ohne Ortsveränderung
ATRANS steht für: Abstrakte Relationen wie Besitz
MTRANS steht für: Information
INGEST steht für: Essen.
Vgl. die Darstellung in: Boden, Margaret A.: Artificial Intelligence .... S. 150 ff.

116)Schank, Roger C. u. Abelson, Richard P.: Scripts, Plans and Knowledge. S. 423.

117)Schank, Roger C. u. Abelson, Richard P.: Scripts, Plans and Knowledge. S. 422.

118)Bobrow, Daniel G. u. Winograd, Terry: An Overview of KRL, a Knowledge Representation Language. In: Cognitive Science 1. 1977.S. 3 - 46. S. 10.

119)Bobrow, Daniel G. u. Winograd, Terry: An Overview of KRL, a Knowledge Representation Language. S. 17.

120)Lehnert, Wendy: Representing Physical Objects in Memory. In: Ringle, Martin (Hrsg.): Philospohical Perspectives in Artificial Intelligence. Hassocks 1979. S. 81 - 109. S. 89.

121)Fillmore, Charles J.: Against a Checklist Theory of Meaning. In: Proceedings of the First Annual Meeting of the Berkeley Linguistics Society. Berkeley 1975.
Fillmore, Charles J.: Frame Semantics and the Nature of Language. In: Hanard et al. (Hrsg.): Origin and Evolution of Language and Speech. New York 1976.
Die Frame-Theorie entstand nach Goldstein und Papert auch als Generalisierung von Fillmores case frames. Vgl.:
Golstein, Ira u. Papert, Seymour: Artificial Intelligence, Language and the Study of Knowledge. In: Cognitive Science 1. 1977. S. 84 - 123. S. 89.

122)Fillmore, Charles J.: Scenes-and-frames Semantics. In: Zampolli, Antonio (Hrsg.): Linguistic Structures Processing. Amsterdam, New York 1977. S. 55 - 81. S. 68.

123)Fillmore, Charles J.: Scenes-and-frames Semantics. S. 63.

124)Ebenda

125)Ebenda

126)Fillmore, Charles J.: Scenes-and-frames Semantics. S. 64.

127)van Dijk, Teun A.: Semantic Macrostructures and Knowledge Frames in Discourse Comprehension. In: Just, M.A. u. Carpenter, P.A. (Hrsg.): Cognitive Processes in Comprehension. Hillsdale 1977. S. 3 - 32. S. 14.

128)Brown, Gillian u. Yule, George: Discourse Analysis. Cambridge 1983. S. 223.

129)Brown, Gillian u. Yule, George: Discourse Analysis. S. 236.

130)Ebenda

131)Ebenda

132)van Dijk, Teun A.: Semantic Macrostructures and Knowledge Frames in Discourse Comprehension. S. 10.

133)van Dijk, Teun A.: Semantic Macrostructures and Knowledge Frames in Discourse Comprehension. S. 13.

134)Hier wird die durchsichtigere Darstellung aus van Dijk, Teun A.: Text and Context. New York, London 1977. S. 146 verwandt.

135)van Dijk, Teun A.: Text and Context. S. 146.

136)van Dijk, Teun A.: Text and Context. S. 145.

137)van Dijk, Teun A.: Semantic Macrostructures and Knowledge Frames in Discourse Comprehension. S. 14.

138)van Dijk, Teun A.: Text and Context. S. 142.

139)van Dijk, Teun A.: Text and Context. S. 145.

140)van Dijk, Teun A.: Semantic Macrostructures and Knowledge Frames in Discourse Comprehension. S. 21.

141)van Dijk, Teun A.: Semantic Macrostructures and Knowledge Frames in Discourse Comprehension. S. 20.

142)van Dijk, Teun A.: Semantic Macrostructures and Knowledge Frames in Discourse Comprehension. S. 21.

143)Ebenda

144)Zitiert nach Wegner, Immo: Frame-Theorie und Lexikalische Semantik. In: Deutsche Sprache 4. 1979. S. 298 - 314. S. 304 ff.

145)Die Zusammenfassung dieser Arbeit enthält Wegner, Immo:

Frame-Theorie und Lexikalische Semantik. Einzelbeispiele, die diesem Ansatz ähnlich sind, enthalten: Hunt, Earl B.: Artificial Intelligence. New York 1975. S. 172 ff. und Norman, Donald A. u. Rumelhart, David E.: Explorations in Cognition. San Francisco 1975. S. 289 ff.

146)de Jong, Gerald: Prediction and Substantiation: A New Approach to Natural Language Processing. In: Cognitive Science 3. 1979. S. 251-273.

147)van Dijk, Teun A.: Text and Context. S. 150.

148)Lyons, John: Semantics. S. 312.

149)Miller, G. A. u. Johnson-Laird, P. N.: Language and Perception. Cambridge 1976. S. 261.

150)Brown, Gillian u. Yule, George: Discourse Analysis. S. 245.

151)Brown, Gillian u. Yule, George: Discourse Analysis. S. 246.

152)Norman, Donald A. u. Rumelhart, David E.: Explorations in Cognition. San Francisco 1975. S. 291.

153) Jakobson, Roman: Kindersprache, Aphasie und allgemeine Lautgesetze. 4. Aufl. Frankfurt/M. 1978. S. 81.

154)Schwartz, Myrna F., Saffran, Eleanor H., Martin, Oscar, M.: The Word Order Problem in Agrammatism. In: Brain and Language 10. 1980. S. 249-262. Die Aufgaben mußten in einer Weise gestellt werden, daß die Versuchspersonen ihr generelles semantisches Wissen nicht einsetzen konnten.

155)Cohen, Rudolf; Kelter, Stephanie; Woll, Gerhild: Analytical Competence and Language Impairment in Aphasia. In:Brain and Language 10. 1980. S. 331-347. S. 335 ff.

156)Schnelle, Helmut: Einführung. In:Schnelle, Helmut (Hrsg.): Sprache und Gehirn. Frankfurt/M. 1981. S. 7 - 17. S. 12.

157)Koch, Walter A.: Evolution des Kreativen: Symmetrie, Asymmetrie, Integration. In: Schnelle, Helmut (Hrsg.): Sprache und Gehirn. Frankfurt/M. 1981 S. 158-173. S. 169.

158)Vgl. auch: Heeschen, Claus u. Reis, Friedel: Zur Lateralisierung von Sprache. In: Schnelle, Helmut (Hrsg.): Sprache und Gehirn. Frankfurt/M. 1981. S. 41 - 58. S. 54.

159)Brownell, Hiram H.; Michel, Dee; Powelson, John; Gardner, Howard: Surprise but not Coherence: Sensitivity to Verbal Humour in Right-Hemisphere Patients. In: Brain and Language 18. 1983. S. 20 -27. S. 25.

160)Agricola, Erhard: Mikro- Medio- und Makrostrukturen als Informationnen im Wörterbuch. In: Schildt, J./Viehweger,D.

(Hrsg.): Die Lexikographie von heute und das Wörterbuch von morgen. Akademie der Wissenschaften der DDR Zentralinstitut für Sprachwissenschaft 1983. S. 20. Diese systematische Darstellung der Lexeme eines Verbandes auf frametheoretischer Grundlage erprobte bereits : Wegner, Immo: Frame-Theorie und Lexikalische Semantik. Vgl. auch:
Scholfield, P. J.: On a Non-Standard Dictionary Definition Schema. In: Hartmann, R. R. K. (Hrsg.): Dictionaries and Their Users. Exeter 1979. S. 54-62. Besonders: S. 57.

161)Makkai, Adam: Theoretical and Practical Aspects of an Associative Lexicon for 20 th. Century English. In: Zgusta, L. (Hrsg.): Theory and Method in Lexicography. Columbia 1980. S. 125-146. S. 125.

162)Makkai, Adam: Theoretical and Practical Aspects of an Associative Lexicon for 20 th. Century English. S. 126.

163)Makkai, Adam: Theoretical and Practical Aspects of an Associative Lexicon for 20 th. Century English. S. 126 f.

164) Kutschera, Franz von : Grundfragen der Erkenntnistheorie. Berlin, New York 1982.

165)Winston, Patrick Henry u. Horn, Berthold Klaus: LISP. Reading 1981. S. 294.

166)Bobrow, Daniel G. u. Winograd, Terry: An Overview of KRL, a Knowledge Representation Language. In: Cognitive Science 1. 1977. S. 3 - 46. S. 17.

167)Ballmer, Thomas T.: The Instrumental Character of Natural Language. Habil.-Schrift Bochum 1977. S. 596.

168)Kintsch, Walter A.: Memory and Cognition. New York 1977. S. 376.

169)Lakoff, George u. Johnson, Mark: The Metaphorical Structure of the Human Conceptual System. In: Cognitive Science 4. 1980. S. 195-208. S. 202 f.

170)Lakoff, George u. Johnson, Mark: The Metaphorical Structure of the Human Conceptual System. S. 205.

171)Bobrow, Daniel G. u. Winograd, Terry: An Overview of KRL, a Knowledge Representation Language. S. 18.

172)Makkai, Adam: Theoretical and Practical Aspects... S. 126.

173)van Dijk, Teun A.: Semantic Macro-Structures... S. 20.

174)Ballmer, Thomas T.: The Instrumental Character... S. 597.

175)Ziff, Paul: Semantic Analysis. Ithaca, New York 1967. S.194

176)Rosch, Eleanor H.: On the Internal Structure of Perceptual and Semantic Categories. In: Moore, T. E. (Hrsg.): Cognitive Development and the Acquisition of Language. London, New York 1973. S. 111-144. S. 112.

177)Rosch, Eleanor H.: On the Internal Structure... S. 114 ff.

178)Rosch, Eleanor H.: On the Internal Structure... S. 131 f.

179)Rosch, Eleanor H.: On the Internal Structure... S. 133.

180)Rosch, Eleanor H.: On the Internal Structure... S. 134.

181)Rosch, Eleanor H.: On the Internal Structure... S. 137.

182)Labov, William: The Boundaries of Words and Their Meanings. In: Bailey, C.J. u. Shuy, R.(Hrsg.): New Ways of Analyzing Variation in English. Bd. 1. Washington 1973. S. 340-377.

183)Rosch, Eleanor H.: On the Internal Structure... S. 133 f.

184)Rosch, Eleanor H.: Classification of Real-World Objects: Origins and Representations in Cognition. In: Johnson-Laird, P.N., Wason, P.C. (Hrsg.): Thinking. Cambridge 1977. S. 212-222. S. 213.

185)Grober, Ellen, Perecman, Ellen, Kellar, Lucia, Brown, Jason: Lexical Knowledge in Anterior and Posterior Aphasia. In: Brain and Language 10. S. 318-330.

186)Grober, Ellen, Perecman, Ellen, Kellar, Lucia, Brown, Jason: Lexical Knowledge in Anterior and Posterior Aphasia. S. 321.

187)Grober, Ellen, Perecman, Ellen, Kellar, Lucia, Brown, Jason: Lexical Knowledge in Anterior and Posterior Aphasia. S. 324.

188)Ballmer, Thomas T u. Brennenstuhl, Waltraud: Speech Act Classification. Berlin, New York 1981.

189)Dornseiff, Franz: Der deutsche Wortschatz nach Sachgruppen. 7. Aufl. Berlin 1970.

190)Dornseiff, Franz: Der deutsche Wortschatz nach Sachgruppen. S. 395 ff.

191)Die Mini-Karteikarten sahen wie folgt aus:

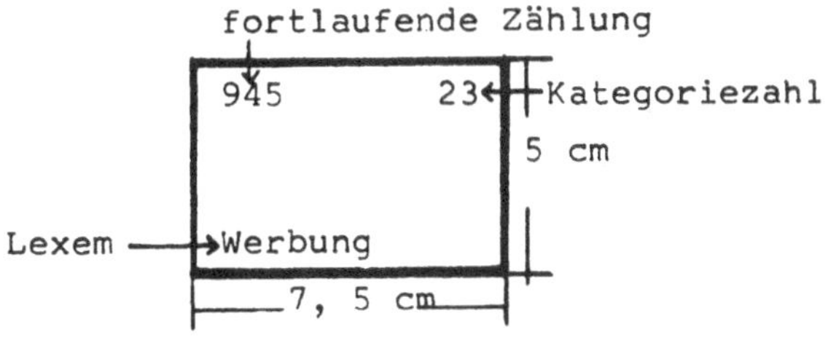

192)Dornseiff, Franz: Der deutsche Wortschatz nach Sachgruppen. S. 525 ff. u. S. 518 ff.

193)Klappenbach, R. u. Steinitz, W. (Hrsg.): Wörterbuch der Gegenwartssprache. Berlin 1964.

194)Drosdowski, Günther: Nachdenken über Wörterbücher: Aktuelle Probleme. In: Henne, H., Drosdowski, G., Wiegand, H.E.: Nachdenken über Wörterbücher. Mannheim 1977. S. 115 ff.

195)Wiegand, Herbert E.: Nachdenken über Wörterbücher: Aktuelle Probleme. In: Henne, H., Drosdowski, G., Wiegand, H.E.: Nachdenken über Wörterbücher. Mannheim 1977. S. 65 ff.

196)Dornseiff, Franz: Der deutsche Wortschatz nach Sachgruppen. S. 5.

197)Dornseiff, Franz: Der deutsche Wortschatz nach Sachgruppen. S. 10.

198)Dornseiff, Franz: Der deutsche Wortschatz nach Sachgruppen. S. 5.

199)Dornseiff, Franz: Der deutsche Wortschatz nach Sachgruppen. S. 40.

200)Lausberg, Heinrich: Elemente der literarischen Rhetorik. 4. Aufl. München 1971. S. 25.

201)Dornseiff, Franz: Der deutsche Wortschatz nach Sachgruppen. S. 6.

202)"Most people share a tremendous amount of episodic knowledge. (...) the knowledge representations used in natural language processing must reflect this body of common episodic knowledge." Lehnert, Wendy: Representing Physical Objects in Memory. In: Ringle, Martin (Hrsg.): Philospohical Perspectives in Artificial Intelligence. Hassocks 1979. S. 81 - 109. S. 93 f.

203)Die Liste ist nicht in dem Sinn zu verstehen, daß ausschließlich die genannten Autoren diese Framedimensionen vorschlagen bzw. verwenden. Carbonell, Jaime G. jr.: POLITICS: Automated Ideological Reasoning. In: Cognitive Science 2. 1978. S. 1 - 15.

204)Goldstein, Ira u. Roberts, R. B.: NUDGE, a Knowledge-based Scheduling Program. In: Metzing, Dieter (Hrsg.): Frame Conceptions and Text Understanding. Berlin, New York 1980. S. 26 - 45.

205)Golstein, Ira u. Papert, Seymour: Artificial Intelligence, Language and the Study of Knowledge. In: Cognitive Science 1. 1977. S. 84 - 123.

206)Charniak, Eugene: A Framed PAINTING: The Representation of a

Common Sense Knowledge Fragment. In: Cognitive Science 1. 1977. S.355 -394.

207)Berücksichtigt wurden u.a. die Vorschläge von Goldstein und Roberts (1980), de Jong (1979), Lehnert (1979), Lakoff und Johnson (1980), Bobrow und Winograd (1977), Kintsch (1977), Fillmore (1977), Winston in: Boden (1977) S. 254, Carbonell (1978), Schank, Roger C.: Language and Memory. In: Cognitive Science 4. 1980. S. 243 - 284., van Dijk (1977) in: Just und Carpenter (Hrsg.), Minsky (1977), Rosenberg, St. T.: Frame-based Text Processing. In: Metzing, Dieter (Hrsg.): Frame Conceptions and Text Understanding. Berlin, New York 1980. S. 96-119., Schank und Abelson (1977), Ballmer (1977), Rieger in: Boden (1977).

208)Schank, Roger, C.: Rules and Topics in Conversation. In: Cognitive Science 1. 1977.S. 421 - 442.

209)Gottfried, Byron S.: Theory and Problems of Programming with BASIC. New York 1975. S. 90 ff.

210)BASIC wurde verwandt, weil zu Beginn der Untersuchung am Hochschulrechenzentrum Siegen ein Computersystem mit für BASIC günstigen Arbeitsbedingungen zur Verfügung stand, höhere A.I.-Sprachen mir nicht zugänglich waren, und die Verwendung von BASIC eine Erweiterung der Frame-Forschung verspricht, da die am weitesten verbreitete Sprache ist.

211)Vgl. die Empfehlung in: Hockey, Susan: A Guide to Computer Applications in the Humanities. London 1980. S. 224.

212)Vgl. auch: Hochschulrechenzentrum Siegen die Programmiersprache BASIC. Siegen 1983.

213)Dieser Wert resultiert aus einer Schätzung, bei der jede 50. Seite ausgezählt wurde von: Wahrig, Gerhard (Hrsg.): DTV-Wörterbuch der Deutschen Sprache. München 1980.

214)Drosdowski, Günther: Nachdenken über Wörterbücher: Theorie und Praxis. In: Henne, H., Drosdowski, G., Wiegand, H.E.: Nachdenken über Wörterbücher. Mannheim 1977. S. 107.

215)Da die Anzahl der Framedimensionen von der Konstruktion der Frametypen abhängt, ist dieser Wert ebenso wie die maximale Anzahl der Zuordnungen abhängig vom Frame-Format.

216)Vgl. dazu und zu den Entwicklungsphasen eines Wörterbuchs: Agricola, Erhard: Mikro- Medio- und Makrostrukturen als Informationnen im Wörterbuch. In: Schildt, J./Viehweger,D. (Hrsg.): Die Lexikographie von heute und das Wörterbuch von morgen. Akademie der Wissenschaften der DDR Zentralinstitut für Sprachwissenschaft 1983.

217)Die Frames als Datenstrukturen können in Erklärungsprozeduren verwandt werden, die als Programme unterschiedliche Erklärungstypen realisieren. "Deklarativ" ist als Gegensatz von "prozedural" zu verstehen im Sinne von: Winograd, Terry: Frame-Representations and the Declarative Procedural Controversy. In: Bobrow, D.G. u. Collins, A.(Hrsg.): Representation and Understanding. New York, San Farncisco 1975. S. 185-210.

218)Vgl. die Ansätze von Lakoff, George u. Johnson, Mark: Metaphors We Live by. Chicago 1980.

219)Dies betont Augst, Gerhard (Hrsg.): Kinderwort. Frankfurt, New York 1984. S. XXI.

LITERATUR

Abelson, Raziel: Definition. In: Edwards, P.(Hrsg.): Encyclopedia of Philosophy. New York, London. 1967. S. 314-320

Agricola, Erhard: Mikro- Medio- und Makrostrukturen als Informationnen im Wörterbuch.In: Schildt, J./Viehweger,D. (Hrsg.): Die Lexikographie von heute und das Wörterbuch von morgen. Akademie der Wissenschaften der DDR Zentralinstitut für Sprachwissenschaft 1983.

Anderson, John R.: Cognitive Psychology and Its Implications. SanFrancisco 1980.

Augst, Gerhard (Hrsg.): Kinderwort. Franfurt/M., New York 1984.

Bailey, C.J u. Shuy, R. (Hrsg.): New Ways of Analyzing Variation in English. Bd.1.Washington 1973.

Ballmer, Thomas T.: The Instrumental Character of Natural Language.Habil.-Schrift Bochum 1977.

Ballmer, Thomas T u. Brennenstuhl, Waltraud: Speech Act Classification. Berlin, New York 1981.

Bergenholtz, Henning: Das Wortfeld "Angst". Stuttgart 1980.

Bever,Thomas G. u. Rosenbaum, Peter S.: Some Lexical Structures and Their Empirical Validity.In:Steinberg, D. D. u. JaKobovits, C. A.(Hrsg.): Semantics. Cambridge 1971.S. 586-599.

Bierwisch, Manfred: Semantics. In: Lyons, John (Hrsg.): New Horizons in Linguistics. Harmondsworth1970. S. 166-185.

Blanke, Gustav H.: Einführung in die semantische Analyse. München 1973.

Bobrow, Daniel G. u. Collins, Allan (Hrsg.): Representation and Understanding. New York, San Francisco 1975.

Bobrow, Daniel G. u. Winograd, Terry: An Overview of KRL, a Knowledge Representation Language. In: Cognitive Science 1. 1977. S. 3 - 46.

Boden, Margaret A.: Artificial Intelligence and Natural Man. Hassocks 1977.

Bolinger, Dwight : The Atomization of Meaning. In: Language 41. 1965. S. 555 - 573.

Brown, Gillian u. Yule, George: Discourse Analysis. Cambridge 1983.

Brownell, Hiram H.; Michel, Dee; Powelson, John; Gardner, Howard: Surprise but not Coherence: Sensitivity to Verbal Humour in Right-Hemisphere Patients. In: Brain and Language 18. 1983. S. 20 -27.

Bundy, A., Burstall, R.M., Weir, S., Young, R. M.: Artificial Intelligence: An Introductory Course. Edinburgh 1978.

Carbonell, Jaime G. jr.: POLITICS: Automated Ideological Reasoning. In: Cognitive Science 2. 1978. S. 1 - 15.

Charniak, Eugene: A Framed PAINTING: The Representation of a Common Sense Knowledge Fragment. In: Cognitive Science 1. 1977. S.355 -394.

Chomsky, Noam: Aspekte der Syntax-Theorie. Frankfurt/M. 1971.

Cohen, Rudolf; Kelter, Stephanie; Woll, Gerhild: Analytical Competence and Language Impairment in Aphasia. In:Brain and Language 10. 1980. S. 331-347.

Colby, Kenneth Mark: Simulations of Belief Systems. In: Schank, R.C. u. Colby, K.M. (Hrsg.): Computer Models of Thought and Language. San Francisco 1977. S. 251-286.

Coseriu, E.: Die funktionelle Betrachtung des Wortschatzes. In: Moser H.(Hrsg.): Probleme der Lexikologie und Lexikologie. Düsseldorf 1976. S. 2 - 25.

Coseriu, E. u. Geckeler, H.: Linguistics and Semantics. In: Sebeok, Th.(Hrsg.): Current Trends in Linguistics. Bd. 12. Den Haag 1975. S. 103-171.

Davidson, D. u. Harman, G. (Hrsg.): Semantics of Natural Language. Dordrecht 1972.

van Dijk, Teun A.: Semantic Macrostructures and Knowledge Frames in Discourse Comprehension. In: Just, M.A. u. Carpenter, P.A. (Hrsg.): Cognitive Processes in Comprehension. Hillsdale 1977. S. 3 - 32.

van Dijk, Teun A.: Text and Context. London, New York 1977.

Dornseiff, Franz: Der deutsche Wortschatz nach Sachgruppen. 7. Aufl. Berlin 1970.

Doroszewski, Witold: Elements of Lexicology and Semiotics. Den Haag 1973.

Figge, Udo L.: Zur Struktur des semantischen Gedächtnisses. In: Fix, Hans / Rothkegel, Annely / Stegentritt, Erwin (Hrsg.): Sprachen und Computer. Festschrift zum 75. Geburtstag von Hans Eggers. Dudweiler 1982.

Fillmore, Charles J.: Against a Checklist Theory of Meaning.

In: Proceedings of the First Annual Meeting of the Berkeley Linguistics Society. Berkeley 1975.

Fillmore, Charles J.: Frame Semantics and the Nature of Language. In: Hanard et al. (Hrsg.): Origin and Evolution of Language and Speech. New York 1976.

Fillmore, Charles J.: Scenes-and-Frames Semantics. In: Zampolli, Antonio (Hrsg.): Linguistic Structures Processing. Amsterdam, New York 1977. S. 55 - 83.

Gipper, Helmut: Die feldhafte Gliederung des Wortschatzes und das Problem ihrer Formalisierbarkeit. In: Moser, H: (Hrsg.): Probleme der Lexikologie und Lexikographie. Düsseldorf 1976. S. 26 -49.

Golstein, Ira u. Papert, Seymour: Artificial Intelligence, Language and the Study of Knowledge. In: Cognitive Science 1. 1977. S. 84 - 123.

Goldstein, Ira u. Roberts, R. B.: NUDGE, a Knowledge-based Scheduling Program. In: Metzing, Dieter (Hrsg.): Frame Conceptions and Text Understanding. Berlin, New York 1980. S. 26 - 45.

Gottfried, Byron S.: Theory and Problems of Programming with BASIC. New York 1975.

Gregory, Michael u. Carroll, Susanne: Language and Situation. London 1978.

Grober, Ellen, Perecman, Ellen, Kellar, Lucia, Brown, Jason: Lexical Knowledge in Anterior and Posterior Aphasia. In: Brain and Language 10. S. 318-330.

Guentner, F. u. Guentner-Reutter, M. (Hrsg.): Meaning and Translation. London 1978.

Hanks, P.: To what Extent does a Dictionary Definition Define? In: Hartmann, R. R. K. (Hrsg.): Dictionaries and Their Users. Exeter 1979. S. 32 - 39.

Hartmann, Reinhard R. K.(Hrsg.): Dictionaries and Their Users. Exeter 1979.

Hartmann, Reinhard R. K.: Semantics Applied to English - German Lexical Structure. In: Folia Linguistica 7. 1975. 357-370
Hartmann, Reinhard R. K.: Über die Grenzen der kontrastiven Lexikologie. In: Moser, H. (Hrsg.): Probleme der Lexikologie und Lexikographie. Düsseldorf 1976. S.181-199.

Heeschen, Claus u. Reis, Friedel: Zur Lateralisierung von Sprache. In: Schnelle, Helmut (Hrsg.): Sprache und Gehirn. Frankfurt/M. 1981. S. 41 - 58.

Hempel, Carl Gustav: Philosophie der Naturwissenschaften. München 1975.

Henne, H., Drosdowski, G., Wiegand, H.E.: Nachdenken über Wörterbücher. Mannheim 1977.

Henne, Helmut: Prinzipien einsprachiger Lexikographie. In: Moser, H. (Hrsg.): Probleme der Lexikologie und Lexikographie. Düsseldorf 1976.S. 95 -118.

Hochschulrechenzentrum Siegen die Programmiersprache BASIC. Siegen 1983.

Hockey, Susan: A Guide to Computer Applications in the Humanities. London 1980.

Hörmann, Hans: Einführung in die Psycholinguistik. Darmstadt 1981

Hörmann, Hans: Meinen und Verstehen. Frankfurt/M. 1976.

Hofstadter, Douglas R.: Gödel, Escher, Bach: an Eternal Golden Braid. Hassocks 1979.

Householder, Fred W. u. Saporta, Sol (Hrsg.): Problems in Lexicography. Bloomington 1967.

Hunt, Earl B.: Artificial Intelligence. New York 1975.

Jakobson, Roman: Kindersprache, Aphasie und allgemeine Lautgesetze. 4. Aufl. Frankfurt/M. 1978.

Johnson-Laird, P. N.: Mental Models. Cambridge 1983.

Johnson-Laird, P.N. u. Wason, P.C. (Hrsg.): Thinking. Cambridge 1977.

de Jong, Gerald: Prediction and Substantiation: A New Approach to Natural Language Processing. In: Cognitive Science 3. 1979. S. 251-273.

Just, Marcel A. u. Carpenter, Patricia, A. (Hrsg.): Cognitive Processes in Comprehension. Hillsdale 1977.

Katz, Jerrold J. u. Fodor, Jerry A.: Die Struktur einer semantischen Theorie. In: Steger, M. (Hrsg.): Vorschläge für eine strukturale Grammatik des Deutschen. Darmstadt 1970. S. 202-220.

Keenan, Edward L.: Meaning and Translation. In: Guentner, F.u. Guentner-Reutter, M.(Hrsg.): Meaning and Translation. London 1978. S. 157-191.

Kintsch, Walter A.: Memory and Cognition. New York 1977.

Klappenbach, R. u. Steinitz, W. (Hrsg.): Wörterbuch der Gegenwartssprache. Berlin 1964.

Klaus, Georg: Moderne Logik. 5. Aufl. Berlin 1970.

Knudsen, Tryge u. Sommerfelt, Alf: Principles of Unilingual Dictionary Definitions. In:Proceedings of the Eigth International Congress of Linguistics. Oslo 1958. S. 92-115.

Koch, Walter A.(Hrsg.): Semiogenesis. Frankfurt, Bern 1981.

Koch, Walter A.: Semiogenesis: Some Perspectives for Its Analysis. In: Koch, Walter A. (Hrsg.): Semiogenesis. Fankfurt, Bern 1981. S. 15-104.

Koch, Walter A.: Evolution des Kreativen: Symmetrie, Asymmetrie, Integration. In: Schnelle, Helmut (Hrsg.): Sprache und Gehirn. Frankfurt/M. 1981 S. 158-173.

Kripke, Saul A.: Naming and Necessity. In: Davidson, D. u. Harman, G. (Hrsg.): Semantics of Natural Language. Dordrecht 1972. S. 253-355.

Kutschera, Franz von : Elementare Logik. Wien, New York 1967.

Kutschera, Franz von : Grundfragen der Erkenntnistheorie. Berlin, New York 1982.

Kuschera, Franz von : Sprachphilosophie. München 1971.

Labov, William: The Boundaries of Words and Their Meanings. In: Bailey, C.J. u. Shuy, R.(Hrsg.): New Ways of Analyzing Variation in English. Bd. 1. Washington 1973. S. 340-377.

Lakoff, George u. Johnson, Mark: Metaphors we Live by. Chicago 1980.

Lakoff, George u. Johnson, Mark: The Metaphorical Structure of the Human Conceptual System. In: Cognitive Science 4. 1980. S. 195-208.

Lausberg, Heinrich: Elemente der literarischen Rhetorik. 4. Aufl. München 1971.

Lehnert, Wendy: Representing Physical Objects in Memory. In: Ringle, Martin (Hrsg.): Philospohical Perspectives in Artificial Intelligence. Hassocks 1979. S. 81 - 109.

Lehrer, Adrienne: Semantic Fields and Lexical Structure. Amsterdam 1974.

Lewis, David: General Semantics. In: Davidson, D. u. Harman, G. (Hrsg.): Semantics of Natural Language. Dordrecht 1972. S. 169-218.

Lorenz, Konrad: Die Rückseite des Spiegels. München 1977.

Lyons, John (Hrsg.): New Horizons in Linguistics. Harmondsworth 1970.

Lyons, John: Semantics. 2 Bde. Cambridge 1977.

Makkai, Adam: Theoretical and Practical Aspects of an Associative Lexicon for 20 th. Century English. In: Zgusta, L.(Hrsg.): Theory and Method in Lexicography. Columbia 1980. S. 125-146.

McCurdock, Pamela: Machines Who Think. San Francisco 1979.

Metzing, Dieter (Hrsg.): Frame Conceptions and Text Understanding. Berlin, New York 1980.

Miller, G. A. u. Johnson-Laird, P. N.: Language and Perception. Cambridge 1976.

Minsky, Marvin: Frame-System Theory. In: Johnson-Laird, P.N. u. Wason, P.C. (Hrsg.): Thinking. Cambridge 1977. S. 355-377.

Moore, T. E. (Hrsg.): Cognitive Development and the Acquisition of Language. New York, London 1973.

Moser, H.(Hrsg.): Probleme der Lexikologie und Lexikographie. Düsseldorf 1976.

Nida, Eugene: Componetial Analysis of Meaning. The Hague, Paris 1975.

Nilsson, Nils J.: Principles of Artificial Intelligence. Palo Alto 1980.

Norman, Donald A. u. Rumelhart, David E.: Explorations in Cognition. San Francisco 1975.

Pottier, Bernhard: Die semantische Definition in den Wörterbüchern. In: Schmidt, L. (Hrsg.): Wortfeldforschung. Darmstadt 1973. S. 402-411.

Putnam, Hilary: Mind, Language and Reality. Bd. 1. Cambridge 1975.

Quine, Willard Van Orman: Word and Object. 8. Aufl. Massachusetts 1973.

Reynolds, Vernon: The Biology of Human Action. Oxford 1980.

Rich, Elaine: User Modelling via Stereotypes. In: Cognitive Science 3, 1979. S. 329 - 354.

Riedl, Rupert: Biologie der Erkenntnis. Berlin, Hamburg 1980.

Ringle, Martin D. (Hrsg.): Philosophical Perspectives in Artificial Intelligence. Hassocks 1979.

Robinson, Richard: Definition. 2. Aufl. Oxford 1968.

Rosch, Eleanor H.: Classification of Real-World Objects: Origins and Representations in Cognition. In: Johnson-Laird, P.N., Wason, P.C. (Hrsg.): Thinking. Cambridge 1977. S. 212-222.

Rosch, Eleanor H.: On the Internal Structure of Perceptual and Semantic Categories. In: Moore, T. E. (Hrsg.): Cognitive Development and the Acquisition of Language. London, New York 1973. S. 111-144.

Rosenberg, St. T.: Frame-based Text Processing. In: Metzing, Dieter (Hrsg.): Frame Conceptions and Text Understanding. Berlin, New York 1980. S. 96-119.

Savigny, Eike von: Grundkurs im wissenschaftlichen Definieren. 3. Aufl. München 1973.

Schaeder, Burkhard: Lexikographie als Praxis und Theorie. Tübingen 1981.

Schank, Roger C.: Language and Memory. In: Cognitive Science 4. 1980.

Schank, Roger, C.: Rules and Topics in Conversation. In: Cognitive Science 1. 1977.S. 421 - 442.

Schank, Roger C. u. Abelson, Richard P.: Scripts, Plans and Knowledge. In: Johnson-Laird, P. N. u. Wason, P. C. (Hrsg.): Thinking. Cambridge 1977. S.421 - 443.

Schnelle, Helmut (Hrsg.): Sprache und Gehirn. Frankfurt/M. 1981.

Scholfield, P. J.: On a Non-Standard Dictionary Definition Schema. In: Hartmann, R. R. K. (Hrsg.): Dictionaries and Their Users. Exeter 1979. S. 54-62.

Schreyer, Rüdiger: Synonyms in Context. L.A.U.T. Trier 1976.

Schwartz, Myrna F., Saffran, Eleanor H., Martin, Oscar, M.: The Word Order Problem in Agrammatism. In: Brain and Language 10. 1980. S. 249-262.

Searle, John: Speech Acts. Cambridge 1970.

Singer, Horst: Semantik. In: Koch, Walter A.(Hrsg.): Perspektiven der Linguistik I. Stuttgart 1973. S. 80-104.

Sloman, Aaron: The Computer Revoltution in Philosophy: Philosophy, Science and Models of Mind. Hassocks 1978.

Steger, M. (Hrsg.): Vorschläge für eine strukturale Grammatik des Deutschen. Darmstadt 1970.

Stegmüller, Wolfgang: Hauptströmungen der Gegenwartsphilosophie. Bd. 1. 4. Aufl. Stuttgart 1969.

Steinberg, Danny D. u. Jakobovits, Leon A. (Hrsg.): Semantics. Cambridge 1971.

Taylor, Peter A.: The Problems of the Definer. In: Wilson, K.G. Hendrickson ,R. H.(Hrsg.): Harbrace Guide to Dictionaries. New York 1963. S. 120-123.

Wahrig, Gerhard (Hrsg.): DTV-Wörterbuch der deutschen Sprache. München 1980.

Wegner, Immo: Frame-Theorie und Lexikalische Semantik. In: Deutsche Sprache 4. 1979. S. 298 -314.

Weinreich, Uriel: Lexicographic Definition in Descriptive Semantics. In: Householder, F.W. u. Saporta, S.(Hrsg.): Problems in Lexicography. Bloomington 1967. S. 25-44.

Weizenbaum, Joseph: Die Macht der Computer und die Ohnmacht der Vernunft. Frankfurt/M. 1978.

Wiegand, Herbert Ernst: Eine neue Auffassung der sog. lexikographischen Definition. In: Hyldgaard-Jensen, K. u. Zettersen, A. (Hrsg.): Symposium on Lexicography II. Tübingen 1985. S. 15-100.

Wiegand, Herbert Ernst: Nachdenken über Wörterbücher: Aktuelle Probleme In: Henne, H., Drosdowski, G., Wiegand, H.E.: Nachdenken über Wörterbücher. Mannheim 1977. S. 51-102.

Wiegand, Herbert Ernst: On the Structure and Contents of a General Theory of Lexicography. In: Proceedings of the International Conference on Lexicography. Exeter 1983.

Wiegand, Herbert Ernst: Synonymie und ihre Bedeutung für die einsprachige Lexikographie. In: Moser, H. (Hrsg.): Probleme der Lexikologie und Lexikographie. Düsseldorf 1976. S. 118-181.

Wilson, K. G. u. Hendrickson, R. H. (Hrsg.): Harbrace Guide to Dictionaries. New York 1963.

Winograd, Terry: A FrameworkforUnderstandingDiscourse.In: Just, M.A. u. Carpenter, P.A.(Hrsg.): Cognitive Processes in Comprehension. Hillsdale 1977. S. 63-88.

Winograd, Terry: Frame-Representations and the Declarative-Procedural Controversy. In: Bobrow, D.G. u. Collins, A.(Hrsg.): Representation and Understanding. New York, San Farncisco 1975. S. 185-210.

Winston, Patrick Henry u. Horn, Berthold Klaus: LISP. Reading 1981.

Wunderlich, Dieter: Grundlagen der Linguistik. Reinbek 1974.

Zampolli, Antonio (Hrsg.): Linguistic Structures Processing. Amsterdam, New York 1977.

Zgusta, Ladislav: Manual of Lexicography. Den Haag 1971.

Zgusta, Ladislav (Hrsg.): Theory and Method in Lexicography: Western and Non-Western Perspectives. Columbia 1980.

Kolibri 360 GmbH
Ferdinand-Jühlke-Straße 7
99095 Erfurt, Deutschland
produktsicherheit@kolibri360.de